KB052496

지리산의 세계유산적 가치와 한중일 명산문화

지리산의 세계유산적 가치와
한중일 명산문화

국립순천대 · 국립경상대
인문한국(HK) 지리산권문화연구단 엮음

　국립순천대학교 지리산권문화연구원과 국립경상대학교 경남문화연구원은 2007년에 컨소시엄을 구성하고 '지리산권 문화 연구'라는 아젠다로 한국연구재단의 인문한국(HK) 지원 사업에 신청하여 선정되었습니다.

　인문한국 지리산권문화연구단은 지리산과 인접하고 있는 10개 시군을 대상으로 문학, 역사, 철학, 생태 등 다양한 방면의 연구를 목표로 하였습니다. 이에 따라 연구단을 이상사회 연구팀, 지식인상 연구팀, 생태와 지리 연구팀, 문화콘텐츠 개발팀으로 구성하였습니다. 이상사회팀은 지리산권의 문학과 이상향 · 문화사와 이상사회론 · 사상과 이상사회의 세부과제를 설정하였고, 지식인상 연구팀은 지리산권의 지식인의 사상 · 문학 · 실천에 관한 연구를 진행하였습니다. 그리고 생태와 지리 연구팀은 지리산권의 자연생태 · 인문지리 · 동아시아 명산문화에 관해 연구하고, 문화콘텐츠 개발팀은 세 팀의 연구 성과를 DB로 구축하여 지리산권의 문화정보와 휴양정보망을 구축하였습니다.

　본 연구단은 2007년부터 아젠다를 수행하기 위해 매년 4차례 이상의 학술대회를 개최하고, 학술세미나 · 초청강연 · 콜로키움 등 다양한 학술활동을 통해 '지리산인문학'이라는 새로운 학문영역을 개척하였습니다. 또한 중국 · 일본 · 베트남과 학술교류협정을 맺고 '동아시아산악문화연구회'를 창립하여 매년 국제학술대회를 개최하였습니다. 그 과정에서 자료총서 27권, 연구총서 9권, 번역총서 5권, 교양총서 8권, 마을총서 1권 등 총 50여 권의 지리산인문학 서적을 발간한 바 있습니다.

이제 지난 8년간의 연구성과를 집대성하고 새로운 연구방향을 개척하기 위해 지리산인문학대전으로서 기초자료 10권, 토대연구 10권, 심화연구 10권을 출판하기로 하였습니다. 기초자료는 기존에 발간한 자료총서 가운데 연구가치가 높은 것과 새롭게 보충되어야 할 분야를 엄선하여 구성하였고, 토대연구는 지리산권의 이상향·유학사상·불교문화·인물·신앙과 풍수·저항운동·문학·장소정체성·생태적 가치·세계유산적 가치 등 10개 분야로 나누고 관련 분야의 우수한 논문들을 수록하기로 하였습니다. 그리고 심화연구는 지리산인문학을 정립할 수 있는 연구와 지리산인문학사전 등을 담아내기로 하였습니다.

지금까지 연구단은 지리산인문학의 정립과 우리나라 명산문화의 세계화를 위해 혼신의 힘을 다해왔습니다. 하지만 심화 연구와 연구 성과의 확산에 있어서 아쉬운 점도 없지 않았습니다. 이번 지리산인문학대전의 발간을 통해 그 아쉬움을 만회하고자 합니다. 우리 연구원 선생님의 노고가 담긴 이 책을 통해 독자 여러분들이 지리산인문학에 젖어드는 계기가 되리라 기대합니다.

끝으로 이 책이 출간되기까지 수고해주신 본 연구단 일반연구원 선생님들, HK연구원 선생님들, 그리고 외부에서 참여해주신 필자선생님들께 깊이 감사드립니다. 또한 이 자리를 빌려 이러한 방대한 연구활동이 가능하도록 재정적 지원을 해주신 정민근 한국재단이사장님, 송영무 순천대 총장님과 권순기 경상대 총장님께도 고맙다는 말씀을 드립니다.

2015년 6월
국립순천대·국립경상대 인문한국(HK) 지리산권문화연구단
단장 강성호, 부단장 윤호진

| 서 문 |

    지리산은 한국의 명산이자 동아시아의 명산이었다. 이미 전통시대부터 삼신산의 하나로서 널리 알려졌다. 이제 지리산은 세계의 명산으로 발돋움하고 있다. 그 인증은 유네스코 세계유산과 생물권보전지역의 지정에서 본격화될 것이다.

    왜 지리산이 세계의 명산일 수 있는지는 한중일의 명산문화와 그 가치에 대한 천착에서 비롯될 수 있다. 이 책에 실린 11편의 논문은 그 대답을 위한 지리산권연구단 연구원들의 땀과 노력의 결실이다.

    이 책에서는 지리산이 지닌 문화경관의 가치가 무엇인지를 제시할 것이다. 그리고 지리산의 불교유산이 어떤 세계문화유산적인 가치를 가지고 있고 그 가능성은 무엇인지를 탐색할 것이다. 실제적으로 유네스코 세계유산에 등재하기 위한 전략과 과제는 어떻게 수립해야하는지도 논구하였다.

    동아시아의 명산비교에서는, 일본과 중국의 명산과 여신에 대해서 탐색하여 지리산 및 지리산의 성모천왕과 비교할 수 있는 토대를 마련하였다. 지리산의 인문전통과 비교될 수 있는 중국 태산과 여산의 명산문화도 빠뜨리지 않았다.

    이 논문집이 지리산이 인류의 명산으로 거듭나는 아름다운 여정에 튼튼한 초석이 되기 바란다.

2015년 6월
편집자

목차

—

세계유산의 문화경관
유형에 관한 고찰

산(山) 유산을 중심으로

최원석

—

Ⅰ. 머리말

유네스코의 세계유산은 1975년부터 등재가 시작되었다. 세계유산협약 가입국 중에서 161개국이 1,007점(2015년 6월 현재)을 보유하고 있다. 이것은 세계의 자연과 인류의 유산에 대한 가치의 재평가·재창출 과정으로, 지구촌에 새로운 문화사적 조류와 인식의 지평을 열고 있다. 세계인들은 이제 세계유산이라는 창을 통해 자국과 지역의 문화유산·자연유산의 가치를 세계적 보편성의 잣대로 보게 된 것이다. 유네스코 세계유산은 각국의 세계적 유산을 국제적인 시스템과 네트워크로 평가, 관리 받는다는 점에서도 기존의 일국적 체재와는 크게 차이가 있다.

유네스코의 세계유산 시스템은 국가 및 지역 브랜드 가치의 향상, 지역 주민의 자긍심 고취, 관광산업의 진흥과 지역경제 활성화, 해당 유산에 대한 세계적 수준에서의 보존관리 등 여러 가지 긍정적인 파급효과를 낳았다. 그러나 부정적인 측면도 있다. 세계유산제도의 정치화, 국가·지자체 간에 유산 등재를 위한 성과주의의 만연과 지나친 경쟁, 등재 후 관광자원 개발로 인한 유산의 물리적 파괴 및 가치 훼손, 과도한 상업화 등의 역기능도 있다.

세계유산에 대한 한국사회의 관심은 근자에 매우 커지고 있다. 그러한 사회적 수요와 요청에 맞추어 학계에서도 세계유산에 대한 논의가 활발하게 일어나고 있다. 그럼에도 불구하고 한국의 세계유산에 대한 제도적 시스템 구축과 학술적 논구는 미처 사회적 수요와 요청에 따르지 못하는 실정이다. 한국에서는 이제야 우리나라 세계유산의 자원가치, 관광개발, 파급효과, 관리개념 등에 대한 본격적인 연구가 학계에서 시도되고 있다. 향후 학계의 세계유산에 대한 연구 대상과 범위는 공간별, 지역별, 유형별, 주제별, 분야별 등 다양한 방면으로 심화될 필요가 있다. 특히 근래 세계유산 등재 추세에서 새롭게 대두된 문화경관 유형의 연구와 관련해서는 문화역사지리학의 접근 및 방법이 적합하지만 지리학계에서는 관심을 기울이지 않았다.[1]

이러한 문제의식과 정황을 고려하여, 이 글은 유네스코 세계유산 중에서 문화경관 유형을 고찰하고자 한다. 특히 산이 경관적으로 중요한 비중을 차지하거나 공간적으로 산의 특성을 지닌 문화경관 유형의 유산을 초점으로 분석·탐구하고자 한다. 문화경관유산은 전체 유산 중에서 70점을 넘으며, 그 중에서 산인 것도 다수를 이루고 있다. 그렇지만 한국은 아

---

[1] 최원석, 「지리산 문화경관의 세계유산적 가치와 구성」, 『한국지역지리학회지』 18(1), 2012, 43쪽.

직 한 점도 문화경관으로 세계유산에 등재된 바가 없다. 그 이유는 아직 세계유산의 문화경관 유형에 대한 인식이 낮고, 문화경관 유산 관련의 제도적인 법규가 갖춰지지 못하였기 때문인 것으로 보인다.

이 논문에서 문화경관 유형의 세계유산으로 연구 대상과 범위를 한정하는 이유는, 한국의 문화경관이 지니는 세계적 가치를 보편화하여 비교, 조명할 수 있는 토대를 만들고자 함이다. 이 연구목적을 달성하기 위해서 다음과 같은 몇 가지의 검토 과정을 거치고자 한다.

첫째, 세계유산의 가치에 대한 평가 추세와 등재 형태의 변화 경향을 개관하여 문화경관 유형의 도입과 의의를 도출한다. 둘째, 세계유산협약의 운영지침에서 정의되는 문화경관의 개념과 속성, 의의를 살펴본다. 셋째, 유네스코에 등재된 세계유산 중에서 문화경관 유형, 특히 산 유산들을 대상으로 개괄적인 현황과 등재기준을 분석하고, 사례를 들어 고찰해 볼 것이다.

이러한 연구 결과는 유네스코 세계유산의 문화경관 유형 및 산 유산에 관해 개괄적으로 파악하는 계기가 될 것이다. 뿐만 아니라 향후 한국의 주요 문화경관과 지리산을 위시한 명산을 세계유산으로 등재하기 위한 실제적인 논리의 구축과 등재전략의 수립에 있어서도 도움이 될 수 있으리라 믿는다.

.

II. 세계유산의 가치평가와 등재형태의 변화경향

1972년에 유네스코가 세계문화 및 자연유산보호 협약을 제정하고, 1975년에 세계유산위원회를 설립하여 등재를 시작한 이후 40년을 거치는 동안 등재 형태와 단위, 가치에 대한 인식과 관점, 지역주민의 역할과 비중, 지역적 등재 경향, 내용의 범위와 분야 등에서 변화가 나타났다. 이에 따라 유산의 대상범주와 '탁월한 보편적 가치(OUV)'의 평가기준도 달라졌다. 큰 흐름은 다음과 같이 몇 가지로 정리할 수 있다.

첫째, 유산의 등재 형태와 공간적 단위가 변하고 있다. 등재 형태는 단독유산에서 연속유산으로, 공간적으로는 점 단위(개별유산)에서 면 단위(지구, 경관)로 확대되는 경향이 나타난다.[2] 점차 유산 자체뿐 아니라 그 주변 환경과 시설물 모두를 보호의 대상으로 취급하고 있다는 점에서 보다 포괄적이고 친환경적인 사고로 나아가고 있는 것이다. 최근에는 무형적 가치까지 포함해 입체적 단위로 전개되고 있다.[3]

둘째, 유산에 대한 인식 및 관점의 변화에 따라 유산의 의미가 확대되고, 분야도 다양해지고 있다. 그것은 살아있는 유산의 중시, 유산의 비물질적 요소의 강조 및 유·무형유산의 통합적 시각, 문화다양성의 존중 등으로 요약된다. 최근에는 사람이 살고 있지 않은 유적지보다 현재 사람이 살고 있는 살아있는 유산(living heritage)의 중요성이 높아지는 경향이다.[4]

기존의 문화유산은 미학과 역사 범주의 단편적 시각으로 지배계급과 남성위주, 기념물적인 것, 신성한 것 위주였다. 그러나 인류학적인 포괄적 관점과 유산에 내재된 무형적 가치를 중시, 보호해야 하는 통합적 관점이 요청되었다.[5] 따라서 대상유산에 기록물 등의 무형적 가치가 뒷받

---

2) 예컨대 연속유산의 사례로 '조선왕릉'(Royal Tombs of the Joseon Dynasty, 2009)이나 '한국의 역사마을: 하회와 양동'(Historic Villages of Korea: Hahoe and Yangdong, 2010)을 들 수 있다. 그리고 面 단위 유산의 사례는 '경주역사유적지구'(Gyeongju Historic Areas, 2000)가 대표적으로, 이것은 남산지구, 월성지구, 대릉원지구, 황룡사지구, 산성지구 등 5개 권역으로 구분되어 각각 다수의 유산군이 포함되고 있다.

3) 허권, 「세계유산보호와 개발, 지속가능발전의 국제적 동향」, 『역사와 실학』 32, 2007, 935쪽.

4) 이혜은, 「지리학자의 관점에서 본 세계유산」, 『한국사진지리학회지』 21(3), 2011, 72쪽.

5) 허권, 「세계유산보호와 개발, 지속가능발전의 국제적 동향」, 『역사와 실학』

침되면 등재과정에서 강점으로 작용하기도 하였다.[6]

특히 문화유산의 무형적 가치의 재평가는 대상유산이 있는 장소가 갖는 정신적·사상적 가치에 대한 중시를 의미한다. 지역주민들이 갖고 있는 신성한 가치, 대상 지역의 고유한 신앙과 상징, 풍수와 같은 독특한 자연관이 중요한 가치로 평가받게 된 것이다.[7] 이것은 해당 유산의 장소성에 대한 주목으로도 이해할 수 있다. 즉 유산이 있는 절대적이고 상대적인 위치, 자연적이고 인문적인 환경에 더하여, 유산 소재지의 장소적 연관성과 특징, 장소적 가치와 정신 등을 대상 유산과 관련지어 총체적으로 이해할 필요가 있다는 것이다.

또한 대상유산의 정치사회적 관점이 전환되는 경향도 보이고 있다. 기

32, 2007, 935쪽.

6) 예컨대 1997년에 세계문화유산으로 등재된 수원 화성은, 『華城城役儀軌』(1801) 라는 화성 축조에 관한 경위와 제도, 의식 등을 기록한 자료가 유산 선정 과 정에 큰 역할을 하였다.

7) 그리스의 복합유산인 '아토스 산'(Mount Athos, 1988)은 신성한 산(Holy Mountain) 으로 불리었으며 다수의 수도원이 존재하는 것으로 유명하다. 일본의 문화유 산인 '기이산지의 靈地와 참배길(Sacred Sites and Pilgrimage Routes in the Kii Mountain Range)'은 靈地(Sacred Sites)라는 수사가 덧붙여져 등재되었다. 또한 일본의 '히라이즈미-정토종 사찰, 정원과 고고학적 유적'(Hiraizumi Temples, Gardens and Archaeological Sites Representing the Buddhist Pure Land, 2011)에 대한 유네스코 평가에 의하면, "불교적 정원 건축의 개념이 고대 자연신앙인 神道에 기초하여 어떻게 발전되었는지를 탁월한 방식으로 보여준다. 불교와 토착적 자연숭배 정신의 독특한 융합을 반영한다. 히라이즈미 사찰과 정원은 지구상의 불국정토의 상징적 표명이다."와 같이 일본 고유의 정신과 상징을 주목하여 평가하고 있는 것이다. 뉴질랜드의 '통가리로 국립공원'(Tongariro National Park, 1990/1993)은 "산은 마오리족에게 문화적이고 종교적인 의미를 가지고 있고, 공동체와 환경과의 정신적인 연계를 상징한다."고 평가받았다. 한국이 가진 세계유산의 풍수문화에 대한 주목도 같은 맥락에서 이해할 수 있다. 세계문화유산인 '조선왕릉'(The Royal Tombs of the Joseon Dynasty, 2009)에 대한 세계유산 개요에서, "조선왕릉의 자연적인 주위 환경은 풍수의 원리에 의해 형성"되었다고 기록되었으며, "풍수원리의 적용과 자연경관의 보존을 통해서 조상 의례의 실천을 위해 주목할 만한 성스러운 장소적 형태가 만들어졌다."고 평가되었다.

존 왕조사 중심의 유산에서 기층문화권의 유산으로 대상범위가 전환되고 있다. 대상유산의 종류와 속성도 근대유산, 산업유산, 군사유산 등 새로운 분야로 확대되고 있다.

셋째, 지역주민의 참여도 중요한 등재조건이 되고 있다. 지역공동체와의 연계성, 즉 세계유산의 보호 및 보존에서 지역민의 참여비중은 점점 더 중요해 지고 있다.[8] 보존관리에 대한 비중이 커짐으로써 요즈음에는 유산의 가치뿐만 아니라 유산 소재지의 지자체, 지역주민이 연계된 보존체계의 수립이 요구되고 있다. 이에 따라 유산 소재지의 지자체와 지방사회단체, 주민, 연구진이 통합된 통합관리체제의 구축이 요청되고 있다. 특히 유산의 보전관리에 있어서 주민들의 역할은 매우 중요한 요건으로 부상하였다. 문화유산과 관련된 주요정책의 기획, 입안, 실행 및 평가의 전 과정에 지역민들의 의견이 충분히 반영되고 함께 동참할 수 있는 여건의 형성이 세계유산 등재에 한 요건이 된 것이다.[9] 대상 유산과 유산이 있는 장소의 정신을 지역사회의 주민들과 구성원들이 잘 이해하고 있는지, 책임 있는 관리를 통해 보호할 수 있는지의 문제는 진정성 요건의 일부를 이루는 내용이기도 하다.

넷째, 세계유산 등재 지역의 변화 경향이 보인다. 기존의 선진국, 서구적 타입의 유산가치 기준과 등재 지역의 유럽 편중 경향에서 글로벌한 기준과 균형적 등재의 경향으로 나아갔다(http://whc.unesco.org/en/globalstrategy). 유산가치의 비서구적, 지역적 중시 경향이 나타나면서, 각국의 고유한 전통과 문화 가치, 생활양식 등도 재평가 되었다. 1994년에 세계유산위원회는, 유럽에서 기념물과 건축물, 유적이 상대적으로 우세한 반면 아프리카

---

8) 이혜은, 「지리학자의 관점에서 본 세계유산」, 『한국사진지리학회지』 21(3), 2011, 72쪽.
9) 허권, 「세계유산보호와 개발, 지속가능발전의 국제적 동향」, 『역사와 실학』 32, 2007, 935쪽.

16 · 지리산의 세계유산적 가치와 한중일 명산문화

와 아시아·태평양 지역에서는 그렇지 못하다고 판단하였다. 그래서 유럽중심적인 기준의 문제점을 보완하고 문화다양성을 적절히 반영할 수 있는 '글로벌 전략'(Global Strategy)을 채택하였다. 글로벌 전략은 문화유산, 그리고 사람과 환경에 대한 관계의 정의에 있어 인류학적인 접근을 요청하였다.[10]

다섯째, 유산의 가치기준 및 내용범주의 변화이다. 기존에는 자연과 문화를 별개의 개념으로 다루어 왔으나 1990년대부터 통합적인 관점으로 보게 되었다. 그리하여 1992년부터 자연과 사람의 상호작용적 측면에 주목한 문화경관(cultural landscape) 범주를 세계유산목록에 올리게 된 것은 획기적인 사건이다.[11] 2003년에는 자연유산과 문화유산의 기준(criteria) 지침이 통합된 것도 이러한 인식의 반영이다. 문화경관 범주의 설정이 갖는 의미는 자연과 인간이 결합된 유산의 가치를 중시하였다는 데 있다. 이러한 변화는 향후 유산의 세계적 가치가 저평가된 지역과, 자연적·문화적 가치가 복잡하게 연관된 문화지역의 세계유산 신청의 장려로 이어질 것임이 분명하다.[12]

III. 세계문화경관유산의 정의와 등재 현황

1. 세계문화경관유산의 정의와 범주

문화경관은 1992년 세계유산위원회에서 새로 채택된 세계유산 범주의 목록이다. 자연과 인간의 상호관계에 주목하고, 그 상호작용으로 형성된

---

10) UNESCO, World Heritage Centre, *World Heritage paper 26*, 2009, 22-25.
11) 유네스코한국위원회, 『세계유산-새천년을 향한 도전』, 서울(UNESCO World Heritage), 2010, 39·115쪽.
12) 유네스코한국위원회, 『세계유산-새천년을 향한 도전』, 서울(UNESCO World Heritage), 2010, 39·42쪽.

유산의 가치를 중시하는 것이 주 내용이다.

'세계문화경관유산'(World Heritage Cultural Landscapes)은 문화경관 중에서 사람과 환경의 상호작용이 탁월한 보편적 가치를 가진 것이다.[13]

문화경관의 세계유산 등재 의의는 인간과 환경 간 상호작용의 현저한 다양성을 드러내고 지속하기 위한 것이며, 살아있는 전통문화를 보호하고 사라져가는 자취를 보존하기 위한 것이다(World Heritage paper 6, 2003, 15).[14]

세계유산협약의 운영지침(Operational guideline)에서 정의되는 문화경관의 개념(a), 속성(b), 의의(c)를 살펴보면 유네스코에서 규정하고 있는 문화경관의 의미와 내용이 무엇인지를 이해하는데 도움이 될 것이다.

> (a) 문화경관은 자연과 인간이 결합하여 빚어진 문화유산이다. (b) 문화경관은 자연환경에 의해서 주어지는 물리적인 제약과 기회, 그리고 연속적인 사회·경제·문화적 힘의 영향 아래에서 장기간에 걸친 인간사회와 定住의 진화를 나타낸다. 문화경관이라는 용어는 인간과 자연환경 간의 상호작용이 드러난 다양성을 포함한다. 문화경관은 지속가능한 토지이용의 특별한 기술, 정착한 자연환경에 대한 특징과 한계의 고려, 자연에 대한 독특한 정신적인 관계를 반영한다. (c) 문화경관의 보호는 현대의 지속가능한 토지이용의 기술에 기여할 수 있고, 경관에서의 자연 가치를 유지하거나 증진시킬 수 있다. 전통적인 토지이용 형태의 지속적인 유지는 세계 많은 지역에서 생물종의 다양성을 돕는다. 전통적인 문화경관의 보호는 그러므로 생물종 다양성을 유지하는데 도움이 된다(UNESCO, World Heritage Centre, 2008, 85-86).

위의 요약된 정의에서 보듯이, 문화경관의 대상은 인간사회와 定住의

---

13) UNESCO, World Heritage Centre, *World Heritage paper 26*, 2009, 17.
14) UNESCO, World Heritage Centre, *World Heritage paper 6*, 2003, 15.

역사적 진화를 주 내용으로 한다. 인간사회와 정주의 진화가 주어진 자연환경에서 사회 · 경제 · 문화적 요소와 매개하여 역사적으로 경과하는 동안 어떻게 가시적 경관으로 드러나는지에 착안하고 있다. 그리고 여기에 연관되는 지속가능한 토지이용의 기술, 주거환경과의 물리적 · 정신적 관계를 주목한다. 문화경관의 보호는 현대의 지속가능한 토지이용과 같은 사회경제제적인 의의가 있는 한편, 유산이 갖는 자연가치의 유지와 생물종 다양성에 도움을 주는 자연생태적인 효과도 있음을 적극적으로 명시하고 있다.

다소 모호해 보이는 문화경관 개념은 문화유산의 세 구성요소인 기념물(mounments), 건물군(groups of building), 유적(sites) 개념과 대비할 때 분명해진다. 문화경관의 범주는 면적이고 공간적, 입체적 단위이며, 개별 대상(기념물, 건물, 유적 등) 자체보다는 자연과 인간의 상호작용과 결합의 양상에 초점을 둔다.[15] 예컨대 문화경관의 관점으로 볼 때는, 기념물 · 건물 · 유적 등을 개별적이거나 독자적인 범주로 보지 않고, 자연환경 및 주위 경관과 조화를 이루고 있는, 즉 자연과 인문이 상호작용하여 통합된 시스템과 연계된 네트워크로 보는 것이다.

여기서 문화경관의 범주를 분명히 이해할 필요가 있다. 세계유산은 유형별로 크게 문화유산, 자연유산, 복합유산이라는 상위 범주로 분류된다. 문화경관은 유산의 내용과 성격을 규정하는 하위 범주이다. 문화경관은 주 속성상 문화유산이기에 대부분의 경우는 문화유산으로 분류되어 있지만, 다른 한편으로 "자연과 인간이 결합된 작품(combined works of nature and of man)"을 표현하기 때문에 몇몇 유산은 자연적 등재기준도 충족하여 예외적으로 복합유산으로 분류된다. 2012년 3월 현재 유네스코의 분류에 의하면, 문화경관 유산 중에서 문화기준과 자연기준을 겸하여 가진 복

---

15) 문화유산의 건물군에 있어서도 경관 상에서의 위치가 개념에 포함되지만, 문화경관 개념에 비하여 개별적이고 점적인 단위이다.

〈그림 1〉 세계유산의 종류와 문화경관의 범주

합유산은 5점(울루루 카타추타 국립공원, 피레네 몽페르뒤, 로페 오칸다의 생태계 및 문화경관, 통가리로 국립공원, 성 킬다 섬)이 있다(표 2·3 참조). 따라서 자연과 인간의 상호관계를 대상으로 하는 문화경관의 범주는 유산의 유형으로 볼 때, 문화유산과 복합유산에 걸쳐있음을 알 수 있다(그림 1).

1992년 세계유산위원회에서 채택되어 유네스코 세계문화센터의 운영지침(UNESCO, World Heritage Centre, 2008)에 포함된 문화경관의 하위 범주는 다음과 같이 다시 세 가지로 나뉜다(표 1).

〈표 1〉 문화경관 유산의 종류

문화경관의 종류		
①	설계된 경관(Designed landscape)	
②	유기적으로 진화하는 경관 (Organically evolving landscape)	-지속(continuous) 경관
		-화석(fossil) 경관
③	결합한 경관(Associative landscape)	

* 자료: UNESCO, World Heritage Centre, 2008, *Operational Guidelines for the Implementation of the World Heritage Convention*, 118.

위 문화경관의 세 가지 범주를 기존에 등재된 문화경관 유형의 세계유산을 사례로 대비하여 살펴보자.16)

---

16) 이하의 문화경관의 세 가지 범주에 대한 논의는 UNESCO, World Heritage Centre, 2008, Operational Guidelines for the Implementation of the World Heritage Convention. WHC.08/01, January 2008, 86과 유네스코한국위원회,

첫 번째 범주는 '사람에 의해 의도적으로 설계되거나 만들어진 경관'이다. 심미적인 동기로 조성된 정원, 공원 경관 등이 주로 해당되며, 종교적이거나 기념물적인 건축물도 종종 포함된다. 유럽지역에서 초기에 세계유산으로 등재되었던 여러 문화경관 유산들이 이 범주에 속하며, 스페인의 '아란후에즈 문화경관'(Aranjuez Cultural Landscape, 2001)이 그 사례의 하나이다.

두 번째 범주는 '유기적으로 진화된 경관'이다. 이것은 처음에 사회 · 경제 · 행정 · 종교적인 연유로 생겨 자연환경과 관련되고 상응하면서 현재의 모습으로 형성된 것이다. 이들 경관은 그 형태와 구성특색에 있어서 진화의 과정을 반영한다. 다시 이 범주는 두 하위범주로 나뉜다. '화석(유적)경관'은 진화과정이 과거의 어떤 시기에 멈추어 물질적인 형태의 특징으로 남아있는 것이다. 영국의 '블래나본 산업경관'(Blaenavon Industrial Landscape, 2000)이 그 사례이다. 그리고 '지속경관'은 전통적인 삶의 방식이 현대사회에서도 활발한 역할을 하여 진화과정이 여전히 진행 중인 것이다. 그것은 장기간에 걸친 진화의 물질적인 증거를 드러낸다. '필리핀의 계단식 벼 경작지, 코르디레라스'(Rice Terraces of the Philippine, Cordilleras, 1995)가 이에 해당한다.

세 번째 범주는 '결합한 문화경관'이다. 이 범주는 물질적, 문화적 증거보다는 자연적 요소와의 강력한 종교적, 예술적, 문화적 결합에 의해서 정당화된다. 결합한 문화경관의 범주는 지역사회와 토착민들의 유산과 그 속에 내재된 무형적 가치를 인식하는 데 특히 중요한 것이다(유네스코 한국위원회, 2010, 115). 예컨대 뉴질랜드의 '통가리로 국립공원(Tongariro National Park, 1990/1993)'은 "산이 공동체와 환경 사이의 정신적 연계를 상징"하는 것으로 평가받은 사례이다.

2010, 세계유산-새천년을 향한 도전. 서울(UNESCO World Heritage Centre, 2007, World Heritage-Challenges for the Millennium, Paris), 40을 참고로 요약, 정리한 것임을 밝힌다.

그러면 문화경관 개념의 도입으로 인해 세계유산 등재기준(Selection criteria)상에는 그 내용이 어떻게 반영되었을까? 범주 상 문화유산의 영역에서 건축, 기술, 기념물, 도시계획에 더하여 경관 디자인(landscape design)이 포함되었다(기준 ii). 인류역사의 단계를 보여주는 유산의 유형에도 건물, 건축, 기술에 더하여 경관(landscape)이 포함되었다(iv). 그리고 유산의 가치 면에서도, 대상유산이 가진 자연과 문화요소의 상호작용과 통합적 국면에 유의하며(기준 v), 대상유산의 평가에서도 자연과 문화의 조화를 주목하는 관점이 반영되었다. 예컨대 '필리핀의 계단식 벼 경작지, 코르디레라스'는 "사람과 환경 간의 조화로운 상호작용으로 기인된 토지이용의 탁월한 사례, 미학적으로 대단히 아름다운 경관을 형성하였다."고 평가된 바 있다. 중국의 '태산'(Mount Taishan, 1987)도 "예술적 걸작들이 자연경관과 완전한 조화를 이루고 있다."고 평가되었다. 따라서 문화경관유산일 경우, 세계유산 신청서 작성에 있어서도, 사람과 자연간의 상호관계에 대해 특별히 주의하여 등재기준에 대한 설명을 기술할 필요가 있다(Operational Guidelines for the Implementation of the World Heritage Convention, 2008, 103).

2. 세계문화경관유산의 현황 및 분석

유네스코 세계유산 홈페이지와 보고서에는 2009년까지 66여 점의 문화경관유산이 따로 분류되어 있으며(http://whc.unesco.org/en/activities/477/), 그것을 범주별(문화/자연/복합)로 보면 5점이 복합유산이고 나머지는 모두 문화유산이다.[17)]

---

17) 세계문화경관유산 중에서 오스트레일리아의 '울루루 카타 추타 국립공원'(1994)과 뉴질랜드의 '통가리로 국립공원(1993)'은 기존의 복합유산에서 1992년 이후에 문화경관으로 다시 등재된 경우이다. 2004년에 세계유산에 등재되었던 독일의 '드레스덴 엘베 계곡'(Dresden Eebe Valley)은 개발로 인해 역사적 가치가 훼손되었다고 판단되어 세계유산위원회의 결정에 따라 2009년, 문화유산에서

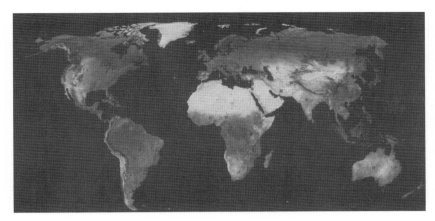

〈그림 2〉 세계유산 목록상의 문화경관(2005)

* 자료: 유네스코한국위원회, 2010, 세계유산-새천년을 향한 도전. 서울(UNESCO World
  Heritage Centre, 2007, *World Heritage- Challenges for the Millennium*, Paris), 112.

최근인 2011년도에도 6점이 문화경관의 명칭으로 세계유산에 등재된 바 있으니, 열거하면 '콜롬비아의 커피문화경관'(Coffee Cultural Landscape of Colombia), 스페인의 '트라문타나 산맥의 문화경관'(Cultural Landscape of the Serra de Tramuntana)', 프랑스의 '코즈와 세벤의 중세농경목축문화경관'(The Causses and the Cévennes, Mediterranean agro-pastoral Cultural Landscape), 에디오피아의 '콘소문화경관'(Konso Cultural Landscape), 프랑스의 '코즈와 세벤의 중세농경목축문화경관'(The Causses and the Cévennes, Mediterranean agro-pastoral Cultural Landscape), 중국 '항주의 서호 문화경관'(West Lake Cultural Landscape of Hangzhou) 등이다.

〈표 2〉와 〈표 3〉을 기준으로 세계문화경관유산의 개황을 분석해보기로 하자. 우선 지역적 분포를 보면, 유럽/북아메리카가 가장 많고 다음으로는 아시아/태평양의 순으로, 유럽지역의 국가가 유산의 과반수 이상을

삭제(delete)되었다.

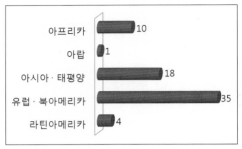

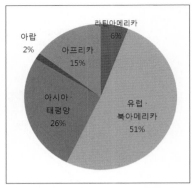

〈그림 3〉 세계문화경관유산의
지역별 분포수(1993~2009)

〈그림 4〉 세계문화경관유산의
지역별 분포비(1993~2009)

차지하는 지역적인 불균형을 보인다(그림 3·4). 그 이유는 상대적으로
여타지역에 비하여 유럽의 유산관련 기관 및 단체들이 문화경관 유산 범
주에 대한 인식이 높고 국가적, 지역적 차원의 법규가 구비되었기 때문이
다(유네스코한국위원회, 2010, 39.112). 라틴아메리카와 아랍에는 상대적
으로 문화경관 유산이 적은 편이다. 그리고 대상유산이 국가 간에 걸쳐있
는 월경(越境, transboundary) 유산도 5개에 이른다.

　세계문화경관유산의 연도별 등재추이를 살펴보면, 1993년에 등재가 시
작된 이래 꾸준히 증가추세에 있다가 2004년을 기점으로 일시적으로 감
소되는 경향을 보이고 있다. 2000년에서 2005년 사이에 등재가 집중적으
로 이루어졌다(그림 5).

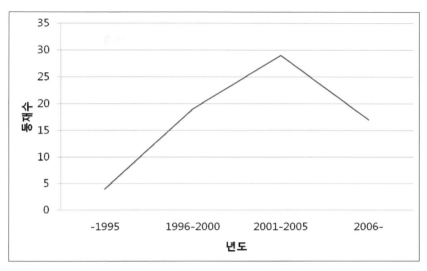

〈그림 5〉 세계문화경관유산의 연도별
등재추이(1993-2009)

　　동아시아에는 일본의 '기이산지의 영지와 참배길'(2004) 및 '이와미 은
광 및 문화경관'(2007), 중국의 '오대산'(2009) 및 '항주의 서호 문화경
관'(2011)[18] 등 4점만 세계문화경관유산에 등재되었다. 그 등재내용을 요
약하면, 일본의 '기이산지의 영지와 참배길'은 종교경관과 문화루트의 순
례길, '이와미 은광 및 문화경관'은 16세기부터 20세기까지 채굴된 은광의
문화경관, 중국의 '오대산'은 불교건축경관, '항주의 서호 문화경관'은 서
호(西湖)의 문화역사경관이다.

　　세계문화경관유산들의 현황(~2009)을 등재명칭, 유산의 유형 및 등재기
준, 국가명, 지정/확장년도별로 정리하면 〈표 2〉, 〈표 3〉과 같다.[19]

---

18) 2011년에 중국 '항주의 서호 문화경관'(West Lake Cultural Landscape of
　　Hangzhou)이 문화유산 기준 (ii)(iii)(vi)를 충족시키면서 문화경관 유형의 세계
　　유산이 되었다.

19) 유네스코 세계유산센터 홈페이지의 문화경관 분류(http://whc.unesco.org/en/activities/477/)

〈표 2〉 세계문화경관유산 목록①(~2009, 국가명 순: A-J)

세계유산 등재 명칭	유산유형(등재기준)	국가명	지정/확장년도	비고
바미안계곡의 문화경관과 고고유적지 (Cultural Landscape and Archaeological Remains of the Bamiyan Valley)	문화(i)(ii)(iii)(iv)(vi)	아프가니스탄	2003	위험에 처한 유산(2003)
마드리우 클라로 페라피타 계곡 (Madriu-Perafita-Claror Valley)	문화(v)	안도라	2004	
우마우카 협곡(Quebrada de Humahuaca)	문화(ii)(iv)(v)	아르헨티나	2003	
울루루 카타 추타 국립공원(Uluru-Kata Tjuta National Park)	복합(v)(vi)(vii)(viii)	오스트레일리아	1987/1994	
할슈타트-닥슈타인/잘츠 카머굿 문화경관 (Hallstatt-Dachstein / Salzkammergut Cultural Landscape)	문화(iii)(iv)	오스트리아	1997/1999	
와차우 문화경관(Wachau Cultural Landscape)	문화(ii)(iv)	오스트리아	2000	
페르퇴 노지들레르씨 문화경관 (Fertö Neusiedlersee Cultural Landscape)	문화(v)	오스트리아/헝가리	2001	越境 유산
고부스탄 암각화 문화경관(Gobustan Rock Art Cultural Landscape)	문화(iii)	아제르바이잔	2007	
오대산(Mount Wutai)	문화(ii)(iii)(iv)(vi)	중국	2009	
스타리 그라드 평야(Stari Grad Plain)	문화(ii)(iii)(v)	크로아티아	2008	
쿠바 동남부의 최초 커피 재배지 고고학적 경관 (Archaeological Landscape of the First Coffee Plantations in the South-East of Cuba)	문화(iii)(iv)	쿠바	2000	
비날레스 계곡(Viñales Valley)	문화(iv)	쿠바	1999	
레드니스-발티스 문화경관(Lednice-Valtice Cultural Landscape)	문화(i)(ii)(iv)	체코	1996	
생때밀리옹 포도 재배 지구(Jurisdiction of Saint-Emilion)	문화(iii)(iv)	프랑스	1999	
쉴리 쉬르 르와르와 샬론느 간 르와르 계곡(The Loire Valley between Sully-sur-Loire and Chalonnes)	문화(i)(ii)(iv)	프랑스	2000	
피레네-몽 페르뒤(Pyrénées - Mont Perdu)	복합(iii)(iv)(v)(vii)(viii)	프랑스/스페인	1997	越境 유산
로페 오칸다의 생태계 및 문화경관(Ecosystem and Relict Cultural Landscape of Lopé-Okanda)	복합(iii)(iv)(ix)(x)	가봉	2007	
드레스덴엘베 계곡(Dresden Elbe Valley)	문화(ii)(iii)(iv)(v)	독일	2004	삭제된 유산 (2009)
데소 뵐리츠의 정원(Garden Kingdom of Dessau-	문화(ii)(iv)	독일	2000	

와, World Heritage paper 26, 2009, Appendix 3. Cultural landscapes inscribed on the World Heritage List, 122-123를 참조하여 작성한 것이다. 두 자료는 문화경관 유산의 목록화에 있어 몇 군데 차이가 나고 누락된 경우도 나타나 주의를 요한다.

Wörlitz)				
중북부 라인 계곡(Upper Middle Rhine Valley)	문화(ii)(iv)(v)	독일	2002	
무스카우어 공원(Muskauer Park / Park Mużakowski)	문화(i)(iv)	독일/폴란드	2004	越境 유산
호르토바기 국립공원(Hortobágy National Park – the Puszta)	문화(iv)(v)	헝가리	1999	
토카지 와인 지역 문화 유산(Tokaj Wine Region Historic Cultural Landscape)	문화(iii)(v)	헝가리	2002	
싱벨리어 국립공원(Þingvellir National Park)	문화(iii)(vi)	아이슬란드	2004	
빔베트카의 바위그늘 유적(Rock Shelters of Bhimbetka)	문화(iii)(v)	인도	2003	
밤 지역 경관(Bam and its Cultural Landscape)	문화(ii)(iii)(iv)(v)	이란	2004	위험에 처한 유산(2004)
네제브 지역의 사막 도시와 향로(Incense Route – Desert Cities in the Negev)	문화(iii)(v)	이스라엘	2005	
알불라·베르니나 문화경관지역의 라에티안 철로 (Rhaetian Railway in the Albula / Bernina Landscapes)	문화(ii)(iv)	이탈리아/스위스	2008	越境 유산
피에드몽과 롬바르디의 영산(Sacri Monti of Piedmont and Lombardy)	문화(ii)(iv)	이탈리아	2003	
포르토베네레, 친케 테레와 섬들(Portovenere, Cinque Terre, and the Islands (Palmaria, Tino and Tinetto)	문화(ii)(iv)(v)	이탈리아	1997	
발도르시아(Val d'Orcia)	문화(iv)(vi)	이탈리아	2004	
코스티에라 아말피타라(Costiera Amalfitana)	문화(ii)(iv)(v)	이탈리아	1997	
시렌토, 발로, 디 디아노 국립공원(Cilento and Vallo di Diano National Park with the Archeological sites of Paestum and Velia, and the Certosa di Padula)	문화(iii)(iv)	이탈리아	1998	
기이산지의 靈地와 참배길 (Sacred Sites and Pilgrimage Routes in the Kii Mountain Range)	문화(ii)(iii)(iv)(vi)	일본	2004	
이와미 은광 및 문화경관 / Iwami Ginzan Silver Mine and its Cultural Landscape	문화(ii)(iii)(v)	일본	2007	

* 주: 유네스코 세계유산센터 홈페이지의 문화경관 분류(http://whc.unesco.org/en/activities/477/)
와, World Heritage paper 26, 2009, Appendix 3. Cultural landscapes inscribed on the World
Heritage List, 122-123를 참조하여 보완 작성한 것임.

세계유산 등재 명칭	유산유형(등재기준)	국가명	지정/확장년도	비고
탐갈리 암면 조각화(Petroglyphs within the Archaeological Landscape of Tamgaly)	문화(iii)	카자흐스탄	2004	
미지켄다 부족의 카야 聖林(Sacred Mijikenda Kaya Forests)	문화(iii)(v)(vi)	케냐	2008	
술라이만투 聖山(Sulaiman-Too Sacred Mountain)	문화(iii)(vi)	키르기즈스탄	2009	
참파삭 문화지역 안의 푸 사원과 고대 주거지(Vat Phou and Associated Ancient Settlements within the Champasak Cultural Landscape)	문화(iii)(iv)(vi)	라오스	2001	
콰디사의 성스런 계곡과 삼목숲(Ouadi Qadisha (the Holy Valley) and the Forest of the Cedars of God (Horsh Arz el-Rab))	문화(iii)(iv)	레바논	1998	
케르나베 고고 문화경관(Kernavė Archaeological Site (Cultural Reserve of Kernavė)	문화(iii)(iv)	리투아니아	2004	
크로니안 스피트(Curonian Spit)	문화(v)	리투아니아/러시아	2000	越境 유산
암보히만가 왕실 언덕(Royal Hill of Ambohimanga)	문화(iii)(iv)(vi)	마다가스카르	2001	
르몬 문화경관(Le Morne Cultural Landscape)	문화(iii)(vi)	모리셔스	2008	
용설란 재배지 경관 및 구 데킬라 공장 유적지(Agave Landscape and Ancient Industrial Facilities of Tequila)	문화(ii)(iv)(v)(vi)	멕시코	2006	
오르콘 계곡 문화 경관(Orkhon Valley Cultural Landscape)	문화(ii)(iii)(iv)	몽고	2004	
통가리로 국립공원(Tongariro National Park)	복합(vi)(vii)(viii)	뉴질랜드	1990/1993	
수쿠 문화경관(Sukur Cultural Landscape)	문화(iii)(v)(vi)	나이제리아	1999	
오순-오소그보 신성숲(Osun-Osogbo Sacred Grove)	문화(ii)(iii)(vi)	나이제리아	2005	
베가연-베가 제도(Vega øyan-The Vega Archipelago)	문화(v)	노르웨이	2004	
쿠크 초기 농경지(Kuk Early Agricultural Site)	문화(iii)(iv)	파푸아뉴기니	2008	
필리핀의 계단식 벼 경작지, 코르디레라스(Rice Terraces of the Philippine, Cordilleras)	문화(iii)(iv)(v)	필리핀	1995	위험에 처한 유산(2001)
칼바리아 제브르지도우카(Kalwaria Zebrzydowska: the Mannerist Architectural and Park Landscape Complex and Pilgrimage Park)	문화(ii)(iv)	폴란드	1999	
피코 섬의 포도밭 경관(Landscape of the Pico Island Vineyard Culture)	문화(iii)(v)	포르투갈	2004	
알토 도루 포도주 산지(Alto Douro Wine Region)	문화(iii)(iv)(v)	포르투갈	2001	
신트라의 문화경관(Cultural Landscape of Sintra)	문화(ii)(iv)(v)	포르투갈	1995	
마푼구베 문화경관(Mapungubwe Cultural Landscape)	문화(ii)(iii)(iv)(v)	남아프리카 공화국	2003	
리흐터스펠트 문화 및 식물경관(Richtersveld Cultural and Botanical landscape)	문화(iv)(v)	남아프리카 공화국	2007	
아란후에즈 문화경관(Aranjuez Cultural Landscape)	문화(ii)(iv)	스페인	2001	

남부 올랜드 농업 경관(Agricultural Landscape of Southern Öland)	문화(iv)(v)	스웨덴	2000	
라보 포도원 테라스(Lavaux, Vineyard Terraces)	문화(iii)(iv)(v)	스위스	2007	
코타마코,바타마리바 지역(Koutammakou, the Land of the Batammariba)	문화(v)(vi)	토고	2004	
니사의 파르티아 성채(Parthian Fortresses of Nisa)	문화(ii)(iii)	투르크메니스탄	2007	
큐-왕립식물원(Royal Botanic Gardens, Kew)	문화(ii)(iii)(iv)	영국	2003	
블래나본 산업경관(Blaenavon Industrial Landscape)	문화(iii)(iv)	영국	2000	
성 킬다섬(St Kilda)	복합(iii)(v)(vii)(ix)(x)	영국	2004/2005	
콘월 및 데본 지방의 광산 유적지 경관(Cornwall and West Devon Mining Landscape)	문화(ii)(iii)(iv)	영국	2006	
바누아투 로이 마타 추장 영지(Chief Roi Mata's Domain)	문화(iii)(v)(vi)	바누아투	2008	
마토보 언덕(Matobo Hills)	문화(iii)(v)(vi)	짐바브웨	2003	

* 주: 유네스코 세계유산센터 홈페이지의 문화경관 분류(http://whc.unesco.org/en/activities/477/)와, World Heritage paper 26, 2009, Appendix 3. Cultural landscapes inscribed on the World Heritage List, 122-123를 참조하여 보완 작성한 것임.

세계문화경관유산에 적용된 등재기준을 분석해보자. 문화적 기준(i ~ vi)을 충족하여 문화유산으로 등재된 것들을 집계·분석하면, 인류역사의 단계 유형 기준(iv)[20]과 문화적 전통의 증거 기준(iii)이 가장 많은 비중을 차지하고 있고, 다음으로 자연과 인간의 상호작용 기준(v), 인류가치의 교류 기준(ii) 등의 차례대로 순서를 보인다(그림 6·7). 상대적으로 인류의 걸작물 기준(i)이 차지하는 비중은 적다.

특히 문화경관 유산의 가치는 (v)번 항목에서 규정하는 "환경과 인간과의 상호작용"이 핵심적 요소이다. 이 점을 감안하여 등재정당성을 요약해보면 많은 경우가 "역사적으로 오래되거나, 자연환경과 조화로운 방식의 토지이용·생활양식·주거경관"으로 집약된다.[21]

---

[20] Criterion (iv): "인류 역사에 있어 중요 단계를 예증하는 건물, 건축이나 기술의 총체, 경관 유형의 대표적 사례일 것"

[21] 예컨대, 안도라의 '마드리우 클라로 페라피타 계곡'(Madriu-Perafita-Claror Valley, 2004)은 "주민들이 피레네의 고산지대에 천년이 넘도록 살면서 산악경관과 조

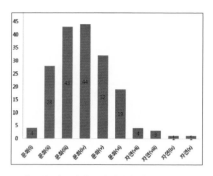

〈그림 6〉 세계문화경관유산 등재기준
구성비(1993-2009)

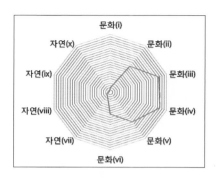

〈그림 7〉 세계문화경관유산 등재기준
영역구성비(1993-2009)

　　그리고 문화와 자연적 기준을 동시에 충족하여 복합유산으로 등재된 5
점의 자연적 등재기준(vii~ x)을 집계하면, 자연미 기준(vii)이 가장 많고,
지질·지형적 특성의 기준(viii), 생물다양성 서식지 기준(x)과 생물학적
진화과정의 기준(ix)의 순이다. 등재 순서대로 보면, 영국의 '성 킬다섬'은
기준 (ix)·(x), 오스트레일리아의 '울루루 카타 추타 국립공원'은 기준
(vii)·(viii), 뉴질랜드의 '통가리로 국립공원'은 기준 (vii)·(viii), 프랑스/스

화된 지속가능한 주거환경을 창조"한 점이 평가되었다. 오스트리아/헝가리의
'페르퇴 노지들레르씨 문화경관'(Fertö Neusiedlersee Cultural Landscape, 2001)의
다양성은 "인간이 자연환경 간과 더불어 진화하고 공생한 과정의 결과"라고
평가되었다. 역시 헝가리의 '호르토바기 국립공원'(Hortobágy National Park -
the Puszta, 1999)과 토카지 와인 지역 문화 유산(Tokaj Wine Region Historic
Cultural Landscape, 2002)의 문화경관은 "전통적인 토지이용"이 높게 평가되었
으며, 특히 호르트바기 국립공원은 "2천년이 넘도록 전통적인 토지이용의 증
거를 지니고, 인간과 자연의 조화로운 상호작용을 드러낸다."고 평가되었다.
크로아티아의 '스타리 그라드 평야'(Stari Grad Plain, 2008)는 "고대의 전통적
定住地"이라는 점이 부각되었다. 그리고 프랑스/스페인의 '피레네-몽 페르뒤'
(Pyrénées - Mont Perdu, 1997) 문화경관은 "자연미와 사회경제적인 구조가 결
합하여 유럽에서 드문 산지의 생활양식을 보여주는 탁월한 사례"로 평가받았
다. 독일의 '중북부 라인 계곡'(Upper Middle Rhine Valley, 2002)의 문화경관은
"2천년 이상 라인강 협곡에서의 전통적 생활양식과 커뮤니케이션 수단이 진
화된 사례"로 세계유산이 되었다.

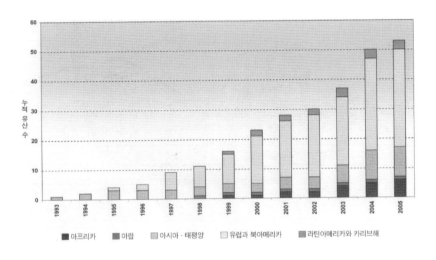

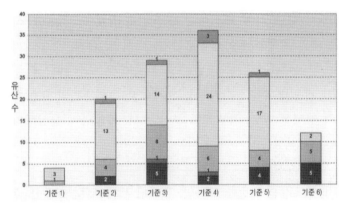

<그림 8> 지역별 세계문화경관유산과 등재기준(1993-2005)

* 자료: 유네스코한국위원회, 2010, 세계유산-새천년을 향한 도전. 서울(UNESCO World Heritage Centre, 2007, *World Heritage-Challenges for the Millennium*, Paris), 112.116.

페인의 '피레네-몽 페르뒤'는 기준 (vii)·(viii), 가봉의 '로페-오칸다의 생태계 및 유적 문화경관'(2007)은 기준 (ix)·(x)을 충족하였다.

다음으로는 세계문화경관유산의 유형별 특성(1992-2002)을 세계유산센

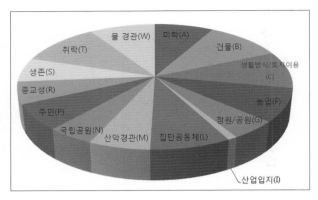

〈그림 9〉 세계문화경관유산의 특성 구성비
(1992-2002. 표 4를 기준으로 작성)

터에서 발간한 보고서를 기준으로 개관해 보자(표 4, 그림 9). 이를 통하
여 문화경관을 구성하는 요소의 공간적 · 가시적 유형뿐만 아니라 문화경
관에서 중시되는 관점도 알 수 있다. 세부 항목을 보면 미학적 가치, 수경
관(水景觀), 생활방식이나 토지이용의 지속성, 농업경관의 요소, 지역주민
과 집단의 정체성 반영, 국립공원 포함 여부, 종교성과 신성성의 특질을
지닌 경관, 삶과 생존이 주제가 되는 경관, 취락이 포함되어 있는지의 여
부 등이 있다.

　몇 가지 두드러진 특징을 보자면, 등재된 세계문화경관유산 중에서 취
락과 수경관이 포함된 것이 4/5가량으로 가장 많고, 2/3가량이 미학적 가
치, 농업경관, 생활방식 · 토지이용의 지속성, 지역공동체의 정체성 요소
를 포함하고 있다. 상대적으로 산업유산은 드물다. 산이 경관의 주요한
부분이 된 유산도 13점이 있으며, 그 대부분은 종교성이나 신성성을 중요
한 특질로 지닌다. 물(水)이 경관의 주요한 부분을 차지하는 유산 중에서
관개나 기능적인 물 관리 형태가 주목된 것도 과반수에 이른다.

등재 년도	세계유산 등재 명칭	i	ii	iii	iv	v	vi	vii	viii	ix	x	A	B	C	F	G	I	L	M	N	P	R	S	T	W	기타
1993	통가리로 국립공원						+	+	+			+		+		+	+	+	+	+	+					Jf
1994	울루루 카타 추타 국립공원				+	+	+	+				+				+	+	+		+						Ra
1995	필리핀의 계단식 벼 경작지, 코르디레라스		+	+	+							+		+	+			+	+		+	+	+	+	+	Jf/Wi
1995	신트라의 문화경관		+		+	+						+	+		+			+	+		+					Jf/Wl
1996	레드니스-발티스 문화경관	+	+		+							+	+			+				+						
1997	피레네-몽 페르뒤		+	+	+		+	+				+		+	+			+	+		+	+				
1997	할슈타트-닥슈타인/잘츠 카머굿 문화경관		+	+														+	+	+		+	+			Wl
1997	포르토베네레, 친케 테레와 섬들		+		+	+							+	+				+	+		+	+	+	+		Wi/Wr/Ws
1997	코스티에라 아말피타라		+		+	+						+	+	+				+	+		+	+	+	+		Jf/Wi/Ws
1998	시렌토, 발로, 디 디아노 국립공원		+	+									+	+							+	+	+	+		Wr/Ws
1998	콰디사 계곡 및 삼목숲		+	+									+	+							+	+				
1999	호르토바기 국립공원			+	+	+						+	+	+					+			+				
1999	비날레스 계곡			+								+	+	+				+			+					
1999	칼바리아 제브르지도우카	+		+								+	+			+			+			+		+		Jf
1999	생때밀리옹 포도 재배 지구		+	+									+	+	+				+			+	+	+	+	Wr
1999	수쿠 문화경관		+		+	+						+		+	+					+			+			
2000	데소 뵐리츠의 정원	+		+								+	+			+					+	+				Wl
2000	쉴리 쉬르 르와르와 샬론느 간 르와르 계곡	+	+		+							+	+	+	+	+			+			+				Wr
2000	남부 올랜드 농업 경관			+	+								+		+				+			+	+		+	Ws
2000	와차우 문화경관		+		+								+		+	+				+			+	+		Wr
2000	블래나본 산업경관			+	+								+			+	+	+	+			+			+	Wi
2000	크로니안 스피트				+								+	+				+			+			+		Ws
2000	쿠바 동남부의 최초 커피 재배지 고고학적 경관		+	+									+		+							+	+	+		Wi
2001	참파삭 문화지역 안의 푸 사원과 고대 주거지		+		+	+						+	+	+	+			+	+		+	+				Wi/Wl/Wr
2001	페르퇴 노지들레르씨 문화경관				+								+	+	+	+		+	+	+			+	+		Wl
2001	암보히만가 왕실 언덕		+	+		+						+	+					+			+					
2001	아란후에즈 문화경관		+									+	+	+	+	+		+					+	+		Wi/Wl/Wr
2001	알토 도루 포도주 산지		+	+	+							+	+	+	+			+			+		+	+		Wi/Wl/
2002	토카지 와인 지역 문화 유산		+										+	+				+			+	+	+			
2002	중북부 라인 계곡		+		+	+						+	+	+	+			+			+		+	+	+	Wr

* 자료: UNESCO, World Heritage Centre, 2002, World Heritage paper 7. 18을 수정하여 작성.
(범례)
A=미학적 가치가 중요
B=건물 현존
C=생활방식/토지이용의 지속성이 중요한 요소
F=농업이 경관의 속성에 중요한 요소
G=관상용 정원/공원이 경관의 주요 요소로 포함
I=산업유산 위치

L=집단(국가, 종족, 지방 공동체)의 정체성 요소를 포함
M=산 혹은 산이 경관의 중요한 부분
N=국립공원이거나 국립공원을 포함
P=지방 주민의 인구가 경관(의 관리)에 중요한 부분
R=종교성/신성성/성스러움을 중요한 특질로 지닌 경관
S=생존이 주요 주제가 되는 경관(물리적인 고대적 경지시스템과 고고학적 기념물, 사회적
　　인 냉혹한 자연환경에서의 인간집단)
T=등재된 경관에 읍(town), 마을이 포함.
W=물이 경관의 주요한 부분을 차지(Wi=관개 혹은 기능적인 물 관리 형태, Wl=호수가 경
　　관의 주요 부분, Wr=강이 경관의 주요 부분, Ws=바다가 경관의 주요 부분)
Jf=정글/숲/삼림환경
Ra=암각화

Ⅳ. 세계문화경관유산과 산

1. 산/산악경관 세계유산의 현황

앞서 세계문화경관유산의 현황과 특성을 개관하고 등재기준을 분석하
여 보았다. 이제 그 중에서 산 혹은 산이 경관의 중요한 부분을 차지하는
유산을 중심으로 논의를 계속해 나가기로 하자.

세계적으로 탁월한 가치를 지니고 있는 산악은 자연의 환경생태적 속
성과 인간의 거주 유무에 따라 자연경관이거나 문화경관으로서 유산가치
의 가능성이 큰 곳이다. 2005년 현재 유네스코 세계유산센터가 규정하는
산악의 기준[22]에 부합하는 59곳의 산악보호지역이 세계유산목록에 등재
되었으며, 그 중 아시아는 18곳이 포함되었다(그림 10). 총 24점의 복합유
산 중에 42%가 산악지역에 있다. 산악유산 가운데서 적어도 25곳은 사람
이 살고 있어서, 인간이 유산에 중요한 부분을 차지하고 있으며, 향후 인
간과 환경의 상호작용이라는 새로운 기준에 따라 산악유산을 지정할 가

---

[22] 유네스코 세계유산센터의 '산' 정의 기준에 의하면, "보호지역 안에 최소
　　1,500m의 융기지역, 최소 1만 헥타르의 면적 보유, IUCN의 보호구역 기준1-4
　　에 해당하는 지역"으로 규정하고 있다(유네스코한국위원회, 2010, 『세계유산:
　　새천년을 향한 도전』, 138).

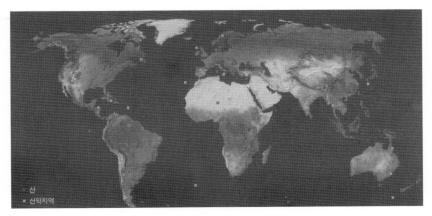

〈그림 10〉 세계유산목록상의 산악지역(2005)

* 자료: 유네스코한국위원회, 2010, 세계유산-새천년을 향한 도전. 서울(UNESCO World Heritage Centre, 2007, *World Heritage-Challenges for the Millennium*, Paris), 138.

능성을 보여준다(유네스코한국위원회, 2010, 140). 이러한 세계유산센터 의 분석은 사람이 거주하는 산악의 문화경관적 유산가치의 속성을 잘 반 영하고 있다.

특히 세계유산 중에서 산/산맥 이름이 공식명칭이 되어 세계유산에 등 재된 사례는 20여 개 있다(표 5).[23] 그 현황을 등재 명칭, 유산유형 및 등 재기준, 국가명, 지정(확장)년도의 순서로 정리하면 〈표 5〉와 같다.

---

23) 산의 개념은 통일된 것이 없고 지역마다 다르다. 따라서 여기서는 산 명칭이 포함된 것만을 포함한다. 광의적 범주로 산악공간이 세계유산이 된 경우는, 본문에서 인용하였지만, 2005년 기준으로도 59개에 달하여 포괄되는 대상이 훨씬 많지만, 산 이름이 세계유산으로 등재된 것은 산 자체가 장소적 정체성 을 표현하고 담보한 것이기 때문에 산 세계유산이라는 개념에 부합되는 진정 성을 갖추고 있다고 판단된다.

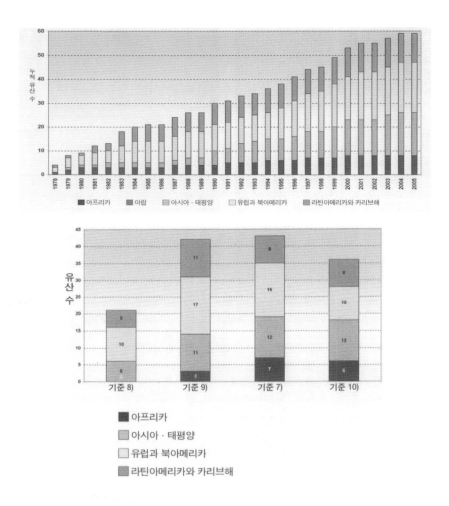

〈그림 11〉 지역별 산악지역 세계유산과 등재기준(1978-2005)

* 자료: 유네스코한국위원회, 2010, 세계유산-새천년을 향한 도전. 서울(UNESCO World Heritage Centre, 2007, *World Heritage-Challenges for the Millennium*, Paris), 139-140.

〈표 5〉 산/산맥 명칭의 세계유산 목록(~2011, 등재년도 순)

세계유산 등재 명칭	유산유형(등재기준)	국가명	지정/확장년도
님바산의 자연보호지역 (Mount Nimba Strict Nature Reserve)	자연(ix)(x)	기니 코트디브와르	1981/1982
그레이트 스모키 산맥 국립 공원 (Great Smoky Mountains National Park)	자연(vii)(viii)(ix)(x)	미국	1983
캐나디언 록키산맥 공원(Canadian Rocky Mountains Parks)	자연(vii)(viii)	캐나다	1984
泰山 (Mount Taishan)	복합(i)(ii)(iii)(iv)(v)(vi)(vii)	중국	1987
아토스 산(Mount Athos)	복합(i)(ii)(iv)(v)(vi)(vii)	그리스	1988
통가리로 국립공원(Tongariro National Park)	복합(vi)(vii)(viii)		
黃山 (Mount Huangshan)	복합(ii)(vii)(x)	중국	1990
武當山의 고대 건축물군(Ancient Building Complex in the Wudang Mountains)	문화(i)(ii)(vi)	중국	1994
廬山 국가급풍경명승구(Lushan National Park)	문화(ii)(iii)(iv)(vi)	중국	1996
峨眉山과 落山 대불 (Mount Emei Scenic Area, including Leshan Giant Buddha Scenic Area)	복합(iv)(vi)(x)	중국	1996
피레네-몽 페르뒤(Pyrénées - Mont Perdu)	복합(iii)(iv)(v)(vii)(viii)	프랑스 스페인	1997/1999
알타이 황금산(Golden Mountains of Altai)	자연(x)	러시아	1998
무이산(武夷山,Mount Wuyi)	복합(iii)(vi)(vii)(x)	중국	1999
靑城山과 都江堰 용수로 시스템 (Mount Qingcheng and the Dujiangyan Irrigation System)	문화(ii)(iv)(vi)	중국	2000
블루마운틴 산악지대 (Greater Blue Mountains Area)	자연(ix)(x)	오스트레일리아	2000
알프스 융프라우 및 인근지역 (Swiss Alps Jungfrau-Aletsch)	자연(vii)(viii)(ix)	스위스	2001/2007
몬테 산 죠지오(Monte San Giorgio)	자연(viii)	스위스 이탈리아	2003/2010

피에드몽과 롬바르디의 영산 (Sacri Monti of Piedmont and Lombardy)	문화(ii)(iv)	이탈리아	2003
기이산지의 영지와 참배길 (Sacred Sites and Pilgrimage Routes in the Kii Mountain Range)	문화(ii)(iii)(iv)(vi)	일본	2004
산마리노 역사지역 및 티타노산(San Marino Historic Centre and Mount Titano)	문화(iii)	산마리노	2008
三淸山 국가급풍경명승구 (Mount Sanqingshan National Park)	자연(vii)	중국	2008
술라마인투 성산 (Sulaiman-Too Sacred Mountain)	문화(iii)(vi)	키르기즈스탄	2009
五臺山(Mount Wutai)	문화(ii)(iii)(iv)(vi)	중국	2009
트라문타나 산맥의 문화경관 (Cultural Landscape of the Serra de Tramuntana)	문화(ii)(iv)(v)	스페인	2011

  이렇게 산 이름을 공식명칭으로 하여 세계유산이 등재된 것은 산 자체
가 세계유산적 가치와 장소적 정체성을 담보·대표하고 있기에, 전술한
세계유산센터의 산악기준 분류 방식(2005)보다 산 세계유산이라는 개념
범주에 더 부합된다.

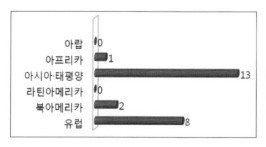

〈그림 12〉 산 명칭 세계유산의 지역별
분포수(1981-2011)

〈그림 13〉 산 명칭 세계유산의
지역별 분포비(1981-2011)

〈그림 14〉 산 명칭 세계유산의 연도별 등재추이(1981-2011)

산 명칭 세계유산의 지역별 등재현황을 분석하면(그림 12 · 13), 아시아가 과반수 가량의 비중을 차지하고, 다음으로 유럽, 북아메리카, 아프리카의 순이다. 아랍과 라틴아메리카에는 하나도 없다. 연도별 등재추이를 보면, 세계유산 등재 초기에는 적은 수로 유지되다가 1995년부터 2005년에 이르는 기간이 가장 많은 등재가 이루어졌다. 2006년부터 현재까지 꾸준히 증가해 나가는 추세에 있다(그림 14).

산 명칭 세계유산은 종류별로 문화유산 9점, 자연유산 8점, 복합유산 7점이 있다. 그것을 등재기준의 항목별로 집계하면, 문화유산 항목으로서 (i)-3점, (ii)-10점, (iii)-8점, (iv)-10점, (v)-4점, (vi)-10점이 나타났고, 자연유산 항목으로는 (vii)-10점, (viii)-6점, (ix)-4점, (x)-7점이다(그림 15).

산 명칭 세계유산 보유국은 중국이 9점으로 압도적인 다수를 차지하며, 그밖에 스위스와 이탈리아, 스페인(1점은 프랑스와 공동)이 2점으로 뒤를 잇고 있다. 동아시아가 10점으로 산 명칭 유산의 상대적인 다수를 차지하는 것은 산이 가지는 문화적 가치와 역사적 비중이 반영된 것으로 보인다.

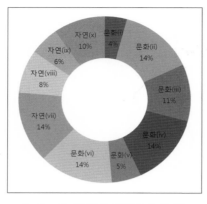

〈그림 15〉 산 명칭 유산의 등재기준
구성비(1981-2011)

등재된 공식명칭을 분석하면, 고유명사인 산 이름만으로 호칭된 것은 태산, 무이산, 황산, 아토스 산, 몬테 산 죠지오, 피레네 몽 페르뒤 등 6점이다. 산의 문화경관이라는 명칭도 1점('트라문타나 산맥의 문화경관')이 있고, 문화유산과 결부된 명칭은 5점('무당산의 고대 건축물군' 등)이 있다. (국립)공원 및 자연보호지역으로 표현된 명칭도 7점('캐나디언 록키산맥 국립공원' 등)이 있고, 해당유산의 정신적 장소성을 표현한 성산(聖山, Sacred Mountain)과 영지(靈地, Sacred Sites)의 명칭도 3점('피에드몽과 롬바드디의 영산' 등)이 있다.

향후 산 유산의 등재경향을 보여주는 잠정목록 현황(2011년 현재)을 한·중·일을 대상으로 살펴보자. 중국은 총 52점을 잠정목록으로 신청하였는데 그 중에서 9점이 산(혹은 산맥)으로, 자연유산이 4점(金佛山風景區, 중국 알타이 산맥, 新疆의 천산산맥, 카라코롬 산맥 파미르고원), 복합유산이 5점(華山風景區, 雁蕩山, 麥積山風景區, 大理 蒼山 洱海風景區, 五岳)이다.[24] 일본은 총 12점의 잠정목록 중에 1점이 산으로, '후지산'을 문화(경관)유산으로 신청하고 세계유산 등재를 위해 맹렬하게 노력하는 중에 있다. 한국은 총 13점의 잠정목록 중에 2점이 산으로, 1994년에 자연유산으로 '설악산 천연보호구역'을 신청한 바 있으며, 지리산도 '지리산의 종교·문화경관'이라는 명칭으로 잠정목록 신청을 추진하는 중에 있다.

산 세계유산의 한 사례로서 중국'무이산'(武夷山, Mount Wuyi)의 경우를

---

[24] ICOMOS-KOREA, 2011, 한국 세계유산 잠정목록의 신규발굴 연구보고서, 16-26에 근거하였다.

보자.25) 무이산은 역사유적·신유학의 발상지가 결합한 문화경관과, 자연미·아열대삼림·생물종다양성을 갖춘 자연경관의 탁월성을 겸비하여 1999년에 복합유산으로 등재되었다. 무이산은 중국의 복건성과 강서성의 경계에 자리 잡고 있다.

〈그림 16〉 무이구곡 경관

유네스코는 무이산의 세계유산 등재 정당성/가치를 다음과 같이 평가하였다. 무이산은 특별한 고고학적 유적지를 비롯하여 사원들과 11세기 신유학의 탄생과 관련된 학문센터들을 지니고 있다(iii). 무이산은 동아시아와 동남아시아에서 수세기 동안 지배적인 역할을 한 신유학의 요람지이다(vi). 무이구곡의 하천 경관은 바위 절벽과 어우러져 특별한 경치를 보인다(vii). 무이산은 세계에서 가장 탁월한 아열대 삼림지의 하나로서, 수많은 원시종, 고유종, 잔존식물종의 피난처 역할을 한다(x).

2. 문화경관 유형의 산악경관 세계유산

유네스코 세계유산센터의 자료에 의거하면, 산이거나 경관적으로 산이 중요한 부분을 차지하는 문화경관 유형의 유산은 2009년까지 15점으로 집계된다.26)(표 6)

---

25) 유네스코 세계유산센터 홈페이지(http://whc.unesco.org)의 무이산 자료를 참고하여 작성하였다.

26) 표 6의 목록에 수록된 대상유산은 World Heritage paper 7, 2002, 11-20와

〈표 6〉 산악문화경관 세계유산 목록(~2009, 등재년도 순)

세계유산 등재 명칭	유산유형(등재기준)	국가명	지정/확장년도	비고
울루루 카타 추타 국립공원 (Uluru-Kata Tjuta National Park)	복합(v)(vi)(vii)(viii)	오스트레일리아	1987 /1994	
통가리로 국립공원(Tongariro National Park)	복합(vi)(vii)(viii)	뉴질랜드	1990 /1993	
필리핀의 계단식 벼 경작지, 코르디레라스 (Rice Terraces of the Philippine Cordilleras)	문화(iii)(iv)(v)	필리핀	1995	위험에 처한 유산(2001)
신트라의 문화경관 (Cultural Landscape of Sintra)	문화(ii)(iv)(v)	포르투갈	1995	
피레네-몽 페르뒤(Pyrénées - Mont Perdu)	복합(iii)(iv)(v)(vii)(viii)	프랑스 /스페인	1997	越境 유산
할슈타트-닥슈타인/잘츠 카머굿 문화경관(Hallstatt-Dachstein / Salzkammergut Cultural Landscape)	문화(iii)(iv)	오스트리아	1997 /1999	
포르토베네레, 친케 테레와 섬들(Portovenere, Cinque Terre, and the Islands (Palmaria, Tino and Tinetto)	문화(ii)(iv)(v)	이탈리아	1997	
코스티에라 아말피타라(Costiera Amalfitana)	문화(ii)(iv)(v)	이탈리아	1997	
시렌토, 발로, 디 디아노 국립공원(Cilento and Vallo di Diano National Park with the Archeological sites of Paestum and Velia, and the Certosa di Padula)	문화(iii)(iv)	이탈리아	1998	
칼바리아 제브르지도우카(Kalwaria Zebrzydowska: the Mannerist Architectural and Park Landscape Complex and Pilgrimage Park)	문화(ii)(iv)	폴란드	1999	
참파삭 문화지역내 푸 사원과 고대 주거지(Vat Phou and Associated Ancient Settlements within the Champasak Cultural Landscape)	문화(iii)(iv)(vi)	라오스	2001	
피에드몽과 롬바르디의 영산 (Sacri Monti of Piedmont and Lombardy)	문화(ii)(iv)	이탈리아	2003	
기이산지의 영지와 참배길 (Sacred Sites and Pilgrimage Routes in the Kii Mountain Range)	문화(ii)(iii)(iv)(vi)	일본	2004	
마드리우-페라피타-클라로 계곡 (Madriu-Perafita-Claror Valley)	문화(v)	안도라	2004	
오대산(Mount Wutai)	문화(ii)(iii)(iv)(vi)	중국	2009	

World Heritage paper 26, 2009, Appendix 3. Cultural landscapes inscribed on the World Heritage List, 122-123을 근거로 작성하였다.

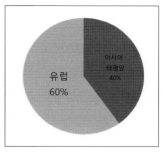

〈그림 17〉 산악문화경관 유산의 지역별
분포수(1992-2009)

〈그림 18〉 산악문화경관 유산의
지역별 분포비(1992-2009)

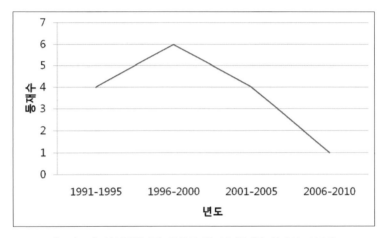

〈그림 19〉 산악문화경관 유산의 연도별 등재추이(1992-2009)

    문화경관 유형의 산악경관 세계유산(이하 산악문화경관 유산)은 지역
별로 유럽과 아시아/태평양 국가들만 보유하고 있다. 그 중에서 유럽이
과반수이상을 차지한다(그림 17·18). 연도별 등재추이를 보면, 등재초기
부터 2000년도까지는 꾸준히 증가세에 있으나 이후로는 감소되는 추세에
있다(그림 19).

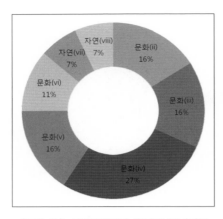

〈그림 20〉 산악문화경관 유산의 등재기준
구성비(1992-2009)

산악문화경관 유산은 종류별로 문화유산 12점, 복합유산 3점이 있다. 그것을 등재기준의 항목별로 집계하면, 문화유산 항목으로서 (i)-0점, (ii)-7점, (iii)-7점, (iv)-12점, (v)-7점, (vi)-5점이고, 자연유산 항목으로는 (vii)-3점, (viii)-3점, (ix)-0점, (x)-0점이다(그림 20). 이로 볼 때 문화유산의 등재기준으로 (iv)항목이 가장 많고 다음으로 (ii)·(iii)·(v)의 순을 보인다. 문화유산의 걸작품을 표현하는 항목인 (i)이 없는 것은 평지나 도시문명 유산과 대비되는 측면이기도 하다. 자연유산의 등재기준으로 적용된 항목은 산악경관의 특징을 드러내는 자연미(vii)와 지형·지질적 항목(viii)만 있다.

산악문화경관 유산의 경관특성을 분석하면, 산악미의 자연요소를 반영하는 것으로 미학적 가치가 중요하거나, 물이 경관의 주요한 부분을 차지하는 유산('신트라의 문화경관' 등)이 많았다. 그리고 산지생활을 드러내는 것으로, 취락이 포함되거나 주민의 인구가 경관에 중요한 부분을 차지하는 유산('필리핀의 계단식 벼 경작지, 코르디레라스' 등), 그리고 생존이 특성이 된 유산(피레네-몽 페르뒤 등)도 비중이 컸다. 산악이 지니는 종교성이나 신성성이 경관의 주요한 특질이 되는 유산('오대산', '울루루 카타추타 국립공원', '기이산지의 영지와 참배길' 등)도 여타의 공간에 비추어 대비해 볼 때 많은 편이다. 유산관리의 측면으로 국립공원이나 국립공원을 포함한 유산('통가리로 국립공원' 등)도 일정한 비중을 차지하였다(그림 21).

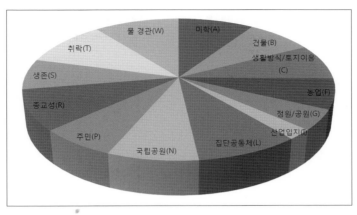

〈그림 21〉 산악문화경관 유산의 특성 구성비
(1992-2002. 표 4를 기준으로 작성)

다음으로는 산악문화경관 유산에 대해 평가된 유산가치의 키워드를 추출해보고 보편성과 특수성을 도출해 보자. 이 일은 유산가치의 정체성을 분명하게 드러내는 기본적인 작업이다. 이미 등재된 산악문화경관의 유산에 '자연-인간의 상호작용'이라는 문화경관의 속성을 규정하는 키워드가 어떻게 구체적으로 평가, 표현되고 있는지를 몇 가지 요약해보면 다음과 같다.[27]

산은 문화적 및 종교적 중요성을 가지며, 공동체와 환경 사이의 정신적 연계를 상징
(뉴질랜드 '통가리로 국립공원')

인간과 환경 간의 조화를 나타내는 아름다운 경관, 인간과 환경간의 조화로운 상호작용이 빚어낸 뛰어난 토지 이용의 예
('필리핀의 계단식 벼 경작지, 코르디레라스')

[27] 이하의 내용 중에 사례에 관한 내용은 유네스코 세계유산센터 홈페이지 (http://whc.unesco.org)의 각 유산 관련 자료를 참고하여 작성하였다.

산악 지방에서의 생활 방식을 보여주는 사회·경제적인 구조와 자연 풍경의
아름다움이 혼합
('피레네-몽 페르뒤')

아름다운 경치를 가진 경관을 만들기 위한 인간과 자연간의 조화로운 상호
작용
('포르토베네레, 친케 테레와 섬들')

척박한 지형과 역사적 발달의 결과로 생긴 훌륭한 문화경관으로서의 가치
('코스티에라 아말피타라')

산맥을 따라 위치한 신전과 주거지는 역사적 발전을 보여주는 뛰어난 문화
경관
('시렌토, 발로, 디 디아노 국립공원')

자연과 인간이 만든 요소들이 조화를 이루는 아름답고 영적인 문화 경관
('칼바리아 제브르지도우카')

자연과 인간의 관계에 대한 힌두교의 관념을 표현, 자연 경관에 위대한 정
신을 통합한 상징적 문화 경관
('참파삭 문화 경관 내 왓푸 사원과 고대 주거지')

기념물과 유적은 교류와 발전을 보여주는 문화경관, 유적과 산림 경관은 영
산(靈山)의 전통을 증명
('기이산지의 영지와 참배길')

지역 사람들이 수천 년에 걸쳐 산맥에서 자원을 채취하면서 산악 경관과 조
화를 이루며 지속가능한 생활 환경을 만들어낸 방식을 보여준다
('마드리우-페라피타-클라로 계곡')(http://whc.unesco.org)

위의 내용에서 보듯이 기존에 산악문화경관 유산은, 인간과 자연간의
정신적인 연계와 조화로운 상호작용으로 빚어진 미학, 산지환경에 적응
하면서 형성된 지속가능한 생활방식과 토지이용, 산지에 형성된 문화경
관의 역사적 발전과 교류의 증거 등이 주요한 키워드로 평가되었음을 알

수 있다.

그 중 '인간과 자연간의 정신적인 연계'가 주요하게 평가된 사례를 보자. 그리스의 '아토스 산'은 신성한 산(Holy Mountain), 일본의 '기이산지의 영지(靈地)와 참배길'은 영지(Sacred Sites)라는 명칭이 붙여져 등재되었다. 뉴질랜드의 '통가리로 국립공원'은 "산이 마오리족에게 문화적이고 종교적인 의미를 가지고 있고, 공동체와 환경과의 정신적인 연계를 상징한다."고 평가받았다.

이들 산악문화경관 유산 중에서 문화적 등재기준을 갖춘 문화유산 사례(필리핀의 계단식 벼 경작지 코르디레라스, 중국의 오대산, 일본 기이산지의 영지와 참배길)와 문화·자연적 등재기준을 겸비한 복합유산 사례(뉴질랜드의 통가리로 국립공원, 프랑스/스페인의 피레네 몽 페르뒤)를 들어 구체적으로 살펴보자.

① 산악문화경관 문화유산 사례
(1) 필리핀의 계단식 벼 경작지, 코르디레라스(Rice Terraces of the Philippine, Cordilleras)

필리핀의 계단식 벼 경작지, 코르디레라스는 2천여 년에 걸친 산지농경 생활양식을 탁월하게 반영하고 있는 세계문화경관유산이다. 이것은 지속가능한 농경의 공동시스템을 나타내는 계단식 논 경관으로 세계유산이 된 사례이다. 1995년에 등재기준 (iii)(iv)(v)을 충족하여 문화유산이 되었으며, 2001년에는 위험에 처한 유산으로 분류되었다. 루손(Luzon) 섬 북부 코르디레라(Cordillera) 산맥의 원거리 지역인 이푸가오에 있다.

유네스코는 세계유산으로서의 정당성을 다음과 같이 평가하였다. 코르디레라스 계단식 논은 오랜 기간에 걸쳐 진화해 거대한 규모로 현존하는, 벼농사경관의 탁월한 사례이다. 그것은 쌀 생산에 있어서 지속가능한 공동시스템의 극적인 증거로서 2천 년이나 지속되었다(iii). 천 세대가 넘는 소규모 농민들은 공동체로 함께 일하면서 지속가능하게 이용할 수 있는 계단식 경작 경관을 창출하였다(ⅳ). 계단식 논은 사람과 환경 간의 조화로운 상호작용으로 말미암은 토지이용의 탁월한 사례이다. 미학적으로 대단히 아름다운 경관을 형성하였지만 오늘날의 사회적이고 경제적인 변화에는 취약하다(ⅴ).

한편, 스페인의 농업경관 유산인 '트라문타나 산맥의 문화경관'(The Cultural Landscape of the Serra de Tramuntana, 2011) 역시 "자원이 부족한 환경에서 천여 년 동안 이어져온 농업에 의해 변형된 지형과 관개시설이 돋보인다."고 평가받은 바 있다.

(2) 중국의 오대산(Mount Wutai)

중국의 오대산은 종교건축과 결합된 산악의 미학적 문화경관이 세계적 문화유산으로 된 사례이다. 2009년에 등재기준 (ⅱ)(ⅲ)(ⅳ)(ⅵ)을 충족시켜

〈그림 22〉 오대산 불교문화경관

문화경관 유산이 되었다. 산서성에 있다.

오대산은 중국 북부에서 가장 높은 산으로서, 지형적으로 절벽의 사면에 다섯 개의 평평한 봉우리를 지닌 놀라운 경관을 갖고 있다. 오대산은 불교의 성산으로, 이 산의 세계유산적 가치는 사원들의 집합, 문화교류를 반영하는 건축물, 산악경관과 건물들의 조화, 삼림경관의 아름다움, 성지순례의 길, 사찰 내의 걸작물들로 요약할 수 있다.

오대산의 세계유산 등재 정당성/가치는 다음과 같이 평가되었다. 불교건축물과 조상(彫像)·탑을 갖춘 오대산의 종교사원경관은 산이 불교의 성소(聖所)가 되는 방식으로 깊은 사상의 교류를 반영하고 있다. 오대산의 사찰 조영(造營) 관념은 중국 전역에 영향을 끼쳤다(ii). 오대산은 산이 종교적인 수도처로 진화된 문화전통에 있어서의 예외적인 증거이다. 이 산은 아시아의 광범위한 지역에 걸쳐 성지순례지로 주목받아왔으며, 그 문화적인 전통은 아직까지 살아있다(iii). 오대산의 경관과 건물들과의 앙상블은 산악경관과 건축물·조형물들 간의 어울림으로 빛나며, 그것은 불교도들의 거룩함을 축원하는 천년에 걸친 황실의 특별한 영향력을 나타낸다(iv). 오대산은 자연경관과 불교문화의 융합, 인간과 자연간의 조화를 추구하는 중국철학의 사고를 완전하게 반영한다. 오대산은 문화적으로 멀리까지 영향을 미쳤다. 그 결과 한국과 일본뿐만 아니라 중국의 광주, 산서, 호북, 광동 지방과 같은 다른 지역에서도 비슷한 산을 오대산이라고 이름지었다(vi).

(3) 일본의 기이산지의 영지와 참배길(Sacred Sites and Pilgrimage Routes in the Kii Mountain Range)

일본 기이산지의 영지와 참배길은 산의 신성성에 대한 종교적 결합과 문화적 인식, 성지를 거치는 문화루트의 순례길이 세계문화경관유산으로 된 사례이다. 2004년에 등재기준 (ii)(iii)(iv)(vi)을 충족시켜 문화유산이 되었다. 유산의 공간적 범위는 나라와 쿄토의 남쪽으로 미에, 나라와 와카야마현에 걸쳐있다.

세계유산의 대상은 세 성지인 요시노(吉野)·오오미네(大峯), 구마노산잔(熊野三山), 고야산(高野山)에서 고대 수도인 나라와 교토로 연결되는 참배의 길이다. 세 성지는 각각 사당을 가지고 있으며, 그 중 몇몇은 9세기 초반에 건립된 것이다.

기이산지의 문화경관은 먼 옛날 일본의 자연숭배 전통에 뿌리를 둔 신도(神道)와, 중국과 한반도에서 도입된 불교와의 융합과 교류를 보여준다. 신사와 사원, 산과 숲, 하천과 폭포가 있는 이 지역은 매년 1,500만 명에 달하는 사람들이 의례와 등산으로 방문하는 일본의 살아 있는 문화전통을 지닌 곳이다.

유네스코는 세계유산 등재의 정당성/가치를 다음과 같이 평가하였다. 기이산지의 문화경관을 형성하고 있는 기념물과 유적지는 신도와 불교의 독특한 융합이며, 그것은 동아시아 종교문화의 교류와 발전을 보여준다(ii). 기이산지의 신사와 사찰, 그들의 결합된 의식은 천 년이 넘은 일본 종교문화 발전의 특별한 증거이다(iii). 기이산지는 신사와 사원의 독특한 형태를 창조하는데 배경이 되었으며, 일본 다른 지역의 사원과 신사 건물에 깊은 영향을 주었다(iv). 기이산지의 유적지와 삼림경관은 聖山의 전통을 1,200년이 넘도록 지속적이고 특별히 잘 반영하였다(vi).

② 산악문화경관 복합유산 사례

(1) 뉴질랜드의 통가리로 국립공원(Tongariro National Park)

뉴질랜드 통가리로 국립공원은 1990년에 등재기준 (vi)(vii)(viii)을 충족시켜 복합유산으로 등재되었다. 1993년에 대상범위가 확장되었다. 또한 1993년에 새로 개정된 문화경관의 유산기준으로 등재된 유산이기도 하다. 산과 주민공동체(마오리족)의 정신적·문화적인 연계가 문화경관에 반영되었고, 자연생태의 탁월한 경관조건을 겸비하였다. 뉴질랜드 북섬에 위치한다.

통가리로는 주요 지각판 경계를 따라 태평양의 북동쪽으로 확장된 2,500km의 불연속 화산계의 남서쪽 끝에 위치한다. 화산은 탁월한 경치를 보이고 있으며, 화산의 특징을 완전하게 갖추었다. 공원에는 활화산, 휴화산이 있고 다양한 생태계와 몇몇의 웅장한 경관을 지니고 있다. 식물군의 생태적 천이는 특별한 학술적 의미를 가진다. 서식지 범위가 다양하여 열대우림에서부터 툰드라 얼음 땅까지 걸쳐있다. 공원의 가운데에 있는 산은 마오리족에게 문화적이고 종교적인 의미를 가지고 있고, 공동체와 환경의 정신적 연계를 상징한다.

통가리로 국립공원은 마오리족의 살아있는 전통, 믿음, 그리고 예술적 작품과 직접적으로 관련되어 있다. 이 지역은 폴리네시아에서 처음 도착한 마오리족에 의해 점유되었으며, 그 민족지적인 신화는 공원의 산들과 투푸나(祖上 神)를 동일시한다. 1887년에 뉴질랜드 정부에 주어지기 전까지 그곳은 투 와레토아 부족이 점유하고 있었다. 통가리로는 1887년 9월 신성한 땅으로 남는 조건으로 영국 국왕에게 양도되었다.

(2) 프랑스/스페인의 피레네-몽 페르뒤(Pyrénées - Mont Perdu)

프랑스/스페인의 피레네-몽 페르뒤는 유럽 고지대 산지의 농업양식을 반영하는 문화경관의 가치와, 석회암 산지의 지질학적인 자연유산 가치를 겸비하여 세계문화경관유산이 되었다. 1997년에 등재기준 (iii)(iv)(v)(vii)(viii)을 충족시켜 문화경관 유형의 세계유산으로 등재되었으며, 1999년에 확장되었다. 프랑스와 스페인의 국경지대인 페르뒤산(3,353m) 정상 주변에 위치한다.

피레네-몽 페르뒤는 널리 퍼져있었던 유럽 고지대의 농업방식을 반영하는 목축경관을 대표하며, 유럽에서 유일하게 현존하는 곳이다. 따라서 여기서는 마을, 농장, 들, 고지대 목축, 산악도로 등 과거 유럽사회의 생활상을 볼 수 있다.

이곳은 자연유산과 문화유산적 가치라는 양면으로 평가되었다. 페르뒤 산은 석회암괴의 깊은 협곡, 웅장한 권곡(圈谷)의 내벽을 포함한 전형적인 지질학적 지형으로, 목초지·호수·동굴·산지 경사지·숲 등 탁월한 경치를 보인다. 그리고 피레네-몽 페르뒤 지역은 아름다운 경치와 과거에 뿌리를 둔 사회경제적인 구조가 결합되어, 현재 유럽에서는 드문 산지 생활방식을 보여준다. 이 지역에는 구석기시대(40,000~10,000 BC)의 인간거주지가 있으며, 정착생활은 중세부터 이루어졌다. 사람들은 고산지대의 어려운 생활조건에도 불구하고 여기에 정착하면서 자연에 의미를 부여하였다.

V. 맺음말

유네스코 세계유산 체제는 자연과 문화유산에 대한 시대정신이 반영된 가치의 재창출 과정이자, 국제적 유산 관리시스템의 구축이라는 역사적 의의가 있다.

세계유산에 대한 한국사회의 관심은 늦게 시작했으나, 근래에 들어 등재 준비와 논의에 적극적이고 활발한 움직임이 일어나고 있다. 그러나 아직 일본이나 중국에 비해 세계유산에 대한 제도적 시스템 구축과 학술적 논구는 미처 사회적 수요와 요청에 따르지 못하는 실정이다.

지리학 분야는 세계유산 연구에 매우 효과적인 학문체제를 갖추고 있음에도 불구하고 아직 본격적으로 연구되지 않고 있다. 특히 문화경관 유형의 세계유산 분야는 문화역사지리학이 가장 적합한 분야라고 할 수 있다. 이것은 유네스코 세계유산 운영지침에서 문화지리학의 연구내용을 논거로 삼고 인용하고 있는 사실만 보아도 명확하다. 이 글은 세계유산에 대한 학술적인 연구 필요성에 부응하여, 세계유산 중에 문화경관 유형을 산 유산 중심으로 고찰해 보았다. 연구결과를 요약하면 다음과 같다.

문화경관 유형의 세계유산은 1992년에 새로 채택된 세계유산 범주로서, 자연과 인간의 상호작용으로 형성된 유산의 가치를 중시한다. 문화경관을 세계유산으로 등재하는 의의는 인간과 환경간의 상호작용에 있어 다양성을 드러내고 유산의 가치를 지속하기 위함이다. 범주는 문화유산과 복합유산에 걸쳐있다. 등재추이는, 1993년 이래 증가추세에 있다가 2004년을 기점으로 감소되는 경향이다. 2012년 3월 현재 세계유산목록에 등재된 것은 70여점을 넘으며, 그 대부분은 문화유산이지만 복합유산도 5점 있다. 지역적으로 유럽/북아메리카에 많고 다음으로 아시아/태평양 순이다. 동아시아에는 중국 2점, 일본 2점만 있고 한국은 없다. 적용된 등재기준은 (iv)가 많고, (iii),(v),(ii)의 순서를 보인다. (v)의 등재정당성 및 가치는, "역사적으로 오래된 자연환경과 조화로운 방식의 토지이용·생활양식·주거경관"으로 집약된다. 경관특징으로, 취락 및 지역공동체의 정체성, 농업경관 및 생활방식·토지이용의 지속성, 수경관, 미학적 가치 요소를 포함하는 것이 많다. 산이 경관의 주요한 부분이 된 것도 적지 않은데 그 대부분은 종교성이나 신성성을 중요한 특질로 지닌 경관이다.

문화경관 유산 중에서 산/산악경관 유산은 15점이 포함되어 있으며 (2009), 종류별로 문화유산 12점, 복합유산 3점이 있다. 지역별로 유럽과 아시아/태평양 국가들만 보유하고 있다. 등재추이는, 2000년도까지 꾸준히 증가세에 있으나 이후 감소되는 추세에 있다. 등재기준으로 (iv)가 많고 다음으로 (ii)·(iii)·(v)의 순이다. 등재정당성 및 가치의 키워드는 '인간과 자연간의 정신적인 연계와 조화로운 상호작용으로 빚어진 미학', '산지환경에 적응하면서 형성된 지속가능한 생활방식과 토지이용', '산지에 형성된 문화경관의 역사적 발전과 교류의 증거' 등으로 요약된다.

한국에는 아직 문화경관이나 산으로 등재된 세계유산은 없지만, 향후 지리산을 비롯하여 문화경관 유형으로 세계유산에 등재할 가능성에 대해 미리 준비할 필요가 있다. 이 연구 결과는 유네스코 세계유산의 문화경관 유형 및 산 유산에 관해 개괄적으로 파악하는 계기가 될 뿐만 아니라, 향후 한국의 주요 문화경관과 명산을 세계유산으로 등재하기 위한 논리 구축과 전략 수립에도 도움을 줄 수 있을 것이다.

이 글은 『문화역사지리』 제24집 1권(2012)에 수록된 「세계유산의 문화경관 유형에 관한 고찰」을 수정해 실은 것이다.

—

지리산 문화경관의
세계유산적 가치와 구성

최원석

—

Ⅰ. 머리말

이 글은 지리산을 비롯한 한국의 산과 산악(산지)문화경관이 갖는 세계유산적 가치를 탐구하는 의의의 일환으로 구성되었다. 특히 한국의 대표적 명산인 지리산의 세계유산적 가치와 그 구성을 문화경관이라는 코드로 논구하여 세계유산 등재전략을 수립하는 것을 연구의 목적으로 한다.

우리나라는 삼천리금수강산이라는 자부심이 무색하게, 정작 세계유산에 산의 공식명칭으로 등재한 것은 아직 하나도 없는 실정이다.[1] 반면,

---

[1] 2007년에 등재된 제주 화산섬 및 용암동굴의 공간적 범주에는 한라산이 주요 범위에 포함되어 있지만, 등재의 명칭에서 나타나듯이 산 자체가 유산가치의

중국은 41개소의 세계유산 가운데 8개가 산의 명칭으로 등재되어 20%의 비율에 달한다. 동아시아에서 한국은 다채롭고도 독특한 산악문화를 보유하고 산지유산을 가진 나라이다. 한국의 세계유산 잠정목록 중에 산성이 2개나 있는 것도 한국의 산악환경을 반영한 산지형 문화유적의 탁월성을 나타낸 현상이기도 하다.

한국은 2012년 2월 현재 10점의 세계유산이 있는데, 구미의 선진국에 비해서 늦은 시기인 1995년에야 처음 세계유산에 등재되었다. 그 경향을 유형별로 살펴보면, 1995년에 석굴암과 불국사, 종묘, 해인사장경판전을 시작으로 주로 기념물, 건조물과 사적 등의 문화유산 유형으로 등재하다가 근간에는 제주 화산섬 및 용암동굴(2007)과 같이 자연유산도 등재하는 성과를 거두었다. 그러나 아직 복합유산은 가지고 있지 않으며, 문화경관 세계유산(내용별)도 목록에 수록되지 않았다. 유산의 형태도 최근에는 조선왕릉(2009), 한국의 역사마을: 하회와 양동(2010)과 같이 개별유산에서 연속유산으로 다양화되었다. 유산의 범위도 초기에는 단일유산의 점 단위에서 경주역사유적지구(2000)의 사례처럼 면(공간) 단위로 확대되었다. 향후의 유산 등재경향을 말해주는 잠정목록 등재현황을 보면 2011년 6월 현재 문화유산 8개소, 자연유산 5개소가 등재되었는데, 유형에 있어 자연유산이 상대적으로 늘어났고, 역사유적 형의 문화유산이 많으며, 대상유산의 내용뿐만 아니라 형태가 다양화되고 범위도 확장되고 있음을 알 수 있다.[2]

작금에는 세계유산에 대한 국민적인 관심도가 높아졌고, 지자체에서도

키워드가 되지 못하였다.

[2] 잠정목록의 문화유산으로는 강진 도요지, 공주부여 역사유적지구, 중부내륙산성군, 남한산성, 익산 역사유적지구, 염전, 낙안읍성, 외암마을이 등재되었고, 자연유산으로는 설악산 천연보호구역, 남해안 일대 공룡화석지, 대곡천 암각화군, 서남해안 갯벌, 우포습지가 등재되었다. 그 중 공주부여 역사유적지구는 기존 무령왕릉(1994)에서 확장된 것이며, 중부내륙산성군은 기존 삼년산성(1994)에서 확장된 것이다.

앞 다투어 지역의 세계유산 콘텐츠를 개발하려 노력하고 있지만, 상대적으로 유네스코 세계유산의 등재기준과 심사는 해가 갈수록 점점 엄격해지고 까다로워지고 있다. 그러나 이에 대응하여 한국에서 세계유산을 체계적이고 전문적으로 연구하는 시스템의 구축은 미비하기만 하다. 세계유산이 갖는 미래지향적 가치를 간파한 일본에서는 세계유산을 전문적으로 연구하기 위한 대학원 전공과정과 세계유산학이라는 분야도 생겨났고,3) 중국에서도 세계유산연구센터가 구성되어 활발하게 운영 중에 있다.4) 그렇지만 한국에서는 세계유산에 대한 학계의 종합적이고 분석적인 연구물도 아직까지 드문 실정이다.5) 지리학은 세계유산 관련 분야에서 기여하기에 적합한 학문체제를 갖추고 있지만6), 세계유산에 관련된 학술적인 연구물은 적고, 사회적 수요와 체계적 연구의 필요성에 아직 적극적으로 부응하지 못하고 있다. 특히 근자의 세계유산 등재 추세에서 새롭게 대두되었던 문화경관 유형의 유산에 대해서는 문화역사지리학의 접근 및 연구방법이 적합함에도 불구하고 학계에서는 아직 큰 관심을 기울이지 못하였다. 이 글은 유네스코 세계유산의 가치기준에 준거한 지리산 문화경관의 세계유산적 가치에 대해 학술적인 연구를 시도했다는 점에 있어서 의의를 두고자 한다.

위의 연구목적을 달성하기 위해서 다음과 같은 몇 가지의 검토와 서술과정을 거치고자 한다.

---

3) 일본의 筑波大學 대학원에는 세계유산전공과 세계문화유산 전공과정이 개설되어 있다.(http://www.heritage.tsukuba.ac.jp/)

4) 중국 북경대학의 UNESCO亞太地區世界遺産培訓與研究中心이 그 사례이다.

5) 2014년에 건국대 대학원에서 세계유산학 전공과정이 개설되었다.

6) 이혜은(2011, 70-73)에 의하면, "지리학은 세계유산의 특징을 통찰해서 볼 수 있는 가장 적절한 학문이다. 세계유산은 지리학의 특징과 맞물리며 지리학자들의 중요한 연구주제 중의 하나가 되는데, 장소자산, 지역공동체와의 연계성, 문화경관, 교육 등의 네 가지 분야에서 세계유산과 지리학의 관련성을 찾을 수 있다."고 하였다.

첫째, 지리산 세계유산 등재의 표적화 전략을 '문화경관' 범주로 제시할 것이다. 지리산에는 오랫동안 수많은 사람들이 생활문화터전으로 살아왔기에 자연과 문화의 상호작용으로 빚어진 문화경관의 형성이 복합적으로 드러나기 때문이다. 지리산의 세계유산적 가치는 기념물, 건축물, 유적 등의 개별유산적 범주가 아니라 '문화경관'이라는 통합적 범주의 틀에서 제시되고, 종합적·관계적 관점으로 평가되는 방식이 적합하다고 판단된다.

둘째, 지리산 문화경관의 세계유산적 가치와 정체성을, '인간과 환경 간 상호작용의 다양성, 복합성, 결합성, 조화성'으로 요약하여, 산과 사람의 유기적 결합 및 상호 관계의 복합적인 네트워크로써 부각할 것이다.

셋째, 지리산 문화경관의 경관요소와 구성관계를 열거하고 각각의 세계유산적 가치에 대하여 등재기준에 맞춰 설명할 것이다.

넷째, 지리산 문화경관의 세계유산적 가치와 의의, 그리고 등재기준에 합당한 측면에 관하여 요약하여 설명할 것이다.

이러한 연구 결과는 향후에 지리산을 위시하여 한국의 주요 명산을 세계유산으로 등재하기 위한 논리의 구축 과정에 있어 도움이 될 수 있으리라 믿는다. 지리산의 세계유산적 가치를 탐구·제기하는 외연적인 의의는, 세계유산의 평가지침에 있어 서구적 관점의 잣대와 미학적 편향성을 극복하고, 산악문화에 대한 서구적 인식의 한계를 넘어 동아시아의 산악문화와 미학을 제시함으로써 산 세계유산의 개념을 재정립하는 데에도 있다.

II. 지리산 문화경관의 세계유산적 정체성

문화경관 유형의 세계유산은 1992년에 세계유산위원회에서 새로 채택된 세계유산 범주의 목록으로서, 자연과 인간의 상호관계를 주목하고 자연과 인간의 상호작용으로 형성된 유산의 가치를 중시하는 것이 주 내용으로 한다.

지리산은 한국의 명산 중에 많은 사람들이 오랫동안 생활문화터전으로 살아온 대표적인 산으로서, 지리산의 문화경관에는 자연과 인간의 정신적·물질적 연계와 상호작용이 다양하게 반영되어 있다. 따라서 세계유산 목록 중에서 문화경관의 세계유산 범주에 적합하다고 판단된다.

지리산 문화경관의 정체성은 사람들이 지리산의 자연환경, 사회, 역사, 경제, 문화 등과 매개하면서 상호관계를 맺으면서 형성한, '다양성(diversity), 복합성(complexity), 결합성(combination), 조화성(harmony)'의 특징으로 집약되는 가시적인 문화복합체이다.

지리산 문화경관의 개념적이고 상징적 이미지를 한마디로 표현하면, '신성한 어머니 지리산(Spiritual Mother Mountain, Jiri)'이라는 슬로건으로 요약할 수 있다. 지리산의 이미지는 성스러움과 모성을 겸하여 나타낸다. 그 성스러움의 이미지는 지리산의 영산(靈山)과 신산(神山)의 속성이며, 어머니의 이미지는 만물을 키우는 모태의 산, 사람의 산·인문의 산이라는 함의를 내포한다. 그것은 다시 산의 영성과 사람의 삶·문화가 융합된 산'이라는 내용 범주로 포괄된다.

정체성	신성한 어머니 산	
	성스러운 산(靈山)	모성·모태의 산
구성 요소	겨레의 영산 삼신산(방장산) 산악신앙(성모천왕 등), 산신각 산지 종교경관의 복합 클러스터 선비의 유산로와 성찰의 길	생태적 흙산(土山) 생물의 서식지, 은자의 거주지 생활문화터전과 취락 청학동 유토피아 멸종위기종·고유종·희귀종 서식지 한국전쟁과 빨치산 유적
	영산·신산	사람의 산, 인문의 산, 역사의 산
의미	산의 신령한 장소성과 사람의 삶·문화가 융합된 산	

　신성한 어머니는 지리산의 상징체이자 아이콘이다. 지리산의 어머니로
서의 정체성은 지리산의 기후, 지형 등의 자연환경뿐만 아니라 문화, 역
사 등의 인문환경적 조건이 겸비되었기에 가능했다. 아울러 어머니 산이
라는 이미지와 정체성에는 영산으로서의 지리산이 갖는 장소의 성스러움
과, 뭇 사람들과 생명을 끌어안고 베푸는 지리산의 모성적 이미지가 통합
되어 있다.

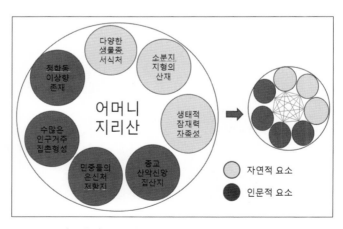

〈그림 1〉 어머니 지리산의 요소구성과 상호연계

신성한 산이라는 의미는 지리산의 영산과 신산으로서의 이미지와 내용을 담는다. 지리산은 '민족의 영산'이라는 일반적 수식어가 있으며, 삼신산의 하나인 방장산으로 조선초기부터 일컬어져왔다. 또 지리산은 다양한 위계와 형태를 가진 산신신앙의 메카이기도 하다. 역사적으로도 오랫동안 민간에서는 지리산에 성모(혹은 천왕성모)의 신이 있다고 여겼으며, 최고봉인 천왕봉의 성모사(천왕사)에는 성모상이 있었다.

어머니산이라는 상징은, 지리산이 형상으로도 산의 모양이 토산이고 골짜기가 깊어 어머니처럼 포용하는 이미지로서 후덕한 모습이며, 그래서 은자들과 만물을 품어 안고 키우는 산으로 인식되었다. 생태적으로도 온 생명을 살리고 아우르는 산이기에, 지리산은 높은 식피밀도(植皮密度)와 1,517종의 식물상과 2,808종의 동물상 등 총 4,994종의 생물자원이 서식하는 다양하고 풍부한 생태환경을 가지고 있다.

어머니 지리산의 모태적 속성은 수많은 인구의 수용과 집촌의 형성이 가능한 지형, 기후환경과 벼농사의 생산방식으로도 표현될 수 있다. 지리산은 자연적 조건으로도 사람들이 취락을 이루며 문화를 형성하기에 이상적인 지형, 지질, 기후 등을 갖추고 있다는 특징이 있다. 지리산 속에는 크고 작은 여러 산간분지들이 분포하여 있으며, 그 속에서 집촌(集村)을 이루면서 지속가능한 생활을 유지할 수 있는 벼농사의 자연환경적 조건을 갖추었다.

지리산은 사람의 산, 인문의 산, 역사의 산으로서의 의미와 정체성을 지녔다. 한국의 명산에서 지리산만큼 오랜 생활문화터전이 된 산이 없을 뿐만 아니라, 여타 기존에 등재된 세계유산의 산을 비교해 보아도 지리산만큼 자연, 생태, 역사, 문화, 취락, 종교, 사람의 삶이 집적되고 결합된 산은 찾아보기 힘들다. 지리산의 자연과 문화역사적 통합성은 인간과 자연환경의 상호작용과 유기적 결합을 경관에 반영하였다. 오랜 삶의 터전으로서의 지리산은 유불선의 종교, 사상, 문학, 예술 등의 인문정신의 정수가 집약된 산이다.

　요컨대 지리산은 자연적 가치와 문화적 가치가 역사적 과정에서 복합적으로 연관된 문화문화경관을 이루고 있다. 지리산 문화경관의 세계유산적 컨셉은 '자연(산)-문화(사람)-역사 복합체'로서, 산의 인문화(인간화, 문화화, 신앙화, 미학화)이다. 지리산 문화경관의 가치구성은 '산과 사람의 유기적 결합 및 상호관계'를 반영하는 3가지 관계와 10가지 요소의 복합적 네트워크로 이루어진다(표 2).

Ⅲ. 지리산 문화경관의 탁월한 보편적 가치(OUV) 구성

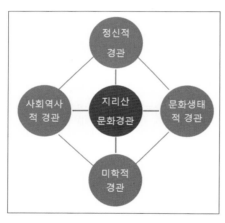

〈그림 2〉 지리산 문화경관 구성요소의
상관 관계와 네트워킹

　지리산 문화경관 복합체의 세계유산적 가치를 구성하는 세 가지 범주로서, 정신적·미학적 경관, 문화생태적 생활경관, 사회역사적 경관을 제시할 수 있다. 이들 범주들은 모두 자연과 사람의 상호관계를 반영하는 것으로서 상관적으로 관련을 맺고 있으며, 지리산의 문화경관적 정체성을 표현하는 각 측면이기도 하다. 각각의 범주를 구성하는 지리산의 문화경관 요소들은 사회역사적 과정에서 자연환경 및 정신적 가치와 합일되어 있으며, 장소의 혼(spirits), 토지이용, 문화생태적인 산지생활사의 전통지식을 구체화하여 담고 있다.

지리산의 문화경관에서 나타나는 사람과 자연 간의 탁월한 상호작용으로서의 보편적 가치(OUV) 요소를 드러내고 평가하면 다음과 같다.

〈표 2〉 지리산 문화경관의 구성관계와 구성요소

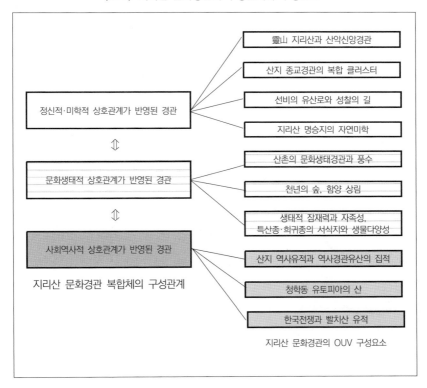

1. 산과 사람의 정신적 · 미학적 관계가 반영된 경관

① 영산(神山) 지리산과 산악신앙경관

지리산은 자연경관에 정신을 통합한 상징적 문화경관을 보여주는 뛰어난 사례가 된다. 지리산이 영산으로서의 정체성을 갖추면서 형성된 산악신앙의 문화경관은, 산과 사람의 정신적 · 문화생태적 관계를 탁월하게

증거하는 보편적 가치가 될 수 있다. 자연신앙의 대표성을 반영하고 있는 지리산의 산악신앙은 동아시아 및 한국 산신신앙의 전형일 뿐 아니라 그 형태적·위계적 다양성, 문화적 교류와 융합의 측면에 있어서도 중요한 가치를 갖는다.

지리산에는 성소(신사, 산신당 등), 산악신앙, 종교(유, 불, 선, 무교 등)가 총 집결되어 있으며, 국가, 지방, 민간 등 다양한 계층과 위계의 산신신앙이 집중적으로 존재한다. 특히 지리산은 산신신앙의 고대적 원형으로서 여산신(성모, 노고)이 나타나는 현장이다. 민간에는 오래전부터 천왕성모의 산신이 머무는 곳으로 인식되어 왔다.

지리산은 일찍이 신라시대에 남악에 지정되어 국가적인 의례가 있었고, 그 의례는 현재까지 지속된다. 현존하는 남악제는 통일신라에서 시작되어 고려, 조선을 거쳐 대한제국까지 천 년을 넘게 이어진 국행제로서 국가적인 산악신앙 제의이다.[7] 또한 지리산은 한국의 대표적인 삼신산(방장산)의 하나로서, 방장산이라는 명칭은 조선 초부터 등장하는 600여 년의 전통을 가진다. 지리산의 남악 혹은 방장산이라는 별칭은 중국의 오악사상과 삼신산 사상이 한국으로 전파된 것을 증거한다.

지리산지에 나타나는 산악신앙경관의 문화요소들은 상호교섭된 복합된 형태가 나타난다. 산악신앙은 종교(유, 불, 도, 무속), 마을민속과 결합되고 있으며, 특히 불교와 산악신앙의 융합은 사찰 내의 산신각으로 반영되었다. 남악제 등의 산신제에서 나타나는 유교적 제의 방식이라든지, 민간 산신제의 무속과 마을신앙과의 결합 등은 중국과 일본의 산악신앙과 비교될 수 있는 차이점이기도 하다. 지리산지에는 주민들이 주체가 되어 토착화된 민간산신당과 남악제 등에서 볼 수 있는 바와 같이 산신신앙과 산신제의가 현존하는 진정성이 있다.[8]

---

7) 김아네스, 「지리산 산신제의 역사와 지리산남악제」, 『남도문화연구』 20, 2011, 7~36쪽.

② 산지 종교경관의 복합 클러스터

지리산권역은 서원(儒), 사찰(佛), 마을신앙, 도교 및 신선 유적(仙道), 무속신앙의 밀집처이다. 이러한 지리산지의 종교경관은 현재 진행형 문화로서의 진정성을 유지하고 있다. 지리산지의 종교는 산악과 유, 불, 선의 문화생태적 적응 및 조화를 반영하고 있으며, 문화요소간의 교섭과 교류의 측면에서 보아도 산악신앙과 불교, 선도, 샤머니즘 간의 상호융합을 제의, 사상성, 민속 등의 측면에서 반영하고 있다.

지리산은 8세기부터 9세기에 걸쳐 교종 및 선종사찰이 건립된 한국 최초의 전형적인 산지사찰경관을 나타낸다. 아울러 칠불사 등의 사찰연기는 불교의 해양 전파 경로를 증거한다. 특히 지리산에 입지한 초기 사찰군은 교종의 화엄사상과 선종의 동아시아적 교류를 보여주며 그것은 사찰의 건축과 배치에 반영되었다. 지리산 사찰고건축의 역사성과, 화엄사 각황전의 중층지붕이나 다포계의 전형성 등의 건축적 우수성도 나타난다. 지리산 사찰군의 종파적 다양성과 수백 개에 달했던 사찰 등은 지리산 종교경관이 가진 특징 중의 하나이다.

지리산의 종교건축경관에서는 산과 사찰의 심미적 결합양상도 돋보인다. 지리산 소재 사찰경관의 뛰어난 자연조화미와 장소에 구현된 정신성은 중국과 일본을 대비해 보더라도 동아시아적 자연관을 탁월하게 대표하는 요소가 된다.

③ 선비의 유산로(遊山路)와 성찰의 길

유산로(heritage route)는 문화경관의 독특하고 다이내믹한 형태이다.[9]

---

8) 문제점은, 현존하는 산악신앙 경관이 역사적 완전성의 측면에서 부족한 점을 지적할 수 있다. 그리고 지리산 남악제 의례가 1908~1969년 사이에 실행되지 못했다는 점과, 지리산신사(남악사)의 이전 및 신축(1969)에 따른 진정성 문제도 지적될 수 있다.

9) UNESCO, World Heritage Centre, 2008, Operational Guidelines for the Implementation

문화루트 혹은 유산로가 키워드가 되어 세계유산으로 된 사례는 1998년에 등재된 프랑스의 꽁포스텔라의 쌍띠아쥬 길(Routes of Santiago de Compostela in France)과, 2004년에 등재된 일본 기이산지의 영지와 참배 길(Sacred Sites and Pilgrimage Routes in the Kii Mountain Range)이 있다.

지리산의 유산로는 산과 유학사상, 산과 유교문화가 정신적으로 연계된 문화루트로서 의의가 있다. 이것은 기존에 세계유산으로 등재된 문화루트와는 차별되는 조선시대 유학자들의 성찰의 길이라는 성격을 가지고 있다. 지리산을 내면적 성찰의 대상으로 관계를 설정하여 풍부한 의미체계와 내용으로 형성되었다.

조선시대 유학자들의 지리산 유산문화의 사상적, 문학적 전개는 동아시아적 명산문화의 기록유산에 비추어서도 탁월성을 갖는다. 조선시대의 선비로서 지리산을 유람하고 유산시를 남긴 사람은 1천 명이 넘을 것으로 추정되며, 그들이 남긴 시문도 수천 편에 이른다.[10] 현존하는 100여 편이 넘는 지리산 유산기 자료는 조선 초부터 500여 년에 걸쳐 있다는 점에서 세계적인 산악 트레킹 문화 기록유산이라는 가치를 가진다. 특히 무형적 가치가 뒷받침되는 유산이 세계유산 선정에서 강점이 있는 추세를 반영하자면 지리산 유산로의 가치는 배가된다.

④ 지리산 명승지의 자연미학

한국에 있어서 산과 사람의 정신적 관계는 심미적 형태로 결합되어 있다. 이것은 자연과 인간의 관계에 대한 한국의 심미적 문화전통을 반영한다.

현재 지리산에서 국가지정문화재로서 지정된 명승 중에 '지리산 화엄사 일원'(명승 제 64호, 2009)은 역사문화경관으로, '지리산 한신계곡 일

---

of the World Heritage Convention. WHC.08/01, January 2008, 91.

10) 강정화 외, 『지리산 유산기 선집』, 경상대 경남문화연구원, 2008.

원'(명승 제 72호, 2010)은 자연경관(-지형지질경관)으로 분류되어 지정되었다. 그리고 '지리산 대원사 일원'은 경상남도 기념물(제 114호)로서 문화경관으로 분류, 지정된 명승지이다. 이를 포함하여 지리산의 자연미가 뛰어날 뿐만 아니라 미학적으로 중요한 의미를 지니는 주요 인문 및 자연경관의 명승지는 탁월한 보편적 가치의 대상 요소가 된다.

지리산의 아름다움은 역사적 과정에서 수많은 사상가들과 문인들에게 영감과 찬탄의 대상이 되었으며, 그것은 지리산의 문화요소와 자연의 어울림 및 그 상호작용으로 빚어진 자연미학이다. 지리산의 자연미는 지리산의 문화경관을 이루는 미학적 토대이자 구성요소이며, 영산으로서의 지리산의 정체성을 유지·보전하는 필요충분조건이다. 지리산의 자연미는 문화경관의 범주에서 문화요소와의 접합을 통해서 구현되므로 서로 분리될 수 없는 성질의 것이다. 예컨대 지리산의 명승과 경치는 고찰과 어우러져야 탁월하게 드러나는 것으로, 이것은 형상과 배경의 조화와 통합을 반영하는 게쉬탈트(Gestalt) 미학이다.

지리산의 명승이 갖춘 자연미학은 동아시아적 산수미학의 보편성과 한국적 대표성을 지니고 있다. 지리산의 자연미는 세계유산 등재 기준(vii)의 "뛰어난 자연미와 미학적 중요성"에 대해 동아시아적 산수미학의 관점과 지평을 제시하면서 개진될 필요가 있다. 조선시대 지리산의 유산기에서도 드러나지만, 동아시아에서의 산수는 객관적 자연 대상물이 아니라 천인합일의 상대이자 정신적 가치를 비추는 심미적 거울이다.

지리산이 지닌 미학적 중요성은 인간적인 산의 미학적 속성으로도 평가될 수 있다. 비너스를 포함한 그리스 인체 조상의 미학은 가장 인간적인 것이 가장 아름답다는 사실을 반영한다. 어머니의 품처럼 사람의 영혼과 삶의 안식처가 되어주는, 가장 인간적인 형상과 이미지의 산이 가장 아름다운 산일 수 있다.

2. 산과 사람의 문화생태적 관계가 반영된 경관

① 산촌의 문화생태경관

지리산지의 생활문화경관은 지리산과 주민의 상호작용을 대변하는 대표적 사례가 될 수 있다. 지리산지의 취락은 생활문화터전으로서 역사성을 갖추고 있을 뿐만 아니라 지리적으로도 넓은 분포지역을 가지고 있다. 지리산권역에 10여 개에 달하는 읍취락이 분포하고 있으며, 산지의 곳곳에 벼농사를 위주로 하는 집촌이 형성, 발달하였다. 집촌적 촌락형태의 형성과 발달은 지리산지의 자연환경적 배경과 조선시대의 사회역사적조건이 반영된 특성이기도 하다. 이러한 측면은 중위도 대륙 동안에 위치한 지리산지 마을주민의 산지적응과 산림경제의 우수성으로 나타났으며 계단식 논과 같은 농경지의 확보 및 관개·수리기술은 조선시대 농경의 중요한 단계를 표현하는 문화경관의 탁월한 사례가 될 수 있다. 또한 산나물과 약초 등과 같은 산지 섭생식물의 채집도 지리산의 산지적응을 잘 반영한다.

지리산 산촌취락의 문화생태적 고유성이자 지리산지의 독특한 환경적응과 조화방식은 풍수문화의 발달과도 긴밀한 관계를 갖는다. 지리산은 한국풍수의 시원지로서, 한국풍수의 시조로 일컬어지는 도선(827-898)이 풍수를 전수받은 곳이다. 현재 지리산권역의 마을에는 500개가 넘는 다양한 풍수형국이 존재하고 있어,[11] 산촌의 풍수경관은 문화생태적 경관의 한국적 특성을 이룬다. 이것은 산지환경에의 적응과 자연과 인문의 결합을 반영하고 있고, 한국적인 독특한 자연-인간관계 코드를 표현하였다. 지리산지 마을의 풍수문화는 처한 자연환경에 대한 주민들의 문화적 적응전략으로서, 마을의 지속가능한 환경시스템을 유지하기 위한 전통적인 문화생태학적 방식이자 지식체계라고 평가할 수 있다. 지리산지의 풍수

---

11) 최원석·구진성(2010)에 따르면, 지리산 권역 5개 시군의 자연마을에 500여 개의 풍수형국이 있었던 것으로 집계되었다.

경관은 자연과 문화가 유기적으로 조화, 결합된 문화생태적 경관으로서 세계유산적 경관가치를 지닌다.[12]

② 천 년의 숲, 함양 상림

삼림으로 세계유산에 등재된 사례는 89곳(2005년 현재)으로, 그 중에서 22곳이 열대 생물군계에 있다.[13] 2005년에 등재된 나이지리아의 오순-오소그보 신성숲(Osun-Osogbo Sacred Grove)과 2008년에 등재된 케냐의 미지켄다 부족의 카야 성림(Sacred Mijikenda Kaya Forests)은 성스러운 숲으로 세계유산이 되었다. 함양의 상림은 기존의 삼림 세계유산과는 차별적인 가치를 가지고 있다.

상림은 1,100년이 넘는 역사성을 지닌 한국 및 동아시아 취락 숲경관의 전형적이고 대표적 경관사례이다. 옛 이름은 대관림(大館林)이다. 상림은 함양 고을의 수해를 막기 위해 9세기 후반에 최치원(857- ?)이 조성한 인위적인 방재림으로서, 역사성에서의 탁월성과 진정성, 완전성을 보유하고 있다. 심미적으로도 주거지와 숲의 조화로운 앙상블을 이루며 읍수경관(邑藪景觀)의 아름다움을 보여준다. 상림 경관은 역사적 과정에서 다양한 문화요소와 기능의 교류와 결합을 반영하고 있으며, 풍수비보숲으로도 기능하였다. 상림은 지리산권의 여러 마을숲 분포에 직·간접적인 영향을 준 원형적인 취락숲이다.[14]

---

12) 문제점으로는 근대화로 인한 마을경관의 변모-보전의 진정성, 완전성 문제를 지적할 수 있다.

13) 유네스코한국위원회, 2010, 세계유산 새천년을 향한 도전. 서울(UNESCO World Heritage Centre, 2007, World Heritage-Challenges for the Millennium, Paris), 120.

14) 문제점으로 지적할 수 있는 것은, 상림은 지리산지에 속하고 있지 않아서 지리산지와의 연계성이 약하다는 점이다. 따라서 상림은 지리산지와는 별도로 연속(확장)유산으로 추가하여 포함되어야 할 대상이다.

③ 생태적 잠재력과 자족성, 특산종·희귀종의 서식지와 생물다양성

지리산은 생태적 잠재력과 정주의 자족적 조건에 있어 탁월한 자연환경을 지닌 산이다. 지리산은 다수의 봉우리, 골짜기, 산간분지로 구성된 큰 규모의 산체(山體)를 지니고 있을 뿐만 아니라 전 사면에 일정두께의 토양 피복을 형성하였으며, 벼농사에 충분한 강우량을 가지고 있다. 생물적으로도 다양하고 풍부한 생태환경을 갖추고 있다.[15]

지리산국립공원은 4,494종의 생물자원이 분포하며 2007년에 IUCN 카테고리 Ⅱ 지역으로 인증된 생물자원의 보존가치가 높은 곳이다. 지리산에는 멸종위기동식물 35종이 서식한다.[16] 그리고 지리산에만 자생하는 특산종은 식물 16종이 있다.

지리산 생태계 보존지역(노고단, 반야봉, 피아골, 심원계곡 일대)의 원시림과 생태복원지역인 제석봉일대의 구상나무 군락지는 한국 특산종과 희귀종의 서식지이자, 반달곰의 서식지로서 가치를 지닌다.[17] 그리고 지리산지의 전통적인 토지이용 형태는 생물다양성의 형성과 유지에도 기여했을 것으로 판단한다.[18]

---

15) 기근도, 「지리산의 자연환경과 지형」, 『지리산 인문학 강좌』, 2011.

16) 오장근, 「지리산 국립공원 생물자원의 가치」, 『지리산 세계유산 등재용역 2차 학술 세미나 발표자료집』, 2011, 1~3쪽.

17) 문제점은 1993년 이후로 복원된 구상나무 군락지 및 복원된 반달곰의 진정성에 관한 점이다.

18) 유네스코 세계유산센터의 운영지침에 의하면, "전통적인 토지이용 형태의 지속적인 존재는 세계의 많은 지역에서 생물다양성에 기여하였다. 전통적인 문화경관이 보전은 생물다양성을 유지하는 데에 도움을 준다."라고 공식적으로 명시되었다.(UNESCO, World Heritage Centre, 2009, World Heritage paper 26, 19).

3. 산과 사람의 사회역사적 관계가 반영된 경관

① 산지 역사유적과 역사경관 유산의 집적

지리산은 청동기 유물, 가야시대 고분, 산성유적 등 문화재의 보고이다. 국내에서도 지리산 권역은 가장 많은 문화유산(지정문화재) 보유하고 있다. 전국 총 605개의 지정문화재 중에 90개(15%)를 가지고 있으며, 이것은 경주의 62개보다도 훨씬 많은 숫자이다.

그 중에서도 지리산의 국보유산인 화엄사 각황전, 각황전 앞 석등, 사사자삼층석탑, 영산회괘불탱, 연곡사 부도(2개) 등이 대표적이며, 특히 석탑은 중국에서 목조건축 양식을 이어받아 천년의 세월을 이어나가면서 다양한 형태와 지리적 분포를 통해 한국적 석탑문화로 발전된 가치가 있다.

지리산지의 주변 권역에는 유교경관(서원, 향교, 사우, 누정 등)이 밀집되어 있으며 덕천서원의 제향과 같이 현재에도 지역 유림이 진행하는 유교적 의례의 진정성 조건을 갖추고 있다.

② 청학동 유토피아의 산

지리산 청학동은 한국 이상향을 전형적, 대표적으로 드러낸다. 지리산 청학동 이상향은 동아시아 산 유토피아의 전형이자 한국 이상향의 원형성을 가진다. 지리산 청학동 유토피아는 최소 700년의 문화전통을 지닌 동아시아적 유토피아의 역사성과 진정성을 갖추고 있으며, 관련된 많은 고문헌과 고지도 자료가 현존한다.

역사적으로 청학동 이상향은 지리산지 주민들의 생활사와 삶이 구현된 곳이라는 현장성과 진정성을 가졌으며, 그것은 묵계리 청학동으로 살아있는 전통과 직접적으로 관련되어 있다. 지리산 청학동은 유학자들과 지역주민들에 의해 유토피아로 선망되었던 설화공간이자 상징공간이었고, 민간계층이 마을을 이루고 거주하면서 풍수도참의 텍스트로 재현한 생활

공간이었다. 오늘날에는 정부·지자체·주민·관광자본에 의해 재구성된 대중문화의 관광공간이 되었다.

③ 한국전쟁과 빨치산 유적

지리산의 한국전쟁과 빨치산 유적은 지리산지에 20세기 중반의 세계사적인 이념과 정치세력이 충돌하여 상흔을 남긴 전쟁경관의 역사적 의미를 갖고 있다. 지리산은 제국주의 열강의 대립으로 빚어진 한국전쟁과 그 역사적 과정에서 전개된 분단의 극복을 위한 민중들의 저항의 현장이었다.[19] 지리산의 한국전쟁과 빨치산 활동을 내용으로 여러 전쟁 관련 소설 등의 문학작품도 창작되었다.

Ⅳ. 지리산 문화경관의 세계유산적 가치와 의의

1. 세계유산적 가치와 의의

지리산 문화경관이 갖는 세계유산적 가치(OUV)는 인간과 환경 간 상호작용의 다양성, 복합성, 결합성, 조화성을 탁월하게 드러내는 산 문화경관의 사례로 요약, 평가될 수 있다.

지리산의 종교문화경관의 측면에서, 다양성으로 보자면 지리산만큼 다양한 신앙과 종교경관이 집합적으로 보이는 산은 드물고, 역사적 과정에서 불교, 도교, 유교, 무속 등의 제 신앙형태는 서로 복합·결합되어 있다. 그리고 여러 종교경관들은 자연환경과 미학적으로 어우러져있다.

지리산의 문화경관은 산지환경에 대한 문화생태적인 적응을 증거하는 탁월한 사례가 된다. 유네스코 세계유산 운영지침에서 정의된 문화경관

---

19) 관련된 비교유산으로서는, 중국의 세계문화유산인 여산 국립공원의 공산당(모택동) 유적지가 있다.

의 개념에 비추어볼 때, 현존하는 지리산의 촌락경관은 대체로 18세기 이후 산지 취락의 형성·발달과정을 드러내며, 지리산지의 자연환경에 적응하면서 발달한 벼농사 위주의 농업경관은 지속가능한 토지이용의 전통적 기술이 집약되어 있다고 평가된다. 지리산의 문화유산과 건축경관은 자연과의 미학적 조화를 기조로 입지되고 배치되었으며, 그 속에는 지리산과의 정신적인 연대관계가 깊이 반영되어 있다.

지리산의 문화경관의 유산 가치는 기본적으로 문화유산 범주의 몇 가지 기준에 해당될 뿐만 아니라, 세계유산의 자연미 기준(vii)[20])도 충족할 수 있는 것으로 판단된다. 지리산이 가진 자연미는 역사적으로 수많은 문인과 유학자들에게 영감과 찬탄의 대상이 되었으며, 사상, 문학, 예술 등을 통해 사람들과의 상호영향 과정에서 공진화(coevolution)되었다. 지리산의 자연미는 지리산 문화경관의 아름다움과 미학적 중요성으로 정립되는 토대가 되었다.

지리산 문화경관의 세계유산적 가치는 다시 분야별로, 정신적·미학적, 생활사 및 문화생태적, 사회역사적 가치 등으로 대별할 수 있다. 정신적 가치는 산악신앙과 종교건축경관의 형태로 드러나는 산과 사람의 정신적 네트워크의 측면이다. 또한 조선시대 유학자이 전개한 성찰의 유산문화로 대변되며, 구체적인 요소로는 선비의 유산로와 유산기 문학이다. 아울러 미학적 가치는 자연과 조화를 이루는 지리산의 명승지와 문화경관 등을 들 수 있다. 생활사 및 문화생태적 가치는 지리산의 문화경관이 갖는 자연과 인간의 조화 및 통합성이며 그 대표적 요소로는 산촌 및 풍수를 들 수 있다. 지리산지에 오랫동안 적응하면서 삶을 영위해 온 주민들의 산림경제와 농업기술은 조선시대의 산지생활에 관해 축적된 전통지식과 지혜의 보고이다. 사회역사적 가치는 지리산지의 집적된 고대유적과 관

---

[20]) Criterion (vii): "최상의 자연 현상이나 뛰어난 자연미와 미학적 중요성을 지닌 지역을 포함할 것."

방유적, 세계사의 이념이 충돌한 한국전쟁과 빨치산 경관, 한국의 대표적 이상향인 청학동 유토피아 경관가치 등을 들 수 있다.

이러한 가치 요소에 준거한 지리산 문화경관의 세계유산적 의의는 다음과 같이 몇 가지로 서술될 수 있다.

지리산은 기존에 등재된 유네스코 산 세계유산의 내용범주에 더하여, 산의 신성한 장소성과 사람의 생활문화터전이 통합된 새로운 지평의 산 개념을 제시한다. 기존의 산 세계유산은 산과의 정신적 연계(聖山), 역사 문화경관, 종교경관, 인문경관, 자연경관 등의 가치가 개별적이거나 부분적인 요소로 유네스코에 의해 평가, 등재된 경향이 있었다. 그런데 지리산은 유네스코 산 문화경관의 내용범주에서, 다양하고 복합적인 문화경관으로 반영된 자연과 사람(문화)의 연계와 통합이라는 새로운 전형을 제시한다는 점에서 세계적 가치를 지닌다. 이것은 산과 사람(문화)의 서양적 이분법의 극복이라는 명산의 동아시아적 관점을 새롭게 제시한다는 의의가 있다.[21]

지리산의 문화경관은 온대지역 동아시아 산지의 문화생태적 적응과 조화라는 탁월한 전형을 제시한다. 지리산지의 벼농사 농경 기술과 시스템, 집촌의 형성과 유지는 중위도 산지지역의 적응에 있어 대표적인 사례가 된다. 생활문화터전으로서의 지리산의 문화경관(취락경관, 농업경관, 풍수경관 등)과 함양의 상림숲은 자연과 사람의 상호관계, 유기적 조화관계를 통시적으로 구현한 것으로서 보편적 가치가 있다.

지리산과 주민공동체는 정신적으로 연계되어 산악신앙의 문화적 시스템을 형성하였다. 지리산의 산악문화와 산신신앙의 문화생태적 본질은 산지환경의 적응이며, 그것은 인간화·문화화의 방식으로 나타난다. 그 문화적 형태는 산악신앙 및 제의, 산신당의 마을경관화, 산신산앙과 불교

---

21) 동아시아의 문화전통에서 신과 사람은 둘이 아니며, 사람은 몸에 精·氣·神이, 자연은 산에 神·物이 통합되어 있다.

경관의 결합 등이다. 이러한 산과 문화의 통합적 시스템 구축은 기능적으로 산지생활에 적응하였을 뿐만 아니라 삶의 터전으로서 지리산지의 보전과 관리에 기여할 수 있었다.

지리산 청학동은 산에 입지한 동아시아의 이상향의 전형성을 제시한다. 한국의 이상향에서 나타나는 지형특징은 심산(深山)의 골(洞)이 지배적으로, 이러한 사실은 서양의 유토피아가 에덴동산의 평원이나 토마스 모어의 유토피아처럼 평지인 것과 분명한 지형적 차이를 나타낸다. 중국 이상향에서 보이는 지형패턴도 무릉도원을 대표로 하는 동천복지(洞天福地)라는 점에서 한국과 같지만 들 혹은 언덕 관념도 드러나고 있어 일정하게 구별된다.[22]

조선시대 선비들의 지리산 유산문화는 기존의 서구적 등산문화에 대비되는 인문학적인 산악문화의 가치와 의의를 가진다. 지리산은 조선시대 유학자들의 도덕적 성찰의 산이었기에, 유학자들의 산에 대한 의미부여와 태도는 산의 인문적 의미에 대한 새로운 관점과 견해를 제시한다. 지리산의 유산과 유산문학의 결실로 꽃피운 조선시대 유학자들의 명산문화 전개는 중국 산악문화의 전파와 교류를 반영한다.

지리산의 자연미와 명승지의 아름다움은 경관요소와 자연이 어울리고 상호작용으로 빚어진 자연미학이다. 지리산의 경관미학은 동아시아적 산수미학의 보편성과 한국적 대표성을 지니고 있다. 그것은 산악경관에 대한 서구미학적 가치의 기준과 범주를 넘어 인문적이고 정신적인 요소의 연계를 통한 새로운 미학적 개념을 요청한다.

2. 세계유산 등재기준의 정당성 제시

이상과 같은 지리산 문화경관의 가치가 등재기준 중에서 어떤 항목에

---

[22] 최원석, 「한국 이상향의 성격과 공간적 특징」, 『대한지리학회지』 44(6), 2009.

합당한지에 대한 설명은 다음과 같이 요약·제시할 수 있다.[23]

우선 중점적인 지리산의 세계유산적 가치는 문화유산의 등재기준 (iii), (v), (vi) 항목이 해당된다. 차례대로 설명해보기로 하자.

'문화적 전통의 증거(iii)' 기준에 비춘다면, 신산으로서의 지리산에 대한 사람들의 정신적 인식과 태도, 역사성이 깊고 형태적으로 다양한 산악신앙의 문화경관은 산과 인간관계의 보편적 탁월성의 증거가 될 수 있다. 지리산의 자연환경과 지리적 조건을 배경으로 형성되고 진화된 역사경관과 종교경관은 지리산의 문화적 전통을 대변하는 특출한 증거가 된다. 지리산의 운봉지역은 고원지대로서의 요새적 지형과 비옥한 토지를 바탕으로 가야소국이 형성, 발달하였으며, 5, 6세기에 축조된 80여기의 고분과 아막산성과 팔량산성이 현존하고 있다. 종교경관으로서의 지리산은 산악신앙의 원형성과 복합성을 나타낸다. 지리산에는 산신신앙의 고대적 원형으로서 여산신이 나타난다. 유, 불, 선, 무교, 민간신앙, 풍수도참 등이 지리산에 집결되어 상호 교섭하였다. 지리산에는 6세기부터 9세기에 걸쳐서 중국에서 불교가 유입되면서 한국적인 특색을 가진 많은 사찰이 건립되어 산신신앙과 함께 숭배되었다. 그리고 지리산 산청에 있는 덕천서원은 산악문화의 영향을 받아 예의와 절의를 숭상하는 독특한 유교적 기풍을 이룬 남명사상의 근거지이자 남명학파의 무대였다. 아울러 기독교의 초기 한국선교사를 알 수 있는 종교사적도 있어서 한 마디로 세계적인 종교다양성의 보고이다.

'인간과 환경과의 상호작용(v)' 면에서 보자면, 지리산의 생활경관은 온대 중위도권 산지에서의 독특한 미작문명을 증거하면서 자연과 조화된 산지 이용과 거주 방식을 보여주는 탁월한 사례가 된다. 그러나 사회경제

---

23) 등재 정당성에 관한 설명의 내용 중에 (iii), (v), (vi), (X) 항목은 필자와 함께 지리산세계유산 등재 문화재청 연구용역에서 책임연구원을 역임하였던 김봉곤 순천대 HK연구교수와 공동으로 작성한 것임을 밝힌다.

적 압력과 급속한 현대화로 인해 훼손될 위험에 처해있기에 보존할 필요가 있다. 지리산의 산촌경관은 수세기 동안 지리산의 자연환경에 적응하고 조화하면서 형성된 씨족공동체의 지속가능한 생활방식과 토지이용을 잘 반영한다. 지리산지에 발달한 계단식 논과 벼농사 경관에는 산지환경에의 적응과 토지이용의 전통적 기술이 집약되어 있다. 지리산권 마을에 보편적으로 나타나는 풍수문화는 산지에서의 문화생태적 적응과 자연과 인문의 조화로운 결합을 보여주는 동아시아적 자연-인간관계의 독특한 코드가 된다. 지리산지의 역사적으로 형성된 삶의 터전과 생활사의 문화경관은 산지환경에의 문화생태적 적응을 반영하는 산지문화의 탁월한 보편적인 증거가 될 수 있다.

'사건 혹은 전통, 예술 및 문학작품과 연관된 것(vi)'의 기준으로 보자면, 지리산은 인류무형문화유산걸작인 판소리, 조선시대 유학을 대표하는 남명사상, 한국의 대표적인 산신신앙 제의인 남악제, 조선시대 유교지식인의 유산문학, 청학동 이상향이 탄생된 산실이었다. 동편제 판소리는 지리산에 거주하는 사람들의 삶과 문화를 배경으로 탄생하였으며, 지금까지도 이곳 사람들이 널리 애창하고 있다. 또한 유학의 절의를 숭상하는 남명사상과 남명학파가 지리산권에서 발달하였으며, 덕천서원에는 오랫동안 유교적 제의와 강학이 진행되었다. 지리산 남악제는 통일신라에서 시작되어 천 년을 이어온 국가적인 산악신앙의 의례예술이다. 지리산 유람문학은 조선시대 500여 년 간 유교지식인의 사상적 수양적 성찰을 목적으로 한 유산문화를 형성하였다. 100여 편의 유람록, 수천 편의 유람시는 지리산 관련 기록문화유산으로서의 훌륭한 가치를 지닌다. 지리산의 청학동 이상향은 한국의 이상향을 대표하며 동아시아 산지형 유토피아의 전형적인 사례이다.

그밖에도 지리산의 자연유산적 가치를 나타내는 것으로서 등재기준 (vii), (x) 항목이 해당될 수 있다.

'자연미(vii)' 기준으로 평가하자면, 지리산의 문화경관은 자연환경과의 어울림과 상호작용을 통해 탁월한 자연미학과 풍수미학을 성취하였다. 지리산의 아름다움은 역사적 과정에서 수많은 사상가들과 문인들에게 영감과 찬탄의 대상이 되었으며, 사상, 문학, 예술 등의 결과물을 통해 지리산의 자연미학으로 정립되는 토대가 되었다.

'생물다양성의 현장 보존을 위한 자연서식지(x)' 면에서 보자면, 지리산에는 약 5,000종의 동식물이 서식하는 생물다양성의 보고이며, 서식지 규모가 남한에서는 가장 큰 483㎢이다. 지리산은 토산(土山)으로 고산, 계곡, 습지 등이 분포하여 다종다양한 생물종이 서식할 수 있는 자연환경을 갖추었다.[24] 지리산에는 지리산 국립공원특별보호구 17개 구역 166.30㎢ 및 생태·경관보전지역 20.20㎢ 등 합계 186.50 ㎢가 관계법령에 의하여 보호되고 있다. 이러한 자연적 가치를 인정받아 지리산은 2007년에 IUCN 카테고리 II 지역으로 인증되었다.[25]

기타 부차적이고 세부적인 가치요소를 나열하자면 다음과 같다. 화엄사 사사자석탑과 각황전 앞 석등, 사사자삼층석탑, 연곡사의 동부도·북부도 등은 동아시아 석탑문화를 꽃피운 한국적 전개와 발전양상을 증거하는 '창의적 걸작(i)'이 될 수 있다. '인류의 가치 및 문화의 교류(ii)' 측면으로는 지리산지 종교신앙과 제의의 융합적 측면을 들 수 있다. '인류역사의 단계를 예시하는 건축, 기술, 경관유형(iv)'에 해당하는 것으로는 천년의 숲, 함양 상림경관의 인공방재림 성격과, 18세기 이후 온대지역 산지농업경관을 대표하는 벼경작 및 산지 관개·수리 기술의 탁월한 사례로 들 수 있다. 그리고 진정성의 측면으로서는 지리산 문화유산의 역사성과

---

24) 서정호, 「지리산의 세계자연유산 등재 대상과 범위」, 『지리산 세계유산 잠정목록작성을 위한 국제학술대회 발표자료집』, 2011, 103~120쪽.
25) 이상과 같은 지리산의 자연유산적 가치를 구성하는 지리산의 생태적 잠재력과 자연미학, 생물다양성 등의 측면에 대한 정당성은 국제적인 수준의 학술적 논문이 뒷받침될 필요가 있다.

현재까지 주민들에 의해서 자체적으로 계승, 진행되는 살아있는 문화전통이라는 측면이 부각될 수 있다.

V. 요약 및 맺음말

지리산과 지리산문화는 지금껏 한국이라는 공간적 범주와 인식의 지평에서 평가 · 이해되었지만 이제 세계유산의 보편적 가치라는 잣대와 차원으로 새로운 조명이 요청되는 시점에 와있다. 이 글은 지리산 문화경관의 세계유산적 가치와 구성에 관해 학술적인 연구를 시도했다는 점에 의의가 있다.

지리산은 오랫동안 수많은 사람들이 지리산을 생활문화의 터전으로 살아온 한국의 대표적이고 전형적인 명산으로서, 자연과 문화의 상호작용으로 빚어진 문화경관의 형성을 탁월하게 반영하고 있다. 따라서 지리산의 세계유산 등재전략은 문화경관이라는 통합적 범주의 틀이 적합하다. 지리산의 문화경관은 동아시아 산악문화의 문화생태적 적응과 조화라는 전형을 제시하는 것으로, 인간과 환경 간 상호작용의 다양성, 복합성, 결합성, 조화성을 탁월하게 드러내는 세계유산적 가치(OUV)의 사례로 평가될 수 있다. 이에 걸 맞는 지리산 문화경관의 개념적이고 상징적 이미지는, '신성한 어머니 지리산'이라고 표상할 수 있다.

지리산의 세계유산 신청 명칭을 제시하면, 단순 지명으로서의 '지리산', 등재의 내용 유형으로서 '지리산의 문화경관', 문화경관의 주요대상을 표현하는 명칭으로서 '지리산의 종교 · 문화경관', 지리산이 갖는 상징성까지 반영된 '지리산의 종교 · 문화경관-신성한 어머니의 산'이라는 명칭이 가능하다.

지리산이 갖는 세계유산적 가치는 다음과 같이 요약된다. 지리산은 수많은 사람들의 오랜 생활문화의 터전으로서 많은 역사유적과 종교경관, 생활경관이 남아있다. 지리산의 문화경관은 산의 신령한 장소성과 사람의 생활문화터전이 통합된 새로운 지평의 산악문화경관의 개념을 제시한다. 지리산은 예부터 '신성한 어머니산'으로 여겨져 많은 사람들이 거주하였고 신성시되었다. 삼국시대의 산성과 가야 고분을 비롯한 각종 역사 유적이 남아 있고, 국가적인 산신제의가 행해진 곳으로 현재까지 '남악제'로 이어지고 있다. 불교 사찰에는 수많은 문화재가 있고, 현재까지 불교신앙이 성행하여 지리산의 살아있는 문화전통을 유지한다. 그리고 다양한 풍수경관이나 다랑이 논 등의 생활경관도 함께 존재하면서 역사, 종교문화 등과 어울려 지리산 문화경관의 모자이크를 이루고 있다. 지리산의 영산 관념과 그 문화적 관계의 태도로서 나타나는 산악신앙, 풍수사상과 자연미학, 농경기술 등의 생활사는 산지환경에 대한 문화생태적인 적응 및 문화경관의 형성을 통한 인간화, 문화화, 미학화의 과정이며 중위도 온대지역 대륙 東岸에 나타나는 산악문화 성취의 탁월한 증거가 된다.

동아시아에서 산은 자연과 생태의 보루이며, 산악문화는 지속가능한 삶의 양식이다. 온대 동아시아지역 산지에 역사적인 생활문화터전의 총합체로서 탁월한 보편적 가치를 증거하는 지리산의 문화경관은 유네스코 세계유산의 새로운 모델을 제시하는 한 유형이 될 수 있다. '신성한 어머니 산, 지리산'이라는 표상은 한국의 산과 산지문화를 대표하고 집약하는 상징적인 전형이 될 뿐 아니라, 세계인의 유산 가치로서, 산은 영혼의 고향이자 생명의 근원이라는 이미지로 지구촌의 인류들에게 소중히 간직될 수 있다.

이 글은 『한국지역지리학회지』 제18집 1권(2012)에 수록된 「지리산 문화경관의 세계유산적 가치와 구성」을 수정해 실은 것이다.

지리산의 불교유산:
세계문화유산 등재 가능성 문제

문동규

—

Ⅰ. 시작하는 말

'세계유산(World Heritage)'이란 유네스코(UNESCO)가 제정한 세계유산 협약(1972. 세계문화 및 자연유산보호협약)에 따라 선정된 인류의 '탁월한 보편적 가치(Outstanding Universial Value : OUV)'를 지닌 유산을 말하는데, 그 유산은 문화유산, 자연유산, 복합유산 등 3개 유형으로 분류된다.[1] 그래서 '지리산의 불교유산'을 세계유산으로 등재하기 위해서는 우

---

[1] 허권, 「세계유산의 탁월한 보편적 가치의 구성과 지리산」, 『지리산 세계유산, 무엇을 등재할 것인가?』(지리산 세계유산 잠정목록 작성을 위한 국제학술대회 발표 자료집), 2011, 3쪽.
　　"세계유산은 협약 가입국이 신청한 유산의 탁월한 가치, 진정성, 완전성, 보전관리 계획 등 여러 측면을 엄격히 심사하여 매년 6월경 개최되는 세계유산

선 이 3개의 유형 중 어느 것으로 등재할 것인가가 관건이 된다.

그러나 '지리산의 불교유산'하면, 우리의 머리에 떠오르는 것은 말할 것도 없이 '사찰(절)'일 것이다. 물론 지리산의 불교유산이 사찰에만 있는 것은 아니지만 말이다. 마애불 같은 경우 사찰 바깥에도 있기 때문이다. 그럼에도 불구하고 지리산의 불교유산은 거의 대부분 사찰 안에 존재하고 있다. 특히 문화재로 등록된 불교유산들 말이다. 그래서 '지리산의 불교유산'을 세계유산으로 등재하기 위해서는 '문화유산'으로 등재할 수밖에 없다. 더군다나 '문화유산'은 유적 · 건축물 · 장소로 구성되는데, 대체로 세계문명의 발자취를 연구하는 데 중요한 유적지 · 사찰 · 궁전 · 주거지 등과 종교 발생지 등이 포함되기 때문이다.[2]

그렇다면 지리산에 산재해 있는 수많은 사찰들 중 과연 어떤 사찰들이 우리의 고려대상이 되어야 할까? 그것은 '전통사찰'로 지정된 곳일 것이다. 사실 지리산의 불교유산 중 우리나라의 문화재로 등록된 것들이 대부분 전통사찰에 속해 있기 때문이다. 그런데 문화관광체육부 통계자료에 따르면 2011년 8월 25일 현재 지리산권 전통사찰은 39개소이다.[3] 그리고 지리산권 전통사찰 중 지리산 국립공원 안과 그 경계선에 있는 전통사찰은 12개소이다. 이를테면 천은사, 화엄사, 연곡사, 칠불사, 쌍계사, 한산사, 법계사, 내원사, 대원사, 벽송사, 영원사, 실상사 등이 그것이다. 물론 이러한 사찰들 중 천은사 · 화엄사 · 연곡사는 전남 구례군, 칠불사 · 쌍계

위원회(21개국, 임기 4년) 정기회의에서 심의 결정된다."(허권, 「세계유산의 탁월한 보편적 가치의 구성과 지리산」, 『지리산 세계유산, 무엇을 등재할 것인가?』, 3쪽)

[2] naver 백과사전.

[3] 여기에서 '지리산권'은 지리산을 둘러싸고 있는 전북 남원시, 전남 구례군, 경남 하동군, 경남 산청군, 경남 함양군을 말한다. 그리고 지리산권 전통사찰이 39개소라는 것은, 남원 13, 구례 6, 하동 5, 산청 8, 함양 7개의 전통사찰이 있기 때문이다. 이러한 전통사찰의 구체적인 사찰명은 문화관광체육부 현황자료를 살펴보기 바란다. 그리고 문화관광체육부 통계자료에 따르면 2011년 8월 25일 현재 전국의 전통사찰 등록 현황은 938개소이다.

사 · 한산사는 경남 하동군, 법계사 · 내원사 · 대원사는 경남 산청군, 영원사 · 벽송사는 경남 함양군, 실상사는 전북 남원시에 속해 있다.

그러나 이러한 사찰들 중 다시 우리가 세계문화유산으로 등재하기 위한 사찰들을 고려해야 한다면, 그 숫자는 더 줄어들 것으로 생각된다. 왜냐하면 세계유산 등재[4]에 적합한 사찰 내지는 문화유산을 고려할 때, 그 등재 기준에 부합하는 사찰과 문화유산들을 추려야 하기 때문이다. 도대체 어떤 것들일까? 그것은 일차적으로 문화재로 지정된 건축물과 연관된 사찰들일 것인데, 대체로 화엄사 · 연곡사 · 칠불사 · 쌍계사 · 실상사 정도이다. 뒤에서 보겠지만 사실 이러한 사찰들에 국보와 보물 문화재가 다수 지정되어 있기 때문이다.

따라서 이 글에서 필자는 우선 전통사찰로 지정된 12개의 사찰에 소재하고 있는 문화재를 개괄적으로 나열해 보고, 그런 후 화엄사 · 연곡사 · 칠불사 · 쌍계사, 실상사의 문화재들 중 세계문화유산 등재 가능성이 있다고 생각되는, 즉 '화엄사 각황전 · 화엄석경 · 각황전 앞 석등', '화엄사 사사자 삼층석탑', '연곡사 동승탑', '쌍계사 진감선사탑비', '실상사 철조여래좌상', '칠불사 아자방지' 등을 차례대로 살펴보기로 한다. 그리고 이러한 문화재들을 세계문화유산으로 등재하고자 할 때, 어떤 전략이 필요한

---

4) 세계문화유산 등재 기준은 대개 다음과 같다; 1. 인류의 창조적인 천재성이 만들어낸 걸작임을 보여주는 대표적인 것이어야 한다. 2. 인류의 중요한 가치가 교류된 것을 보여주는 건축이나 기술, 기념비적 예술, 도시계획이나 조경설계의 발전과 관계가 있는 것으로서, 오랜 시간에 걸쳐 일어났거나 세계의 특정 문화권에서 일어난 것이어야 한다. 3. 문화적 전통, 또는 현존하거나 소멸된 문명과 관계되면서 독보적이거나 적어도 특출한 증거를 지니고 있는 것이어야 한다. 4. 인류 역사의 중요한 단계를 보여주는 탁월한 사례가 될 수 있는 특정 유형의 건조물, 건축적 또는 기술적 총체 또는 경관이어야 한다. 5. 문화, 또는 돌이킬 수 없는 충격으로 인하여 변화할 가능성이 큰 환경과 인간과의 상호작용을 대표적으로 보여주는 전통적인 인간 정주지, 토지의 이용 또는 해양의 이용과 관계되는 탁월한 사례에 속하는 것이어야 한다. 6. 탁월한 보편적 중요성을 지닌 사건 또는 살아 있는 전통, 사상, 신앙, 예술 · 문화 작품과 직접적 또는 가시적으로 연계된 것이어야 한다.

지를 맺는말에서 언급해보기로 한다.

II. 지리산의 전통사찰과 불교유산

지리산의 전통사찰에는 국가가 지정한 국보와 보물 문화재뿐만 아니라 각 시도에서 지정한 문화재가 다수 보존되어 있다. 그래서 지리산의 불교유산을 세계문화유산에 등재하기 위한 일차적인 작업으로 우선 지리산의 전통사찰에 보존되어 있는 다수의 문화재를 나열해 보고 그 사찰에 대한 간략한 소개는 의미 있는 일이라 생각된다.

첫째, 전라남도 구례군 마산면 황전리에 소재하고 있는 화엄사는 국보 4, 보물 8, 전라남도 유형문화재 2점이 있는 사찰이자 사적 505호로 지정된 곳이다. 그리고 화엄사 일원은 명승 64호로 지정되어 있다. 물론 화엄사의 창건주와 창건연대에 대해서는 이견들이 있지만,[5] 연기(緣起)에 의해 창건된 것으로 전해지고 있으며, 임진왜란 때 불탄 것을 조선 인조 때 벽암각성이 재건한 사찰로 천 년이 넘는 고찰이다. 그런데 이 화엄사에는 '각황전'(국보 제67호)을 비롯해서 수많은 문화재들이 있다. 그것을 도표화하면 다음과 같다.

구분	종류	지정 번호	문화재명	지정시기	소유/관리자
국가 지정	국보	12	구례 화엄사 각황전앞석등	1962.12.20	화엄사/화엄사
		35	구례 화엄사 사사자삼층석탑	1962.12.20	화엄사/화엄사
		67	구례 화엄사 각황전	1962.12.20	화엄사/화엄사

---

[5] 김상현, 「화엄사의 창건연대와 창건자」, 『화엄사 · 화엄석경』(화엄사 · 화엄석경 보존 · 복원을 위한 연구논문집), 도서출판 늘함께, 2002, 56~81쪽; 김상현, 「화엄사의 창건 시기와 그 배경」, 『동국사학』 37, 동국사학회, 2002, 89~109쪽.

		301	화엄사 영산회괘불탱	1997.09.22	화엄사/화엄사
		1040	구례 화엄사 화엄석경	1990.05.21	화엄사/화엄사
		132	구례 화엄사 동오층석탑	1963.01.21	화엄사/화엄사
		133	구례 화엄사 서오층석탑	1963.01.21	화엄사/화엄사
	보물	299	구례 화엄사 대웅전	1963.01.21	화엄사/화엄사
		300	구례 화엄사 원통전앞사자탑	1963.01.21	화엄사/화엄사
		1348	화엄사 서오층석탑 사리장엄구	2002.10.19	화엄사/화엄사
		1363	화엄사 대웅전 삼신불탱	2003.02.03	화엄사/화엄사
		1548	구례 화엄사 목조비로자나삼신불좌상	2008.03.12	화엄사/화엄사
	사적	505	구례 화엄사	2009.12.21	국·사유/화엄사
	명승	64	지리산 화엄사일원	2009.12.21	국·사유/화엄사
전남 지정	시도유형 문화재	49	화엄사 보제루	1974.09.24	화엄사/화엄사
		132	화엄사 구층암석등	1986.02.07	화엄사/화엄사

둘째, 전라남도 구례군 토지면 내동리에 있는 연곡사는 연기에 의해 창건된 것으로 전해지며, 임진왜란 때 불탄 것을 소요태능이 중건했으나 6·25전쟁 때 완전히 소실되었고, 현재는 일부만 중건된 상태다. 그럼에도 이 연곡사는 국보 2, 보물 4점을 소유하고 있는데, 그것들은 우리나라의 불교 석조예술을 대표할 수 있는 탑과 탑비이다.

구분	종류	지정 번호	문화재명	지정시기	소유/관리자
국가 지정	국보	53	구례 연곡사 동승탑	1962.12.20	연곡사/연곡사
		54	구례 연곡사 북승탑	1962.12.20	연곡사/연곡사
	보물	151	구례 연곡사 삼층석탑	1963.01.21	연곡사/연곡사
		152	구례 연곡사 현각선사탑비	1963.01.21	연곡사/연곡사
		153	구례 연곡사 동승탑비	1963.01.21	연곡사/연곡사
		154	구례 연곡사 소요대사탑	1963.01.21	연곡사/연곡사

셋째, 경상남도 하동군 화개면 운수리에 있는 쌍계사는 국보 1, 보물 8, 경상남도 유형문화재 12, 경상남도 문화재자료 3점이 있는 사찰이자 경상남도 기념물 제21호로 지정된 절이다. 이곳은 불교음악인 범패를 비롯하여 다양한 문화재를 간직하고 있는데, 이 쌍계사는 불교문화를 이해하는 데 있어 귀중한 곳이다. 왜냐하면 우리가 연구해야 할 다양한 문화재들이 산적해 있기 때문이다. 그것을 도표화하면 다음과 같다.

구분	종류	지정번호	문화재명	지정시기	소유/관리자
국가지정	국보	47	하동 쌍계사 진감선사탑비	1962.12.20	쌍계사/쌍계사
	보물	380	하동 쌍계사 승탑	1963.01.21	쌍계사/쌍계사
		500	하동 쌍계사 대웅전	1968.12.19	쌍계사/쌍계사
		925	쌍계사팔상전영산회상도	1987.07.16	쌍계사/쌍계사
		1364	쌍계사 대웅전 삼세불탱	2003.02.03	쌍계사/쌍계사
		1365	쌍계사 팔상전 팔상탱	2003.02.03	쌍계사/쌍계사
		1378	하동 쌍계사 목조석가여래삼불좌상 및 사보살입상	2003.08.21	쌍계사/쌍계사
		1696	하동 쌍계사 감로왕도	2010.12.21	쌍계사/쌍계사
		1701	하동 쌍계사 동종	2010.12.21	쌍계사/쌍계사
경남지정	시도유형문화재	28	쌍계사 석등	1972.02.12	쌍계사/쌍계사
		86	쌍계사 일주문	1974.02.16	쌍계사/쌍계사
		87	쌍계사 팔상전	1974.02.16	쌍계사/쌍계사
		123	쌍계사 명부전	1974.12.28	쌍계사/쌍계사
		124	쌍계사 나한전	1974.12.28	쌍계사/쌍계사
		126	쌍계사 천왕문	1974.12.28	쌍계사/쌍계사
		127	쌍계사 금강문	1974.12.28	쌍계사/쌍계사
		185	쌍계사소장불경책판	1979.12.29	쌍계사/쌍계사
		384	쌍계사 삼장보살탱	2003.04.17	쌍계사/쌍계사
		385	쌍계사 팔상전 신중탱	2003.04.17	쌍계사/쌍계사
		386	쌍계사 국사암 아미타후불탱	2003.04.17	쌍계사/쌍계사
		413	쌍계사 사천왕상	2004.10.21	쌍계사/쌍계사
	기념물	21	지리산 쌍계사	1974.12.28	쌍계사/쌍계사

구분		지정 번호	문화재명	지정시기	소유/관리자
문화재 자료		46	쌍계사 적묵당	1983.07.20	쌍계사/쌍계사
		48	쌍계사 마애불	1983.07.20	쌍계사/쌍계사
		153	쌍계사 설선당	1985.11.14	쌍계사/쌍계사

넷째, 전라북도 남원시 산내면 입석리에 있는 실상사는 부속암자를 포함해서 국보 1, 보물 11, 유형문화재 3점이 있는 사찰로서 사적 제309호로 지정된 곳이다. 통일신라 흥덕왕 3년(828)에 홍척(洪陟)이 창건하였는데, 이곳에 절을 세우지 않으면 우리나라의 정기가 일본으로 건너간다 하여 지은 것이라 한다. 그리고 실상사는 구산선문(九山禪門) 가운데 가장 이른 시기에 형성된 실상산파(實相山派)의 근본도량이다.[6] 이 실상사에는 백장암 삼층석탑(국보 제10호)을 비롯하여 다양한 문화재가 산적해 있다.

구분	종류	지정 번호	문화재명	지정시기	소유/관리자
국가 지정	국보	10	남원 실상사 백장암 삼층석탑	1962.12.20	백장암/백장암
	보물	33	남원 실상사 수철화상탑	1963.01.21	실상사/실상사
		34	남원 실상사 수철화상탑비	1963.01.21	실상사/실상사
		35	남원 실상사 석등	1963.01.21	실상사/실상사
		36	남원 실상사 승탑	1963.01.21	실상사/실상사
		37	남원 실상사 동·서 삼층석탑	1963.01.21	실상사/실상사
		38	남원 실상사 증각대사탑	1963.01.21	실상사/실상사
		39	남원 실상사 증각대사탑비	1963.01.21	실상사/실상사
		40	남원 실상사 백장암 석등	1963.01.21	백장암/백장암
		41	남원 실상사 철조여래좌상	1963.01.21	실상사/실상사
		420	백장암 청동은입사향로	1965.07.16	백장암/금산사 성보박물관
		421	남원 실상사 약수암 목각아미타여래설법상	1965.07.16	약수암/금산사 성보박물관

---

6) 사찰문화연구원 편, 『전통사찰총서 9』, 사찰문화연구원, 2008, 108쪽.

	사적	309	남원 실상사	1984.10.19	국유,사유/실상사
전북 지정	시도유형 문화재	45	실상사 극락전	1974.09.27	실상사/실상사
		88	실상사위토개량성책	1979.12.27	실상사/실상사
		137	실상사 동종	1992.06.20	실상사/실상사

다섯째, 경상남도 하동군 화개면 범왕리에 있는 칠불사는 가야의 태조인 김수로왕의 일곱 왕자가 그들의 외숙인 범승(梵僧) 장유보옥(長遊寶玉)을 따라와 암자를 짓고 수행하다가 103년(가야 수로왕 62) 8월 보름날 밤 모두 성불했다고 전해지는 절이다. 1948년 여순사건과 1950년 6.25전쟁을 통해 사찰 전체가 불타 30년 가까이 방치되었지만, 1978년부터 복원을 하여 다양한 전각들이 있다. 이 사찰에는 1976년 12월 20일에 경남 유형문화재 제144호로 지정된 유명한 '칠불사 아자방지'가 있다.

여섯째, 전라남도 구례군 광의면 방광리에 있는 천은사는 1984년 전라남도 문화재자료 35호로 지정된 곳으로서 보물 3, 전라남도 유형문화재 1점이 있다.

구분	종류	지정 번호	문화재명	지정시기	소유/관리자
국가 지정	보물	924	천은사극락전아미타후불탱화	1987.07.16	천은사/천은사
		1340	천은사괘불탱	2002.07.02	천은사/천은사
		1546	구례천은사금동불감	2008.03.12	천은사/천은사
전남 지정	시도유형문화재	50	천은사 극락보전	1974.09.24	천은사/천은사
	문화재자료	35	천은사 일원	1984.02.29	천은사/천은사

이러한 문화재 중 '극락전 아미타후불탱화'는 제작연대와 그림의 제목뿐 아니라 각 등장인물들의 명칭이 적혀있어 아미타불화 도상학연구(圖相學研究)에 귀중한 자료가 되고 있다. 그리고 극락보전은 조선 후기의

전형적인 다포 양식을 취하고 있어 조선 후기 건축물의 특징을 잘 보여
주는 예 중 하나라 할 수 있다. 또한 이 절은 잦은 화재로 공포에 용을
걸쳐서 민간의 설화에 불교가 융합한 우리나라의 독특한 특성을 보여주
고 있다.

일곱째, 경상남도 산청군 삼장면 유평리에 있는 대원사는 우리나라의
대표적인 비구니 사찰로서 보물 1, 경상남도 유형문화재 2점을 보유하고
있다.

구분	종류	지정번호	문화재명	지정시기	소유/관리자
국가지정	보물	112	산청 대원사 다층석탑	1992.01.15	대원사/대원사
경남지정	시도유형문화재	361	산청 대원사 신중도	2001.02.22	대원사/대원사
		362	산청 대원사 강희신사명반자	2001.02.22	대원사/대원사

이러한 문화재 중 보물인 '산청 대원사 다층석탑'은 조선 석탑의 예가
드문 실정에서 각 부재가 완전하여 조선시대 석탑연구에 귀중한 자료가
되고 있다.

여덟째, 경상남도 함양군 마천면 추성리에 있는 벽송사는 보물 1, 유형
문화재 3, 민속자료 1점이 있는 사찰이다.

구분	종류	지정번호	문화재명	지정시기	소유/관리자
국가지정	보물	474	함양 벽송사 삼층석탑	1968.12.19	벽송사/벽송사
경남지정	시도유형문화재	314	경암집책판	1997.01.30	벽송사/벽송사
		315	묘법연화경책판	1997.01.30	벽송사/벽송사
		316	벽송당지엄영정	1997.01.30	벽송사/벽송사
	민속자료	2	벽송사 목장승	1974.12.24	벽송사/벽송사

이들 중 삼층석탑은 조형예술이 발달한 신라석탑의 기본양식을 충실히 이어받고 있으며 짜임새 또한 정돈되어 있는 작품으로, 조선 전기에 세워진 것으로 추정되고 있다. 또한 일반적으로 법당 앞에 탑을 두는 것과 달리 탑을 절 뒤쪽의 언덕 위에 세우고 있어 주목할 만한 점이라 할 수 있다.[7]

아홉째, 경상남도 하동군 악양면 평사리에 있는 한산사와 경상남도 산청군 시천면 중산리에 있는 법계사에는 '하동 한산사 탱화'(경남 문화재자료 제286호, 2000년 1월 25일 지정)와 '산청 법계사 삼층석탑'(보물 제473호, 1968년 12월 19일 지정)이 있다. 이 중 법계사 삼층석탑은 바위를 기단으로 이용한 탑인데, 이 탑처럼 아래 기단부를 간략하게 처리한 경우는 매우 드물다.

마지막으로, 경상남도 산청군 삼장면 대포리에 있는 내원사는 옆 계곡에서 흐르는 시원한 물소리 때문에 사찰 전체가 꼭 물 위에 떠 있는 듯한 느낌을 주는 사찰로서 보물 2점을 소유하고 있다.

구분	종류	지정번호	문화재명	지정시기	소유/관리자
국가지정	보물	1021	석남암수 석조비로자나불좌상	1990.03.02	내원사/내원사
		1113	내원사 삼층석탑	1992.01.15	내원사/내원사

---

7) http://www.cha.go.kr/(문화재청)

이 두 보물 중 삼층석탑은 통일신라 후기에 세워진 작품으로서 당시의 석탑 양식을 살피는 데에 좋은 자료가 되고 있다.

지금까지 살펴보았던 지리산의 전통사찰 내에 있는 각 문화재 종류와 수를 도표화하면 다음과 같다.

	국보	보물	시도유형문화재	시도문화재자료	비고
화엄사	4	8	2		사적 505호 및 명승 64호
연곡사	2	4			
쌍계사	1	8	12	3	경남지정 기념물 21호
실상사	1	11	3		사적 309호
칠불사			1		
천은사		3	1		전남 문화재자료 35호
대원사		1	2		
법계사		1			
벽송사		1	3		경남 민속자료 1
영원사			1		
한산사				1	
내원사		2			
합계	8	39	25	4	

III. 지리산의 불교문화유산: 세계문화유산적 가치 및 등재가능성 문제

앞에서 보았던 지리산 전통사찰에는 국보 8, 보물 39, 시도유형문화재 25, 시도문화재자료 4점이 있다. 이러한 문화재들은 다 문화재로 인정되고 있기에 모두 다 문화유산적 가치가 있음은 분명하다. 그러나 이러한 다양한 문화재 중 과연 어떤 문화재를 세계문화유산에 등재시킬 것인지는 분명히 고려되어야 할 것이다. 그리고 세계문화유산으로 등재 가능한 문화재를 보유하고 있는 사찰은 그 문화재만 등재할 것이 아니라 그 사찰 전체가 함께 등재되어야 함은 분명하다.[8] 그렇지만 필자는 여기에서 지리산의 다양한 불교문화유산 중 세계문화유산적 가치가 있다고 생각되는 몇 가지를 골라 글을 서술하기로 한다. 즉 '화엄사 각황전 · 화엄석경 · 각황전 앞 석등', '화엄사 사사자 삼층석탑', '연곡사 동승탑', '쌍계사 진감선사탑비', '실상사 철조여래좌상', '칠불사 아자방지' 등을 차례대로 살펴보기로 한다.

1. '구례 화엄사 각황전, 화엄석경, 각황전 앞 석등'

화엄사 각황전은 화엄사를 대표하는 건물이자, 현존하는 국내의 불전 가운데 가장 큰 규모에 속한다. 원래는 3층 건물로서 내부에 『화엄경』을 새긴 석경이 있어 강당으로 사용되었을 것으로 추측되고 있다. 그러나 조선시대에 계파성능이 중건할 때 지금의 형태로 건축하였다.[9] 가구식으로 잘 짜인 석조 기단 위에 웅장하게 자리한 2층 건물로 상 · 하층 모두 정면 7칸 · 측면 5칸의 팔작지붕 다포집 말이다. 전체적인 느낌은 매우 복잡한 공포가 처마 밑에 꽉 차있어 아주 화려한 느낌을 준다. 또한 공포의 부재가 두툼하고 건실하여 안정감을 주는 건물이다.

각황전의 본래 이름은 '장육전(丈六殿)'이었으나, 중건 때 '각황전(覺皇殿)'이라는 현판을 건 후 지금까지 각황전이라 부르고 있다. 그래서 이 각황전은 단지 불전으로만 의미가 있는 것이 아니라 조선 왕실과도 연관되

---

8) 허권에 따르면 석굴암과 불국사, 해인사 경판전을 세계유산에 등재 시킬 때, 세계유산의 진정성 개념을 우리가 제대로 이해하지 못해 유산의 성격과 범위를 대폭 축소시켰다고 한다. 그래서 허권은 어떤 문화재를 세계유산에 등재 시킬 때 그 보호 구역을 확대하고 전체적인 유무형적 가치를 함께 고려해야 한다고 말한다.(허권, 「세계유산의 탁월한 보편적 가치의 구성과 지리산」, 『지리산 세계유산, 무엇을 등재할 것인가?』, 13~14쪽 참조)

9) 각황전 중건은 1699년(숙종 25)부터 공사를 시작하여 4년간에 걸쳐 1702년에 완공하였다고 한다.

어 있다.[10] 그리고 현재 각황전 안에는 각황전을 완공한 다음 해인 1703
년에 안치한 삼불 사보살, 즉 석가여래·아미타여래·다보여래의 삼불과
이 삼불 사이에 좌로부터 관세음보살·보현보살·문수보살·지적보살 등
이 봉안되어 있다.[11] 거의 최대 규모의 불상군이다. 그런데 우리가 여기
에서 주목해야 하는 것은 지금까지 알려지지 않은 도상의 결합이 나타나
고 있다는 점이다. 말하자면 삼불상의 오른쪽에 봉안된 불상이 후불탱의

10) 정병삼 외, 『화엄사』, 대원사, 2000, 71쪽.
   정확한 이유는 알 수 없지만, 왕실의 후원을 원통전과 연관 지어 해석하는
   경우도 있다. 왜냐하면 현재의 원통전 안 공간 형식이 조선 후기 지방 유력
   사찰에 유행했던 왕실 원당 형식과 유사하기 때문이다. 그래서 화엄사 측에
   서 왕실의 안녕을 기원하는 원당을 개설하는 조건으로 왕실의 후원을 얻어낸
   것으로 추측하는 경우도 있다.
11) 오진희, 「조각승 색난파와 화엄사 각황전 칠존불상」, 『강좌미술사』 26, 한국
   미술사 연구소, 2006, 113~138쪽.

화기에 의해 약사불이라고 알려져 있었는데, 도금 불사 때 발견된 복장기에 따르면 다보불이어서 지금까지의 불화에서 거의 알려지지 않았던 삼불의 결합이 나타나 관심의 대상이 되고 있다는 것이다.[12]

한편 각황전은 법주사 대웅보전(法住寺 大雄寶殿), 무량사 극락전(無量寺 極樂殿)과 함께 우리나라 3대 불전으로 일컬어지고 있다. 물론 화엄사 각황전과 법주사 대웅보전은 7칸 규모의 건물이다. 그러나 각황전은 법주사 대웅보전보다 더 큰 규모여서 건축적 의의가 크다. 그리고 이 3대 불전 중 각황전은 낮은 기단을 사용하였지만, 앞에 있는 대석단이 건물의 기단과 같은 역할을 하고 있어 법주사와 무량사처럼 평지형 가람의 경우와는 차이가 있다. 또한 중건 전의 부재를 재사용한 고주는 원목의 표피만 벗긴 상태에서 가공을 최소로 하여 자연스럽게 휘어진 형태가 확연히 드러나 보인다.[13] 그리고 옛 건물터의 기단과 초석, 고막이돌을 그대로 이용하면서 바닥구조도 고식을 따라 방전을 깐 입식의 구조로 꾸며져 있다. 그래서 각황전은 옛 건물터를 그대로 사용하면서 당시의 목조건축 기법을 잘 적용하여 조영한 뛰어난 불전이다. 물론 기본적인 구성은 조선시대 후기에 들어와 목조건축의 구성이 법식화 되어가는 과정의 초두에 서 있으나 일부 앞선 시대의 법식을 남기고 있다. 그러니까 조선전기 건축 양식의 특성을 유지한 채, 후기 목조건축의 경향을 잘 보여주고 있다. 즉 17세기까지 계속된 그 이전 목조건축 형식의 잔영을 간직하고 있으며, 또한 조선후기 목조 건축의 특성을 잘 드러내고 있다.[14]

사실 각황전이 유명한 것은 이 건물이 매우 아름답고 웅장한 걸작이라

---

12) 오진희, 「조각승 색난파와 화엄사 각황전 칠존불상」, 『강좌미술사』 26, 114쪽 참조.

13) 지리산권문화연구단, 『지리산 세계유산 등재 연구용역 종합보고서』, 2011, 58쪽.

14) 김진욱, 「지리산권 불교문화의 세계유산적 가치」, 『지리산 세계유산, 무엇을 등재할 것인가?』(지리산 세계유산 잠정목록 작성을 위한 국제학술대회 발표 자료집), 2011, 177~178쪽.

는 것에 있겠지만, 그것 말고도 『화엄경』을 석각(石刻)한 '화엄석경'을 이 건물 내벽에 둘렀기 때문일 것이다. 그러나 이 화엄석경은 임진왜란 때 불타 그 파편들만 남아 있어 안타깝지만, 그 존재만으로도 역사적 의의가 있는 것으로 평가되고 있다.15) 그리고 화엄석경은 통일신라 문무왕대에 의상대사가 화엄십찰(華嚴十刹)을 건립하면서 왕명을 받아 화엄사에 장육전을 세우고, 돌판에 『화엄경』을 새긴 것으로 알려져 있다. 그러나 그 시기에는 큰 불사를 수행하기 어려운 상황이었으므로 의상계의 제자들에 의해 주도되었을 가능성이 큰 것으로 추정되고 있다.16) 사실 우리가 주목해야 하는 것은 이 화엄석경이 우리나라뿐만 아니라 중국과 일본을 포함한 동아시아에 있어 매우 귀중한 유적이라는 것이다. 비록 온전한 형태는 아니지만 우리의 각자(刻字)의 역량을 유감없이 발휘한 것이기 때문이다.17) 그리고 화엄석경의 역사적 의의는 예전부터 지금까지 우리 한국인이 중시하였던 경전이 『화엄경』

---

15) 김복순, 「화엄사 화엄석경의 조성 배경과 사적 의의」, 『화엄사 · 화엄석경』 (화엄사 · 화엄석경 보존 · 복원을 위한 연구논문집), 도서출판 늘함께, 2002, 119~120쪽.
신라에서의 석경 작업은 중국의 석경 작업과는 다른 양상을 보여준다고 한다. 중국에서는 말법사상 때문에 석경을 조성했지만, 신라에서의 석경조성은 불사에 대한 신심에서 이루어졌다고 한다. 물론 그 불사에 대한 비판은 있었지만 말이다.
16) 김복순, 「화엄사 화엄석경의 조성 배경과 사적 의의」, 『화엄사 · 화엄석경』, 136쪽 참조.
17) 김복순, 「화엄사 화엄석경의 조성 배경과 사적 의의」, 136쪽 참조.

이었다는 것을 증시한다는 것이며,[18] 또한 이 화엄석경을 통해 화엄사가 옛날 화엄학의 대도량이었음이 입증된다는 것이다.

그러나 각황전을 이야기할 때 화엄석경 외에도 그 앞에 아름다운 자태로 서 있는 석등을 지나쳐서는 안 된다. 도대체 '구례 화엄사 각황전 앞 석등'이 무엇이기에 그럴까?[19] 그것은 총 높이 6.36m로 현존하는 국내의 석등 가운데 가장 큰 석등인데, 아마 각황전의 위용과 조화를 이루기 위해 당당한 품격과 거대한 규격으로 제작되었을 것이기 때문이다. 또한 기본 형식은 팔각이지만 간주석의 형태가 고복형으로 특이하며,[20] 앙련의 조각솜

---

18) 김복순, 「화엄사 화엄석경의 조성 배경과 사적 의의」, 138쪽 참조.

19) 1962년 12월 20일 국보 제12호로 지정되었다. 조성 연대는 통일신라 후기로 추정되고 있다. 기본 형식은 팔각이지만 간주석의 형태가 특이하며 앙련의 조각솜씨는 우리나라 석조예술의 최상의 아름다움을 보여준다. 8각인 하대석의 옆면에는 안상이 조각되어 있고, 그 위에 귀꽃이 달린 팔엽복련(八葉伏蓮 : 여덟 장의 연꽃잎 무늬)을 얹었으며, 그 위에 2단의 구름무늬와 팔각받침으로 중간 돌을 받치고 있다. 간주석은 장구모양의 고복(鼓腹) 형식으로서 중앙에 횡대 2조를 돌리고 사면에는 꽃무늬를 첨가하였다. 그 위로는 앙련석을 얹었는데 단판팔엽연문(單瓣八葉蓮文)이 장식되어 있다. 또 그 위에는 1단의 팔각받침을 마련하여 화사석을 받치고 있으며, 8각의 화사석에는 한 면씩 건너뛰어 4면에 직사각형의 화창을 만들었다. 큼직한 옥개석 위에 우동이 표출되어 있고, 8각의 우각(隅角 ; 모서리 구석)에는 직립한 귀꽃이 솟아 있다. 상륜부에는 먼저 연꽃잎을 새긴 노반을 지붕 위에 놓고, 그 위에는 팔각앙련과 구름무늬복발 등이 층층이 놓여 있으며, 다시 그 위로 귀꽃이 장식된 팔각의 보개, 연꽃 봉오리 모양의 보주가 차례로 얹혀 있다.

20) 정영호, 「화엄사의 석조유물」, 『화엄사 · 화엄석경』(화엄사 · 화엄석경 보존 · 복

씨는 우리나라 석조예술의 최상의 아름다움을 보여주고 있기 때문이다.

이상과 같은 이야기에 따르면 위의 문화재들은 세계문화유산 등재 기준 중 1번(인류의 창조적인 천재성이 만들어낸 걸작임을 보여주는 대표적인 것), 4번(인류 역사의 중요한 단계를 보여주는 탁월한 사례가 될 수 있는 특정 유형의 건조물, 건축적 또는 기술적 총체 또는 경관)에 해당될 수 있지 않을까 추측해 볼 수 있다.

2. 구례 화엄사 사사자 삼층석탑

이 탑은 통일신라시대의 대표적인 이형(異形)석탑이다. 각황전 좌측을 돌아 108계단을 오르면 소나무 숲으로 둘러싸인 아늑한 공간이 있고, 그 안에 이 석탑이 있는데, 이것은 연기조사가 화엄사를 창건하고 모친의 명복을 빌기 위해 세웠다고 하기도 하고, 자장법사가 연기조사의 지극한 효성을 기리기 위해 세웠다는 이야기도 전해지고 있다. 또한 이 탑은 국보 제196호인 『신라백지묵서화엄경(新羅白紙墨書經華嚴經)』(755년, 경덕왕 14)과 관련이 있을 것으로 추정되고 있다.

각 부분의 조각이 뛰어나며, 지붕돌에서 경쾌한 아름다움을 보여주고 있어 통일신라 전성기인 8세기 중엽에 만들었을 것으로 추측되고 있다. 특히 위층 기단의 사자조각은 탑 구성의 중요한 역할을 하고 있어 경주 불국사 다보탑(국보 제20호)과 더불어 우리나라 이형석탑의 쌍벽을 이룬다고 한다.[21] 그리고 이 사사자삼층석탑을 본 따 석탑들이 더러 세워졌으나, 탑의 규모나 아름다움에 있어 이 탑에 미치지 못한다고 한다. 그래서 이 석탑은 사자상을 일반형 석탑의 부재로 사용한 최초의 예이자 시원이며, 또한 아직까지 움직인 적이 없어 현 위치가 원 위치이고, 원형 그

원을 위한 연구논문집), 도서출판 늘함께, 2002, 101쪽.

21) 정병삼 외, 『화엄사』, 28쪽; 정영호, 「화엄사의 석조유물」, 『화엄사·화엄석경』, 84쪽.

대로 보전되고 있다는 장점을 지니고 있다.[22]

따라서 이 사사자삼층석탑 또한 세계문화유산 등재 기준 중 1번(인류
의 창조적인 천재성이 만들어낸 걸작임을 보여주는 대표적인 것), 4번(인
류 역사의 중요한 단계를 보여주는 탁월한 사례가 될 수 있는 특정 유형
의 건조물, 건축적 또는 기술적 총체 또는 경관)에 해당될 수 있지 않을까
추측해 볼 수 있다.

3. 구례 연곡사 동 승탑

이 탑[23]은 현재 우리나라 문화재청에 등록된 220기의 승탑 가운데 가

---

22) 정영호, 「화엄사의 석조유물」, 『화엄사·화엄석경』, 87~88쪽; 오진희, 「화엄사
대웅전 목 삼신불상의 연구」, 『강좌미술사』 28, 한국미술사 연구소, 2007, 26
쪽.
"여기에서 다루고 있지는 않지만, 대웅전 내부에도 우리가 관심을 기울여야
할 것으로 보인다. 왜냐하면 대웅전 내부에 모셔져 있는 삼신불 중 조선후기
에 조성된 불상 중 보관을 쓰고 있는 노사나불이 남아있는 경우가 없는데,
이 대웅전에만 남아 있기 때문이다."

장 아름다운 승탑이자, 세계적으로 석조 건축에 탁월한 우월성을 발휘하였던 신라의 대표적 승탑으로서, 세계에서 비교 대상을 찾아보기 힘들만큼 아름다운 것으로 평가되고 있다. 그리고 이 탑의 양식은 석탑이면서 목조건물의 유형을 그대로 수용하고 있는데, 이것은 9세기 한국 목조 건축 양식을 보여주는 증거물이자, 일본 고대 건축 양식과의 교류(한국 건축 양식의 일본 파급)를 보여주는 중요한 증거물이다.[24]

　사실 우리나라의 승탑은 중국 당나라로부터 들어온 선종이 크게 세력을 떨칠 때 선문의 제자들이 스승의 죽음을 기리고 예배의 대상으로 삼으면서 활발하게 조성되기 시작했다. 그래서 우리나라의 승탑과 탑비는 신라 하대인 9세기 이후에 세워진 것들이다. 그런데 당시는 중국으로부터 새로이 도입된 선종불교가 크게 일어나 전국 각처의 산문을 중심으로 활발하게 활동을 하고 있었다. 선종불교의 종풍은 스승으로부터 제자로 법통을 물려받은 사제관계가 무엇보다도 중시된 까닭에 산문을 일으켜 선법을 널리 선양한 스승이 죽게 되면 제자들은 스승의 업적을 후세에

---

23)　통일 신라 말기에 속하는 승탑 중 가장 형태가 아름답고, 조각과 장식이 가장 정교한 작품으로 평가 받고 있다. 이 승탑은 도선국사의 승탑이라고 전하나 고증이 분명하게 이루어진 적은 없다. 팔각원당을 기본형으로 삼은 승탑으로 네모난 지대석 위에 기단부, 탑신부, 상륜부를 쌓은 일반형이다. 하대석은 8각 2단이며, 하단에는 운룡(雲龍 : 구름 속의 용), 상단의 각 면에는 사자를 조각하였다. 얕은 간석에는 각 면마다 안상 속에 팔부신중을 조각하였다. 상대석은 중판앙련(重瓣仰蓮) 위에 각 모서리마다 중간에 둥근 마디가 있는 주형을 세우고, 그 안에 간석에서와 같이 안상 속에 가릉빈가 1구씩을 장식하였다. 탑신 각 면에는 문비, 보여(寶輿 : 천자(天子)의 수레), 사천왕상 등이 얕게 조각되어 있다. 옥개석은 목조건축의 옥개부를 모방하여 이중의 서까래와 기왓골이 모각되어 있고, 지붕의 안쪽에는 구름무늬가 조각되어 있다. 상륜부는 사방으로 날개를 활짝 편 채 비상하려는 봉황을 조각한 석재를 얹고, 다시 연화문석(蓮華文石)을 중복해서 표현하고 있다. 신라시대의 다른 승탑보다 기단부가 높은 경향이 있으나 안정된 비례에 각 부의 조각수법 또한 정교하고 섬세하여 통일 신라 말기의 승탑 중 가장 우수한 승탑으로 알려져 있다.
24)　김진욱, 「지리산권 불교문화의 세계유산적 가치」, 172~173쪽.

전하고 산문의 전통을 굳건히 하기 위하여 스승에 대한 지극한 예우로써 승탑과 탑비의 건립에 당대의 예술적 기량을 총동원하였다. 그런데 연곡사 동승탑은 6세기 이후 동아시아에서 커다란 불교 사상적 흐름이었던 선종의 영향으로 만들어진 우리나라 석조 승탑의 초기 모습이라고 한다.

따라서 이 승탑은 세계문화유산 등재 기준 중 1번(인류의 창조적인 천재성이 만들어낸 걸작임을 보여주는 대표적인 것), 4번(인류 역사의 중요한 단계를 보여주는 탁월한 사례가 될 수 있는 특정 유형의 건조물, 건축적 또는 기술적 총체 또는 경관)에 해당될 수 있지 않을까 추측해 볼 수 있다.[25]

4. 하동 雙磎寺 진감선사탑비

국보 제47호이다. 통일신라 후기의 유명한 승려인 진감선사(眞鑑禪師) 혜소(慧昭)(774~850)의 탑비이다. 전체 높이는 3.63m, 비신 높이는 2.13m, 비신 폭은 1.2m, 두께는 22.5cm이다. 이 비는 귀부, 비신, 이수를 완전히

---

[25] 김진욱은 이 승탑을 세계문화유산 등재기준 1, 2, 6번을 적용하고 있다.(김진욱, 「지리산권 불교문화의 세계유산적 가치」, 『지리산 세계유산, 무엇을 등재할 것인가?』, 173~174쪽 참조) 물론 한국 석탑의 시원으로 간주되는 것은 익산 미륵사 석탑이다.(최정필, 「고고 미술사 유산」, 『한국의 세계유산 잠정목록의 발굴』(2011-3차 이코-포럼(ICO-FORUM)), 국제기념물유적협의회한국위원회, 2011, 14쪽 참조)

갖추고 있는 비석이다. 귀부와 이수는 화강암이고, 비신은 흑대리석으로 구성되어 있다. 통일신라 후기의 탑비 양식에 따라 귀부는 머리가 용머리로 꾸며져 있으며, 귀갑에는 6각의 무늬가 간결하게 새겨져 있다. 등 중앙에는 비신을 끼우도록 만든 비좌(碑座)가 큼지막하게 자리하고 있는데, 옆의 4면마다 구름무늬가 새겨져 있다. 직사각형의 비신은 여러 군데가 갈라져 손상된 상태이다. 이수에는 구슬을 두고 다투는 용의 모습이 힘차게 표현되어 있고, 앞면 중앙에 사각으로 깊이 판 제액(題額)이 마련되어 '해동고진감선사비(海東故眞鑑禪師碑)'라는 비의 명칭이 새겨져 있다. 꼭대기에는 솟은 연꽃무늬 위로 구슬모양의 머리 장식이 얹혀 있다.[26]

당시 명성을 날리던 최치원이 비문을 짓고 글씨를 쓴 것으로 유명하다. 붓의 자연스런 흐름을 살려 생동감 있게 표현한 글씨는 최치원의 명성을 다시금 되새기게 할 만하다. 그러나 우리가 여기에서 주목해야 하는 것은 신라시대의 선사비가 9개 정도 남아 있는데,[27] 이 진감선사탑비가 그 중 하나라는 것이다. 그래서 이 탑비는 우리나라의 석각문화를 이해하는데 큰 역할을 할 수 있다는 것이다.

26) http://www.cha.go.kr/(문화재청)
27) 김복순, 「화엄사 화엄석경의 조성 배경과 사적 의의」, 129쪽 참조.

5. 남원 실상사 철조여래좌상(南原 實相寺 鐵造如來坐像)

이 철불은 실상사 창건 당시부터 지금까지 보존되어 오고 있는 것으로 알려져 있다. 통일신라 후기에는 지방의 선종사원을 중심으로 철로 만든 불상이 활발하게 만들어졌는데, 이 불상 역시 한 예로서 당시의 불상 양식을 잘 표현하고 있다.

머리에는 소라 모양의 머리칼을 기교 있게 붙여 놓았고, 정수리 위에는 상투 모양의 머리(육계)가 아담한 크기로 자리 잡고 있다. 귀는 그런대로 긴 편이고, 목에 있는 3줄의 주름인 삼도(三道)는 겨우 표현되고 있다. 좁아진 이마, 초승달 모양의 바로 뜬 눈, 다문 입 등의 근엄한 묘사는 이전의 활기차고 부드러운 모습과는 판이하게 다르다. 어깨선이 부드럽고 가슴도 볼륨 있게 처리되었지만 전반적으로 다소 둔중한 느낌을 주며, 양 어깨에 모두 걸쳐 입은 옷 역시 아래로 내려올수록 무거운 느낌을 준다. 옷 주름은 U자형으로 짧게 표현되고 있는데 이것은 당시에 유행하던 옷 주름 표현기법으로 비교적 자연스러운 모습이다.[28]

이상과 같은 특징을 지닌 실상사 철조여래좌상은 긴장감과 활력이 넘치던 8세기의 불상이 다소 느슨해지고 탄력이 줄어드는 9세기 불상으로 변화하는 과도기적인 작품이라는 점에 그 의의를 둘 수 있다. 다시 말해 이 철불은 8세기 신라불상의 탄력감과 세련미 넘치는 이상적 사실주의 양식이 해이해지고 활력이 감퇴된 9세기의 현실적 사실주의 양식이 잘 드러나고 있다.[29] 그리고 이 철불은 가장 이른 시기의 신라 철불상으로서 이후의 철불 유행의 기점이 되는 작품, 선종에서 철불을 주조한 최초의 작품, 구산선문의 불상 조성의 사상적 배경을 이해할 수 있는 주요한 근거가 되는 작품이라는 것에 주목해야 할 것이다.[30] 따라서 이 철불은

---

28) http://www.cha.go.kr/(문화재청)

29) 문명대, 「신라철불 조성문제와 실상사 철아미타불좌상의 연구」, 『불교학보』 37, 동국대학교불교문화연구원, 2000, 98쪽.

세계문화유산 등재 기준 중 4번(인류 역사의 중요한 단계를 보여주는 탁월한 사례가 될 수 있는 특정 유형의 건조물, 건축적 또는 기술적 총체 또는 경관)에 해당될 수 있지 않을까 추측해 볼 수 있다.

6. 칠불사 아자방지(亞字房址)

알려져 있듯이 아자방은 신라 효공왕(孝恭王 897~911) 때 김해에서 온 담공(曇空)선사가 선방인 '벽안당(碧眼堂)' 건물을 아자(亞字)형으로 구들을 놓아서 아자방으로 불리는 곳이며, 이중 온돌 구조로 되어 있다. 그리고 방안 네 모퉁이와 앞뒤 가장자리 쪽의 높은 곳은 좌선처(坐禪處)이고, 십자(十字)형으로 된 낮은 곳은 좌선하다가 다리를 푸는 경행처(輕行處)이다. 그런데 이 아자방은 수평인 곳이나 수직인 곳, 즉 높이 있는 좌선처나 낮은 경행처 모두 똑같은 온도를 유지하여 탁월한 과학성을 자랑하고 있다.

사실 구들을 이용한 난방은 우리나라만의 독특한 난방법이며, 연료나 시설이 경제적이며, 반영구적이라는 장점이 있다. 그런데 삼국이 정립되기 훨씬 이전인 기원전 3세기부터 우리는 온돌 문화를 창조, 계승, 발전시켜왔으며, 현재도 이러한 노력은 지속되고 있다. 왜냐하면 온돌 난방을 현대화·세계화하기 위해 1996년에 구들학회가 창립되어 한국 온돌 문화의 세계화에 공헌하고 있기 때문이다. 이러한 상황 속에서 칠불사 아자방

---

30) 문명대, 「신라철불 조성문제와 실상사 철아미타불좌상의 연구」, 104쪽.

지를 접근한다면, 아자방지는 온돌 문화의 정수를 보여주는 독보적 증거물이라고 말할 수 있을 것이다.[31]

그러나 이 아자방지의 가장 커다란 문제점은 진정성의 문제다. 그리고 우리가 유의해야 할 것은 우리나라의 온돌(마루) 문화에 있어 이 아자방지가 거의 유일무이한 것인가 하는 것이다. 사실 기록에 따르면 온돌은 북방에서부터 전해져 왔으며 우리나라의 보편적인 구들 문화가 정착된 것은 조선시대라고 하는데, 이것을 받아들인다면 아자방지가 온돌문화를 대표하는 유일한 것이라고 말하기 어려울 것이다. 물론 아자방지가 이것을 뒤집을 수 있는 새로운 것이라면 세계문화유산에 등재될 수 있을 것인데, 그것도 세계유산 등재기준 3번(현존하거나 이미 사라진 문화적 전통이나 문명의 독보적 또는 적어도 특출한 증거일 것)을 충족할 수 있을 것으로 보인다. 그러나 그것을 밝히기엔 상당한 어려움이 따르리라.

Ⅳ. 맺는 말

세계문화유산 등재는 험난한 길이다. 유산 자체가 현저한 보편적 가치

---

31) 김진욱, 「지리산권 불교문화의 세계유산적 가치」, 178~179쪽. 김진욱은 이 '아자방지'를 세계문화유산 등재기준 3번을 적용시킨다.

뿐만 아니라 진정성과 완전성 등을 갖추고 있어야 하고, 그 보존관리 체계 또한 명확해야 하기 때문이다.[32] 그래서 지리산의 불교유산을 세계문화유산으로 등재하기 위해서는 우리의 입장에서만 접근해서는 안 된다. 보편적인 시각으로 냉정하게 접근해야 한다는 것이다. 그러나 어쨌든 지리산의 불교유산 내지는 사찰을 세계문화유산으로 등재하기 위해서 고려해야 할 사항들을 열거하면서 이 글을 맺도록 한다.

첫째, 지리산 사찰 내지는 불교문화유산이 과연 세계문화유산 기준에 부합할 수 있는지 이다. 물론 그럴 수 있겠지만, 문제는 세계문화유산 등재기준 1번부터 6번까지 중 어느 것, 또는 전부 다 가능한지에 대한 심사숙고가 필요하다는 것이다. 물론 이때 우리에게 필요한 것은 문화유산에 대한 진정한 이해이다. 사실 문화란 거의 상대적이다. 이미 보편적인 문화라는 개념은 폐기되었기 때문이다.

둘째, 지리산의 불교문화유산 내지는 사찰이 세계문화유산에 등재되기 위해서는 사찰의 건축문화, 사상, 가람배치 등이 함께 연구되어야 할 것이다. 그리고 그러한 것들이 심도 있게 연구될지라도 다른 문화권에서 이루어진 불교문화와 비교 검토하는 것이 이루어져야 할 것이다. 그래야만 '국경을 초월한 만큼 독보적이며 현재 및 미래 세대의 전 인류에게 공통적으로 중요한 문화라는 탁월한 보편적 가치'[33]를 획득할 것이기 때문이다.

셋째, 지리산 사찰과 관련된 제반 문화, 이를테면 사찰 제영시[34] 또는

---

[32] 허권, 「유네스코 세계유산 잠정목록의 배경과 국가현황」, 『한국의 세계유산 잠정목록의 발굴』(2011-3차 이코-포럼(ICO-FORUM)), 국제기념물유적협의회한국위원회, 2011, 3쪽.
   허권이 지적하고 있듯이 세계유산 등재 작업은 최소 3~5년이 소요되는 장기적인 사업이고, 제도·법령·예산·전문인력 배양 등 여러 분야에 걸쳐 최적의 보존환경을 마련해야 하는 정책집약적 성격으로 인해 경우에 따라서는 더 긴 준비기간이 필요할 수도 있다.
[33] 허권, 「세계유산의 탁월한 보편적 가치의 구성과 지리산」, 『지리산 세계유산, 무엇을 등재할 것인가?』(지리산 세계유산 잠정목록 작성을 위한 국제학술대회 발표 자료집), 2011, 4쪽.

사찰과 관련된 한국인의 문학, 지리산 불교설화,[35] 그리고 신앙의 측면을 연구해야 할 것이다. 왜냐하면 그럴 때 지리산의 사찰 내지는 불교문화유산이 더욱 더 빛을 발할 수 있을 것이기 때문이다. 그러니까 유형의 문화재에 무형의 정신적 가치를 투여하자는 것이다. 다시 말해 단순히 우리 눈에 보이는 부동산에만 주목할 것이 아니라 그 부동산과 관련된 무형의 자산들을 부동산과 연계시켜 그 부동산을 돋보이게 해야 한다는 것이다. 물론 이때 필요한 것은 인문학적 상상력일 것이다.

이 글은『남도문화연구』제25집(2013)에 수록된「지리산의 불교유산 : 세계문화유산 등재 가능성 문제」를 그대로 실은 것이다.

---

34) 김진욱,『지리산, 바람은 풍경으로』, 디자인흐름, 2011; 김진욱,『지리산권 사찰 제영시』, 도서출판 다컴, 2009.
35) 이상구 외,『지리산권 불교설화』, 심미안, 2009.

—

지리산권 불교문화의 세계유산적 가치

김진욱

—

Ⅰ. 서론

유네스코가 지정한 세계유산은 2011년 현재 153개국에 936개[1]가 지정되어 있다. 우리나라는 문화유산 9개, 자연유산 1개로, 총 10개의 세계유산을 보유하고 있으며, 현재도 많은 유산을 세계유산으로 등재하기 위한 다양한 노력들을 계속하고 있다.

세계유산에 등재하는 것은 해당 유산이 어느 특정 국가 또는 민족의 유산을 떠나 인류가 공동으로 보호해야 할 가치가 있는 중요한 유산임을 증명하는 일이다. 무엇보다 중요한 것은 세계유산으로 등재하면 세계유산이 소재한 지역 공동체 및 국가의 자긍심이 고취되고, 자신들이 보유한 유산의 가치를 재인식함으로써, 더 이상 유산이 훼손되는 것을 막고, 가

---

[1] 유네스코와 유산. http://www.unesco.or.kr

능한 원 상태로 보존하는 데 크게 기여할 수 있다는 점이다.

이러한 취지 아래 지리산을 세계유산으로 등재하기 위한 다양한 논의들이 있어 왔다. 지리산을 세계유산으로 등재하기 위한 다양한 논의 속에서 전략과 전술에 대한 심도 깊은 검토가 이루어졌고, 현재도 진행 중이다. 그러므로 본 논문은 지리산을 세계유산으로 등재하기 위해 현재도 논의 중인 다양한 전술 중 하나에 대한 정리와 검토라는 의미를 가진다.

본 논문은 다음과 같은 몇 가지 특징을 가지고 있다.

- 지리산이 세계유산으로 등재 할 가치가 있는가, 없는가, 왜 세계유산으로 등재하려 하는가, 등은 논의의 대상이 아니다. 본 논문은 논의 자체가 지리산을 세계유산으로 등재해야 한다는 당위에서 출발하고 있다.

- 지리산을 어떻게 세계유산으로 등재할 것인가도 논의의 대상이 아니다. '어떻게'는 지리산의 세계유산 등재에 가장 중요한 문제임에도 불구하고 본 보고서에서 다룰 내용이 아니다. 본 논문에서는 '왜', '어떻게'가 아니라 '무엇을'이 논의의 대상이다. 지리산의 '무엇을' 세계유산으로 등재할 것인가의 문제만을 논의할 것이다.

- 지리산을 세계유산으로 등재하기 위한 노력은 다방면에서 이루어지고 있지만, 본 논문에서는 불교문화 유산에 국한하여 논의하고자 한다. 불교문화 유산이 지리산권 문화를 대표하거나 가장 탁월하기 때문이 아니라 여러 전술의 검토라는 명분과 분업과 협업의 원리[2]에 따른 것이다.

- 지리산권 불교문화 유산 가운데에서 세계유산 등재 기준에 벗어나 있는 것은 그 가치 고하를 막론하고 논의의 대상이 아니다. 본 논문은 지리산을 세계유산으로 등재하기 위한 각론에 해당하기 때문이다.

이러한 특성을 가진 본 논문은 지리산권 불교문화 유산 중 세계유산 등재를 위하여 가장 우선적으로 검토해야 할 대상에 대한 기초 보고서라

---

[2] 지리산권 문화유산을 세계유산으로 등재하기 위해 민속, 유교, 도교, 문학, 생태 등 다양한 분야에서 검토가 진행되고 있다.

는 점을 분명히 하고자 한다. 앞으로 이 부분에 대한 논의는 지속적으로 확장시켜야 할 것이다.

본 논문은 지리산권 불교문화 유산에 대한 전술을 더욱 구체화하는 것이 목적이다. 그러므로 본 논문은 지리산권 불교문화 유산 가운데에서 무엇이 세계유산 등재에 가장 유리한가를 검토하고, 그 대상 유적물의 가치를 점검하고, 특정 유산에 대하여 어떠한 관점으로 접근해야 하는가를 논의하고자 한다.[3]

II. 세계유산 등재 기준

유네스코에서 정의한 유산이란 우리가 선조로부터 물려받아 오늘날 그 속에 살고 있으며, 앞으로 우리 후손들에게 물려주어야 할 자산이다. 자연유산과 문화유산 모두 다른 어느 것으로도 대체할 수 없는 우리들의 삶과 영감의 원천이다.

유산의 형태는 독특하면서도 다양하다. 아프리카 탄자니아의 세렝게티 평원에서부터 이집트의 피라미드, 호주의 산호초와 남미대륙의 바로크 성당에 이르기까지 모두 인류의 유산이다. '세계유산'이라는 특별한 개념이 나타난 것은 이 유산들이 특정 소재지와 상관없이 모든 인류에게 속하는 보편적 가치를 지니고 있기 때문이다.

---

3) 이 글의 작성에는 아래에 열거한 글을 참고하였음을 밝힌다.
지리산권문화연구단, 『지리산 세계유산등재 연구 용역 종합보고서』, 2011; 곽승훈 외, 『지리산권 불교자료』, 심미안, 2009; 황갑연 외, 『지리산권 불교문헌 해제』, 심미안, 2009; 지리산권문화연구단, 『지리산 세계유산 무엇을 등재할 것인가』, 2011; 이정, 『한국불교사찰사전』, 불교시대사, 1996; 홍영기 외, 『지리산과 인문학』, 브레인, 2010; 장원철 외, 『지리산과 명산문화』, 디자인흐름, 2010; 이상구 외, 『지리산권 불교설화』, 심미안, 2009 유네스코 홈페이지, http://www.unesco.or.kr

유네스코는 이러한 인류 보편적 가치를 지닌 자연유산 및 문화유산들을 발굴 및 보호, 보존하고자 1972년 세계 문화 및 자연 유산 보호 협약(Convention concerning the Protection of the World Cultural and Natural Heritage; 약칭 '세계유산협약')을 채택하였다.

세계유산이란 세계유산협약이 규정한 탁월한 보편적 가치를 지닌 유산으로서 그 특성에 따라 자연유산, 문화유산, 복합유산으로 분류한다. 이 가운데 문화유산은 유형의 기념물, 건조물군, 유적지를 지칭한다.[4]

유네스코는 1972년 세계 문화 및 자연 유산 보호 협약을 채택한 후 세계유산을 지정해 왔다. 이후 15년이 지난 1987년부터 1993년까지 7년 간에 걸쳐 국제기념물유적회의(ICOMOS)는 세계유산 지정에 대하여 총체적인 점검을 실시한다. 이 때 수행한 연구에 따라 유럽의 역사 유적지 및 종교 기념비, 기독교 유물, '엘리트주의'적 건축물들은 세계유산목록에 과도하게 등재되어 있는 반면 현존하는 문화, 특히 '전통 문화'와 관련 있는 유적들은 거의 등재되어 있지 않았다는 사실을 보고하였다. 또한 국가별, 지역별 편중 역시 심각한 문제로서, 이탈리아, 스페인, 독일, 프랑스, 중국 등 상위 5개국이 전체 유산의 약 20%를 차지하고 있다.

이에 1994년, 세계유산위원회는 신뢰할 수 있고, 대표성 있으며, 균형 잡힌 세계유산목록 작성을 위한 국제전략을 발표한다. 국제전략의 목표는 기존의 제한된 유산 개념을 넘어서, 자연과 인간의 공존, 서로 다른 문

---

4) 유네스코(ICOMOS)에서 지정한 기념물, 건조물군, 유적지는 부동산만을 지칭하며 세부 의미는 다음과 같다.(유네스코와 유산. http://www.unesco.or.kr)
-기념물: 기념물, 건축물, 기념 조각 및 회화, 고고 유물 및 구조물, 금석문, 혈거 유적지 및 혼합유적지 가운데 역사, 예술, 학문적으로 탁월한 보편적 가치가 있는 유산.
-건조물군: 독립되었거나 또는 이어져있는 구조물들로서 역사상, 미술상 탁월한 보편적 가치가 있는 유산.
-유적지: 인공의 소산 또는 인공과 자연의 결합의 소산 및 고고 유적을 포함한 구역에서 역사상, 관상상, 민족학상 또는 인류학상 탁월한 보편적 가치가 있는 유산.

명 간의 조화와 교류, 인류의 창의성이 담긴 유산들의 가치를 좀 더 폭넓게 인정하려는 것이었다. 특히 유산 등재에 있어서 국가 간의 최소한의 균형을 유지하려는 전략을 수행하게 되고 아시아 및 제 3세계 국가의 세계유산 등재를 권장해오고 있다.

세계유산은 '탁월한 보편적 가치'(OUV: Outstanding Universal Value)를 갖고 있는 부동산 유산을 대상으로 한다. 따라서 세계유산 지역 내 소재한 박물관에 보관한 조각상, 공예품, 회화 등 동산 문화재나 식물, 동물 등은 세계유산의 보호 대상에 포함되지 않는다.

어떤 유산이 세계유산으로 등재되기 위해서는 한 나라에 머물지 않고 탁월한 보편적 가치가 있어야 한다. 세계유산 운영지침은 유산의 탁월한 가치를 평가하기 위한 기준으로 다음 10가지 가치 평가 기준[5]을 제시하고 있다.

이러한 가치평가기준 이외에도 문화유산은 기본적으로 재질이나 기법 등에서 유산이 진정성(authenticity)을 보유하고 있어야 한다. 또한, 문화유산과 자연유산 모두 유산의 가치를 보여줄 수 있는 제반 요소(완전성:

---

5) 10가지 가치 기준 중 문화유산은 6가지 가치 기준 중 어느 하나에 포함되어야 한다.
   ① 인간의 창의성으로 빚어진 걸작을 대표할 것. 호주 오페라 하우스.
   ② 오랜 세월에 걸쳐 또는 세계의 일정 문화권 내에서 건축이나 기술 발전, 기념물 제작, 도시 계획이나 조경 디자인에 있어 인간 가치의 중요한 교환을 반영. 러시아 콜로멘스코이 성당.
   ③ 현존하거나 이미 사라진 문화적 전통이나 문명의 독보적 또는 적어도 특출한 증거일 것. 태국 아유타야 유적.
   ④ 인류 역사에 있어 중요 단계를 예증하는 건물, 건축이나 기술의 총체, 경관 유형의 대표적 사례일 것. 종묘.
   ⑤ 특히 번복할 수 없는 변화의 영향으로 취약해졌을 때 환경이나 인간의 상호 작용이나 문화를 대변하는 전통적 정주지나 육지. *바다의 사용을 예증하는 대표 사례 리비아 가다메스 옛 도시.
   ⑥ 사건이나 실존하는 전통, 사상이나 신조, 보편적 중요성이 탁월한 예술 및 문학작품과 직접 또는 가시적으로 연관될 것. (다른 기준과 함께 적용 권장) 일본 히로시마 원폭돔.

integrity)를 포함해야 하며, 법적, 제도적 관리 정책6)이 수립되어있어야
세계유산으로 등재할 수 있다.

III. 지리산권 불교문화 유산

지리산은 불교문화의 요람지로서 곳곳에 국보급·보물급 문화재가 보
존되어 있다. 구례군 마산면 화엄사 계곡 입구에 있는 화엄사는 544년(신
라 진흥왕 5) 연기(緣起)에 의해 창건7)되었으며, 임진왜란 때 왜병에 의해
불탄 것을 인조 때 벽암(碧巖)이 재건한 것이다.

입구에는 수령 300년, 밑둘레 5m가 넘는 화엄사의 올벚나무(천연기념
물 제38호)가 있고, 경내에는 화엄사 각황전(국보 제67호)을 비롯해 화엄
사 각황전 앞 석등(국보 제12호), 화엄사 4사자 3층 석탑(국보 제35호), 화
엄사 동 5층 석탑(보물 제132호), 화엄사 서 5층 석탑(보물 제133호), 화엄
사 대웅전(보물 제299호), 화엄사 원통전 앞 사자탑(보물 300호) 등이 있
다.8)

구례군 토지면 내동리 피아골 입구에 있는 연곡사(鷰谷寺)는 화엄사와
같은 해에 연기에 의해 창건되었으며, 임진왜란 때 불탄 것을 중건했으
나, 6·25전쟁 때 완전히 소실되었고 현재는 일부만 중건되어 남아 있다.
경내에는 고려 초기의 석조예술을 대표하는 연곡사 동승탑(東僧塔: 국보
제53호), 연곡사 북승탑(北僧塔: 국보 제54호), 연곡사 서승탑(西僧塔: 보물

---

6) 현재 유네스코는 보호 및 관리체계(법적, 행정적 보호 제도, 완충지역(buffer
   zone) 설정 등)를 세계유산 등재의 중요한 기준으로 보고 있다.
7) 화엄사 544년 창건은 『화엄사지』 기록이며, 학계에서는 8세기에 창건된 것으
   로 추정하고 있으나 정확한 창건연대는 알 수 없다.
8) 화엄사에는 국보 4점과 보물 7점이 있으며, 여기에서는 부동산만을 소개하였
   다. 탑이나 석등은 해체 후 이동이 가능하지만 부동산으로 보고자 한다.

제154호), 연곡사 현각선사탑비(玄覺禪師塔碑: 보물 제152호), 연곡사 3층 석탑(三層石塔: 보물 제151호) 등이 있다.

또한 구례군 광의면 방광리에 있는 천은사(泉隱寺)는 828년(신라 홍덕왕 3) 덕운(德雲)이 창건했고, 경내에 극락보전(전라남도 유형문화재 제50호), 나옹화상원불(전라남도 유형문화재 제29호) 등이 있다.

경상남도 하동군 화개면 운수리의 쌍계사(雙磎寺)는 723년(신라 성덕왕 22) 진감국사 삼법이 창건했고, 경내에 최치원의 친필 비문으로 된 쌍계사 진감선사 대공탑비(眞鑑禪師大空塔碑: 국보 제47호)와 쌍계사 승탑(僧塔: 보물 제380호), 쌍계사 대웅전(大雄殿: 보물 제500호) 등이 있다. 그밖에 전라북도 남원시 산내면의 실상사(實相寺)를 비롯해 영원사, 벽송사 등 사찰과 유물, 유적이 많다.[9]

지리산권 불교문화 유산은 살펴본 바와 같이 하나의 소논문에서 모두 거론하기 힘들만큼 많다. 이처럼 지리산 곳곳에 산재한 불교문화 유산 중 가장 우선적으로 검토되어야 할 유산은 연곡사 동승탑, 화엄사 각황전, 칠불사 아자방지이다. 이 세 곳의 유산이 유네스코에서 지정하는 세계유산 등재 기준에 가장 근접해 있기 때문이다.

Ⅳ. 대상 유산의 세계유산적 가치

1. 연곡사 동승탑(鷰谷寺 東僧塔)

① 유물 소개

우리나라에 불교가 들어온 뒤부터는 주검을 화장하여 그 유골을 거두는 장골(藏骨)이라는 불교식 장제가 널리 유행하게 되었다. 그에 따라 승

---

[9] 지리산권 불교문화 유산 목록을 여기에서 전부 거론할 필요는 없을 것 같다. 여기에 대한 목록 작업은 현재 진행 중이다.

탑이 건립되기 시작하였으며, 특히 통일신라시대에 선종이 크게 일어남에 따라 스님들의 지위가 높아져 불탑처럼 스님의 승탑도 많이 건립하게 되었다.

부처님의 진신사리나 부처님을 상징하는 불경과 불상 등 법신사리를 봉안한 불탑은 가람의 중심이 되는 곳에 건립하는 반면에 승탑은 사찰 주변의 호젓한 곳에 석비와 함께 조영되었다. 승탑은 불탑과 구분하여 단층의 건물 모양을 하고 있으며 고려시대부터는 석등이 함께 조성되기도 하였다.

승탑은 기본적으로 팔각원당형과 종형 또는 복발형의 두 가지 형식으로 구분할 수 있다. 구성요소를 살펴보면 불탑과 마찬가지로 기단부, 탑신부, 상륜부의 세 부분으로 이루어져 있는데 상륜부는 불탑보다 간단하게 구성되어 있다.

〈그림 1〉 연곡사 동승탑

연곡사 동승탑은 통일신라시대에 속하는 승탑 중 가장 형태가 우아하고 조식이 정교한 작품 중의 하나이다. 팔각원당형(八角圓堂型)을 기본형으로 삼고 방형(方形) 지대석 위에 8각 2단의 하대석을 얹었는데 운룡(雲龍)과 사자(獅子)로 장식되어 있다. 중대석 및 상대석의 윗부분에는 안상(眼象) 속에 팔부신중(八部神衆)과 가릉빈가(伽陵頻迦), 사천왕상(四天王像) 및 문비(門扉) 등 갖가지 형태의 무늬를 조각하였다. 연곡사 동승탑은 전체적으로 안정된 비례미와 각부의 정교한 조각수법이 뛰어나다. 보다 구체적으로 살펴보고자 한다.

연곡사 동승탑의 기단(基壇)은 세 층으로 아래받침돌, 가운데받침돌, 윗받침돌을 올렸다. 아래받침돌은 두 단인데, 구름에 휩싸인 용과 사자모양을 각각 조각해 놓았다. 가운데받침돌에는 둥근 테두리를 두르고, 부처님의 설법을 들으러 몰려든다는 팔부중상(八部衆像)을 새겼다. 윗받침돌 역시 두 단으로 나뉘어 두 겹의 연꽃잎과 기둥모양을 세밀하게 묘사해 두었는데, 이 부분에 둥근 테를 두르고 그 안에 불교의 낙원에 사는 극락조인 가릉빈가를 새겨둔 점이 독특하다.

탑신(塔身)은 몸돌의 각 면에 테두리를 두르고, 그 속에 향로와 불법을 수호하는 방위신인 사천왕상을 돋을 새김해 두었다. 지붕돌에는 서까래와 기와의 골을 새겼으며, 기와를 끝맺음할 때 두는 막새기와까지 표현할 정도로 수법이 정교하다. 머리장식으로는 날개를 활짝 편 봉황과 연꽃무늬를 새겨 아래위로 쌓아 놓았다.

연곡사 동승탑은 이와 같이 훌륭한 조각수법을 보이고 있어 통일신라 후기를 대표할 만한 우수한 작품으로 평가받고 있다. 이 승탑은 도선국사 (827~898) 승탑이라고 전하나 확실히 알 수는 없고, 전체적인 형태나 조각수법으로 보아 통일신라시대에 건립된 것으로 추측된다.

② 세계유산적 가치

(1) 인간의 창의성으로 빚어진 걸작을 대표할 것.

현재 우리나라 문화재청에 등록된 220기의 승탑 가운데 가장 아름다운 승탑이다. 세계적으로 석조 건축에 탁월한 우월성을 발휘하였던 신라의 대표적 승탑으로써, 세계에서 비교 대상을 찾아보기 힘들만큼 아름다운 승탑이다. 인간의 장제문화는 동서고금을 막론하고 다양한 문화를 창출하였다. 고인돌에서 피라미드까지 인간의 장제문화가 만들어 낸 유산이다. 승탑은 아시아 불교문화권에서 만들어 낸 장제문화로 그 독특성이 탁월하다. 특히 중국이나 일본의 승탑과 달리 우리나라의 승탑은 석탑을 기본으로 하고 그 조형미가 우수하다는 특징이 있다. 우리나라의 우수한 승탑 가운데에서 가장 뛰어난 예술미를 갖춘 연곡사 동승탑은 그 미적 아름다움이 세계적으로 가장 우수하다 할 수 있다.

(2) 오랜 세월에 걸쳐 또는 세계의 일정 문화권 내에서 건축이나 기술 발전, 기념물 제작, 도시 계획이나 조경 디자인에 있어 인간 가치의 중요한 교환을 반영할 것.

중국의 전탑, 한국의 석탑, 일본의 목탑은 유사성과 상이성을 함께 갖추고 있다. 연곡사 동승탑의 양식은 석탑이면서 목조건물의 유형을 그대로 수용하고 있다. 이것은 9세기 한국 목조 건축 양식을 보여주는 증거물이자, 일본 고대 건축 양식과의 교류(한국 건축 양식의 일본 파급)를 보여주는 중요한 증거물이다.

(4) 사건이나 실존하는 전통, 사상이나 신조, 보편적 중요성이 탁월한 예술 및 문학작품과 직접 또는 가시적으로 연관될 것.

우리나라 승탑은 9세기경 중국 당나라로부터 들어온 선종이 크게 세력을 떨칠 때 선문의 제자들이 스승의 죽음을 기리고 예배의 대상으로 삼으면서 활발하게 조성되기 시작했다. 우리나라의 승탑과 탑비는 신라하대인 9세기 이후에 세워진 것들로 당시는 신라의 불교계가 중국으로부터 새로이 도입된 선종불교가 크게 일어나 전국 각처의 산문을 중심으로 활발하게 활동을 하고 있었다. 선종불교의 종풍은 스승으로부터 제자로 법통을 물려받은 사제관계가 무엇보다도 중시된 까닭에 산문을 일으켜 선법을 널리 선양한 스승이 죽게 되면 제자들은 스승의 업적을 후세에 전하고 산문의 전통을 굳건히 하기 위하여 스승에 대한 지극한 예우로써 승탑과 탑비의 건립에 당대의 예술적 기량을 총동원하였다. 6세기 이후 동아시아에서 커다란 불교 사상적 흐름이었던 선종의 영향으로 만들어진 승탑의 초기 모습이다.

2. 화엄사 각황전

① 유물 소개

각황전은 현재 화엄사에서 가장 큰 불전일 뿐 아니라, 우리나라 사찰건축 중에서도 가장 큰 규모에 해당한다. 화엄사 서쪽에 위치한 효대(孝臺)의 아래쪽에 동남향으로 자리 잡고 있다. 동편에 위치한 대웅전과는 서로 직각을 이루며 위치하고 있다. 각황전 앞에는 석등과 함께 사사자석탑이 있다.

각황전은 옛 건물터를 그대로 사용하면서 당시의 목조건축 기법을 잘 적용하여 조영한 뛰어난 불전이라 할 수 있다. 기본적인 구성은 조선시대 후기에 들어와 목조건축의 구성이 법식화 되어가는 과정의 초두에 서있으나 일부 앞선 시대의 법식을 남기고 있고, 아직 불전이 화려함으로 치닫는 상황까지는 보이지 않는 시대적 상황을 잘 보여주는 건물이다.

각황전 터에는 원래 신라 문무왕 10년(670년)에 의상대사가 창건하였다고 하는 장육전이 있었다. 장육전은 임진왜란을 거치면서 선조 26년(1593년)에 소실된다. 현재의 각황전은 숙종 25년(1699년)에서 숙종 28년(1702년)에 걸쳐 임진왜란으로 소실된 화엄사를 중건한 벽암선사의 제자 계파 성능이 중창한 것이다. 3년에 걸친 큰 공역에 끝에 중창된 후 숙종 29년(1703년)에 '각황전(覺皇殿)'으로 사액되었다. 숙종 때의 중창 이후 영조 45년(1749년)과 헌종 13년(1847년)의 중수를 거쳐 현재에 이르고 있다. 현재 국보 제67호로 지정되어 있다.

중층의 각황전은 상하층 모두 도리통 7간, 양통 5간의 평면을 지니고 있다. 하층은 도리통 7간 중 어간을 포함한 중앙 3간의 주간을 넓게 설정하고 그 바깥의 협간을 약간 좁은 주간으로 설정하였으며, 가장 바깥쪽 툇간은 주간을 많이 줄였다. 양통은 중앙 3간을 넓은 주간으로 설정한 반면 전후 툇간을 좁혀 잡았다. 상층은 평주를 하층의 툇보 위에 올려놓은 관계로 중앙부 5×3간은 하층과 동일하게 구성하고, 가장 바깥쪽 툇간만

〈그림 2〉 화엄사 각황전

주간을 좁혀서 설정하였다. 중층의 불전이기는 하지만 내부는 통층(通層)
으로 구성하였다.

하층 정면에는 중앙 3간에 사분합문, 그 좌우의 협간과 퇴간에 쌍여닫
이문을 설치하였다. 주간 설정의 변화와 창호 크기의 분할을 조절하여 7
간 규모의 도리통 입면에 변화와 통일감을 부여한 것이다. 창호는 모두
동일한 형태로 아래에 궁창부 한 단을 두었으며, 상부에 궁창부와 대칭을
이루도록 틀을 짜고 교살의 살대를 배치했고, 중앙부는 정(井)자살과 교
살을 혼합한 살대를 구성하였다. 양 측면에는 중앙과 전후 퇴간에 띠살의
두 짝 여닫이문을 설치했다. 후면에는 중앙부 5간에 측면의 창호와 같은
형식의 두 짝 여닫이문을 달았다. 상층에는 전체에 정자살의 교창을 달아
채광에 유리하도록 하였다.

내부는 5×3간의 공간을 감싸도록 내주를 세워 사방에 퇴간을 구성하였
다. 이 기둥은 고주 형식으로서 상층까지 연속되어 상층의 고주가 되도록

하였다. 다시 5×3간의 중심 공간은 전면의 5×2간과 후면의 5×1간으로 나누어지도록 내고주(內高柱)를 세웠으며, 이 기둥에 의지해 5간 길이의 후불벽을 만들었다. 그리고 이 후불벽에 의지해 불단을 구성하고 불상을 모셨다.

기단은 옛 기단을 그대로 활용하고 있는데, 원래 장육전이 창건될 당시의 유적이다. 지대석과 면석, 우주와 탱주, 갑석으로 구성된 가구식 기단으로 면석과 탱주를 하나의 석재로 만들고 있어 8세기부터 보이기 시작하는 신라 기단의 형식을 지니고 있다. 기단 윗면에는 방전(方塼)을 깔았는데, 내부에도 같은 높이로 방전을 깔았다. 임진왜란 후에 조영된 불전은 내부에 우물마루를 들이는 것이 일반적인데 반해 고식(古式)의 방법을 취한 드문 예에 속한다.

초석도 옛 것을 그대로 활용하였으며, 방전을 깔아 입식(立式)으로 꾸민 내부와 연관하여 외부로 노출되는 초석의 높이도 낮게 만들었다. 역시 고식의 건축기법을 따른 것이다. 초석은 방형의 초반(初盤) 위에 원형의 쇠시리를 한 단 두어 주좌를 마련한 것으로 신라 때 초석의 형식을 지니고 있다. 또한 기둥 사이를 연결하는 하인방 아래에는 고막이돌을 설치하였는데, 이 역시 원래 건물터에 사용되었던 것을 그대로 이용한 것이다. 결국 각황전은 옛 건물터의 기단과 초석, 고막이돌을 그대로 이용하면서 바닥구조도 고식을 따라 방전을 깐 입식의 구조로 꾸민 것이라 할 수 있 □ 그러나 그 위의 목조 부분은 조선시대 후기의 법식을 따르고 있다.

공포대 상하층 모두 내외2출목, 즉 내외5포의 다포식으로 건물의 규모에 비해 공포 가 차지하는 비중은 작은 편이다. 중층으로 건물의 규모 크기 때문에 공 대를 크게 했을 때 따르는 구조적인 취약점을 고려 한 포구성으로 생각 된다. 주간포를 하나씩만 배열한 툇간을 제외한 모든 간 주간포를 2조(組)씩 배열하였다.

보가 외부로 노출되지 않기 때문에 주심포와 주간포의 구성은 동일하다.

4단의 살미 중 제1,2단 살미는 앙서형, 제3단은 수서형, 제4단은 당초무늬를 초각했다. 초제공, 이제공, 삼익공, 사익공의 구성인데, 이러한 살미의 구성은 법식화(法式化) 되어 가는 조선시대 후기 다포식 공포의 모습을 반영한 것이다. 그러나 제1,2단 살미의 앙서형으로 된 쇠서는 그 길이가 길어 섬약해지는 경향을 지니면서도 살미보다 아래로 뻗어내려 목재를 여유 있게 사용한 조선전기의 특성도 어느 정도 지니고 있다. 법식화되는 조선시대 후기 목조건축의 경향을 잘 보여주면서도 17세기까지 계속된 그 이전 목조건축 형식의 잔영을 간직한 모습이라 할 수 있다. 이러한 특성은 제1,2단 살미는 교두형, 제3,4단 살미는 양봉형 또는 운궁형으로 처리한 내부의 모습에서도 잘 나타난다. 첨차는 대첨과 소첨을 사용하였는데, 단부를 사절하고 그 아래를 긴 호형(弧形)으로 접은 교두형이다.

상층의 평주를 하층의 퇴보 위에 올린 구조는 우리나라 중층 건물의 전형적인 구조방식을 따른 것이다. 상층은 7량으로 구성했는데, 하중도리의 위치가 고주의 외치와 어긋난 점이 특징이다. 지붕은 겹처마, 팔작지붕으로 추녀부를 보강하기 위해 추녀 아래 활주를 세웠다.

천장은 전체에 우물천장을 들였는데, 주변부는 지붕의 경사로 인해 약간 경사지게 설치하였다. 건물 내외에는 원래 단청을 하여 장엄을 하였으나 현재 탈락이 매우 심한 편이다. 특히 외부의 탈락이 심한 편으로 상하층 포벽에 꽃을 그렸던 것 정도를 알 수 있다. 내부는 외부에 비해 단청이 잘 남아있는 편인데, 기둥에 그려진 용, 포벽에 그려진 여래, 천장에 그려진 연화 등이 특징적이다.

② 세계유산적 가치

(1) 인간의 창의성으로 빚어진 걸작을 대표할 것.

구례 화엄사 각황전은 국보 제67호로 지정된 문화재로서 우리나라의 사찰목조건축물 중에서 그 규모가 가장 크고 우장한 중층의 대불전이다.

논산 관촉사의 석조 미륵보살입상(보물 제 218호, 원칭은 관세음보살상, 속칭은 은진미륵)및 경주 봉덕사의 철조 성덕대왕신종(국보 제29호, 속칭 에밀레종 현재경주박물관 소장)과 더불어 불교 문화재 삼대걸작 중의 하나이기도 하다.

(4) 인류 역사에 있어 중요 단계를 예증하는 건물, 건축이나 기술의 총체, 경관 유형의 대표적 사례일 것.

각황전은 옛 건물터를 그대로 사용하면서 당시의 목조건축 기법을 잘 적용하여 조영한 뛰어난 불전이라 할 수 있다. 기본적인 구성은 조선시대 후기에 들어와 목조건축의 구성이 법식화 되어가는 과정의 초두에 서있으나 일부 앞선 시대의 법식을 남기고 있고, 아직 불전이 화려함으로 치닫는 상황까지는 보이지 않는다.

각황전은 옛 건물터의 기단과 초석, 고막이돌을 그대로 이용하면서 바닥구조도 고식을 따라 방전을 깐 입식의 구조로 꾸몄다. 또한 각황전은 조선전기 건축 양식의 특성을 유지한 채, 후기 목조건축의 경향을 잘 보여주고 있다. 즉, 17세기까지 계속된 그 이전 목조건축 형식의 잔영을 간직하였으며, 조선후기 목조 건축의 특성을 대표하는 모습이다.

3. 칠불사 아자방지(亞字房址)

① 유물 소개

칠불사 아자방은 신라 효공왕(孝恭王 897~911)때 김해에서 온 담공(曇空)선사가 선방인 벽안당(碧眼堂) 건물을 아자(亞字)형으로 구들을 놓았기에 아자방으로 불린다. 이 아자방은 이중 온돌 구조로 되어 있다. 방안 네 모퉁이와 앞뒤 가장자리 쪽의 높은 곳은 좌선처이고, 십자형으로 된 낮은 곳은 좌선하다가 다리를 푸는 경행처이다. 이 아자방은 중국 당나라에 까지 알려 졌으며 이중구조의 이 온돌은 수평인 곳이나 수직인 곳, 높이 있는 좌선처나 낮은 경행처 모두 똑같은 온도를 유지하여 탁월한 과

〈그림 3〉 칠불사 아자방

학성을 자랑하고 있다.

　② 세계유산적 가치

　3. 현존하거나 이미 사라진 문화적 전통이나 문명의 독보적 또는 적어도 특출한 증거일 것.

　온돌은 불을 때는 아궁이, 방 밑에 화기가 통하게 해 난방하는 구들고래, 연기를 빠지게 하는 굴뚝으로 구성된다. 온돌의 형식은 구들고래의 형식에 따라 나누어지며, 허튼고래·줄고래·선자고래 등이 있다. 허튼고래는 구들골을 만들지 않고 구들장 네 귀에 동바리처럼 쌓거나 괴어 만든 구들이며, 줄고래는 구들을 놓을 때 온기와 연기가 흘러 나가는 고래를 평행하게 만든 것이고, 선자고래는 온돌방의 구들고래가 부채살 모양으로 아궁이에서 방사형으로 퍼져나간 것이다. 또한 방의 안쪽 구들 밑에서 불이 타게 만든 온돌을 함실구들이라 한다. 또한 고래구조의 홑구들과 이중구들이 있으며, 고래 끝부분과 굴뚝 아래에는 온기의 저장 및 완충역할을 하고 그을음 등 이물질이 모이는 개자리가 있다. 온돌의 구들고래에서 발생되는 연기를 뽑아내는 굴뚝은 속이 뚫린 통나무굴뚝·옹기굴뚝·오지굴뚝·기와굴뚝·흙벽굴뚝 등이 있고 그 높이와 크기는 다양하다.

구들을 이용한 난방법은 주로 온도가 높아진 돌이 방출하는 열을 이용하는 것으로 열의 전도와 복사, 대류 등을 모두 이용한 난방법이다. 우리나라만의 독특한 난방법으로 열효율이 좋고 연료나 시설이 경제적이며, 반영구적이라는 장점이 있다. 한옥의 구들이 세계에서 가장 발달한 소각로가 된 것은 개자리가 있기 때문인데, 이는 수천 년 불을 지펴온 사람들의 지혜에서 우러나온 결과이다. 방에 구들을 들인 예가 세계 어느 민족에도 없다는 사실[10]은 신식의 소각로보다 우리 풍부한 경험의 소산인 개자리가 월등한 효능을 지녔음을 말해준다.

삼국이 정립되기 훨씬 이전인 기원전 3세기부터 우리는 온돌 문화를 창조, 계승, 발전시켜왔다. 현재도 이러한 노력은 지속되고 있으며 온돌 난방을 현대화, 세계화하기 위해 1996년에 구들학회가 창립[11]되어 한국 온돌 문화의 세계화에 공헌하고 있다. 칠불사 아자방지는 온돌 문화의 정수를 보여주는 독보적 증거물이다.

---

10) 중국이나 몽고 지역에서 보이는 온돌은 한국의 온돌과 달리 방의 일부분에만 구들을 놓았다. 현재 프랑스나 독일 등 세계적으로 한국 온돌 난방에 대한 관심이 고조되고 있다.

11) 건축, 열역학, 문화 관련 교수와 온돌개량 사업가 등 3백여 명의 회원을 가진 이 학회(회장 최영택)는 한해 두 차례 세미나 등을 개최, 우리 민족 문화와 생명의 뿌리인 온돌을 탐구하며 현대화에 박차를 가하고 있다. 반평생을 온돌 현대화를 위해 힘써온 최영택 회장은 "독일, 프랑스, 일본 등에서는 바닥 난방이 과학적이며 에너지 절약에도 도움이 돼 공업회 등을 결성하고 있는데 정작 종주국인 우리는 등한시하고 있다."며 사라져가는 구들 명장들을 한시바삐 인간문화재로 지정할 것을 요망했다.

V. 결론

본 논문은 지리산권 불교문화 유산에 대한 전술을 더욱 구체화하는 것이 목적이다. 그러므로 본 논문은 지리산권 불교문화 유산 가운데에서 무엇이 세계유산 등재에 가장 유리한가를 검토하고, 그 대상 유적물의 가치를 점검하고, 특정 유산에 대하여 어떠한 관점으로 접근해야 하는가를 논의하였다.

첫 번째로 연곡사 동승탑이 'Ⅰ. 인간의 창의성으로 빚어진 걸작을 대표할 것.'이라는 유네스코 세계유산 등재 기준에 부합된다는 것을 밝혔다. 또한 승탑과 선종과의 관계를 밝히면서, 유네스코 세계유산 등재 두 번째 기준('Ⅱ. 오랜 세월에 걸쳐 또는 세계의 일정 문화권 내에서 건축이나 기술 발전, 기념물 제작, 도시 계획이나 조경 디자인에 있어 인간 가치의 중요한 교환을 반영.')을 충족하고 있다는 사실을 밝혔다.

두 번째로 화엄사 각황전이 여러 번의 증개축을 거치면서 신라시대부터 조선후기까지의 건축 양식을 발전적으로 수용함으로써 세계유산 네 번째 기준(Ⅳ. 인류 역사에 있어 중요 단계를 예증하는 건물, 건축이나 기술의 총체, 경관 유형의 대표적 사례일 것.)을 충족한다고 밝혔다.

끝으로 진정성의 문제가 남아 있지만 칠불사 아장방지가 세계적인 온돌문화의 정수를 보여주고 있어 세계유산 세 번째 기준(Ⅲ. 현존하거나 이미 사라진 문화적 전통이나 문명의 독보적 또는 적어도 특출한 증거일 것.)을 충족한다고 밝혔다.

이 글은 『남도문화연구』 제24집(2013)에 수록된 「지리산권 불교문화의 세계유산적 가치」를 그대로 실은 것이다.

지리산의 유네스코 세계유산 등재 전략과 과제

서정호

―

Ⅰ. 문제의 제기

유네스코는 1975년부터 세계유산을 등재하기 시작한 이후 2012년 8월 현재 157개국 962점의 유산을 등재했으며, 이 가운데 문화유산이 745점, 자연유산 188점, 복합유산이 29점이다. 우리나라는 1995년에 해인사 장경판전, 종묘, 석굴암·불국사 등을 세계문화유산으로 등재한 이래 현재까지 10점의 세계유산을 보유하고 있다. 우리나라가 등재한 세계유산은 이탈리아, 중국 등에는 미치지 않지만 국토의 넓이 등을 감안하면 그다지 적지는 않다.

그럼에도 유네스코의 세계유산제도가 여러 면에서의 긍정적 파급 효과가 많을 뿐 아니라[1] 그 이후에도 제주도 화산섬과 용암동굴, 조선왕릉,

한국의 역사마을: 하회와 양동 등이 등재되었으며, 각급 지방자치단체들은 관광객 유입 증대를 통한 지역 발전을 이유로 경쟁적으로 세계유산 등재를 추진하려는 추세다. 이는 지역발전 이외에도 유산의 온전한 보존과 유산들의 지속가능성(sustainability)을 기반으로 한다.

세계유산에 대한 이러한 추세와 우리나라의 등재를 위한 노력은 결과적으로 세계유산으로 등재됨으로써 유산자원의 적합한 활용(adaptable use)으로 이어질 수도 있지만, 반대로 등재되지 못함으로써 예산과 행정력의 낭비를 초래할 수도 있다. 우리나라는 현재 특정 유산자원이 세계유산으로서 가치가 탁월함에도 등재 추진을 소홀히 하거나, 또는 세계유산적 가치가 미흡한 특정 유산자원을 등재시키려 하는 경우가 병존하는 실정이다.

지리산은 한반도에서 가장 큰 산, 민족의 영산, 어머니의 산, 문화유산의 산재, 생물다양성의 보고, 민초들의 삶의 터전, 우리나라 제1호 국립공원 등 수많은 별칭과 수식어를 가지고 있으며, 지리산의 세계유산적 가치는 세계유산 등재 기준 중 문화유산 항목에 해당하는 iii, vi 및 자연유산 항목 x에서 찾을 수 있다. 화엄사 각황전 등 종교 경관과 산악신앙의 원형성 등은 문화적 전통을 대표하는 특출한 증거로 iii항을 충족하며, 판소리, 남명사상, 유산문학, 청학동 이상향 등은 실존하는 전통과 사상, 신조 등은 보편적 중요성이 탁월하여 vi을 충족할 뿐 아니라 진정성과 완전성을 갖추고 있다. 또한 반달가슴곰 등 현재 멸종 위기에 처한 종을 포함한 5000여 종의 동식물이 서식하는 중요하고 의미가 큰 자연서식지로 x항을 충족한다. 따라서 우선 지리산이 천연보호구역으로 지정되고 유네스

---

1) 최원석, 「세계유산의 문화경관 유형에 관한 고찰-산(山) 유산을 중심으로」, 『문화역사지리』 24권 1호, 2012, 27~49쪽. "유네스코의 세계유산제도가 국가 및 지역브랜드 가치의 향상, 지역주민의 자긍심 고취, 관광산업의 진흥과 지역경제 활성화, 해당 유산에 대한 세계적 수준의 보존관리 등 여러 면에서의 긍정적인 파급효과를 지향하고 있다."

코 생물권보전지역으로 등재한 다음, 단계적으로 세계유산 등재를 추진하는 절차를 거친다면 그 가능성은 충분하다.

그러나 지리산은 그 면적이 483k㎡에 이르고 3개 도, 5개 시·군에 걸쳐 있기 때문에 세계유산 등재를 위한 행정적 통합은 물론 사회 통합이 쉽지 않은 상태다. 이는 지난 4년여 동안 케이블카 설치를 유치하려는 기초 지방자치단체 간 경쟁과 찬반 논쟁으로 갈등을 겪고 있기 때문이다.

이에 지리산의 세계유산 등재 전략과 과제를 고찰하고자 한다. 지리산이 아무리 세계유산적 가치가 탁월하다고 판단하더라도 세계유산의 등재는 치밀한 사전 준비가 필요하기 때문이다.

이 연구는 지금까지 문제의 제기에 이어 제Ⅱ장에서 지리산의 세계유산 등재와 관련한 이론적 배경을 고찰했으며, 제Ⅲ장에서는 지리산의 세계유산 등재 의의와 등재 기준별 세계유산적 가치를 검토했다. 제Ⅳ장에서는 지리산의 세계유산 등재 추진에 따른 문제점 발굴과 함께 등재 전략을 제안했다. 제Ⅴ장에서는 지금까지 연구 결과를 요약하고 결론으로 천연보호구역 지정 신청 및 유네스코 생물권보전지역 등재 신청 등을 추진한 후 치밀한 준비를 거쳐야 지리산의 유네스코 세계유산 등재가 가능함을 강조했다.

연구 방법은 제Ⅱ장 이론적 배경 및 제Ⅲ장 지리산의 세계유산적 가치와 등재 기준 등에 관해서는 선행 연구자의 문헌을 조사했으며, 제Ⅳ장 문제점 발굴 및 등재 전략은 지리산권이 처한 행정적·지리적 상황과 경쟁과 갈등 등 현상에 기초하되, 최근의 세계유산 등재 경향 및 우리나라의 성공 및 실패 사례를 분석하여 비교했다.

따라서 이 연구는 지방자치단체 또는 중앙정부의 행정적 계획 또는 시행문서 차원의 '세계유산 등재'와는 차별되며, 세계유산과 관련한 학술적 연구가 희소2)한 가운데 학술과 현장의 가교 역할로써 지리산의 세계유산 등재 전략 및 과제에 관한 연구다.

II. 이론적 배경

1. 유네스코의 세계유산 등재 기준

유네스코는 유산(heritage)을 '과거로부터 물려받은 것으로서, 현재 우리가 더불어 살아가고 미래 세대에 물려주어야 할 것'이라고 정의하고 있으며, 세계유산은 세계인이 공동으로 지키고 전승해야 할 유산, 즉 '현저한 보편적 가치(Outstanding Universal Value)와 세대 간 형평성 즉 지속가능성을 갖는 것'이다.[3] 이러한 정의를 토대로 유네스코는 1972년 '세계문화 및 자연유산 보호에 관한 협약(약칭 세계유산협약)'을 채택함으로써 이 협약을 비준한 국가들은 세계유산목록 등재를 신청하기에 이르렀다.

우리나라는 1988년 동 협약을 비준했으며, 1995년 석굴암·불국사, 종묘, 해인사 장경판전 등 문화유산을 세계문화유산으로 등재한 이래, 2012년 9월 말 현재 총 10점의 세계유산[4]을 보유하고 있다.

특정 문화 또는 자연자원을 세계유산으로 등재하려면 '세계유산협약이행을 위한 운영 가이드라인' 및 '유네스코 세계유산 등재 신청에 관한 규정'에 의하여 우선 잠정목록 신청서를 제출해야 한다. 잠정목록으로 등재된 후 해당 유산이 분포하는 시·도지사가 신청서 제출 1년 전까지 문화재청과 등재 신청을 위한 사전협의를 거쳐 문화재청장에게 등재신청서 초안을 제출한다. 문화재청은 전문가 검토 등을 거쳐 동 신청서를 감수·

---

2) 최원석, 「지리산 문화경관의 세계유산적 가치와 구성」, 『한국지역지리학회지』 제18권 제1호, 2012b, 43쪽.

3) 박희봉, 「세계유산 등재 의의와 절차」, 지리산 세계유산등재 연구용역 1차 학술세미나, 순천대학교·경상대학교 지리산권문화연구단, 2011, 2쪽.

4) 2012년 9월 말 현재 우리나라 세계유산은 석굴암·불국사(1995년 문화), 종묘(1995년 문화), 해인사 장경판전(1995년 문화), 창덕궁(1997년 문화), 수원 화성(1997년 문화), 고창·화순·강화 고인돌 유적(2000년 문화), 경주 역사지구(2000년 문화), 제주 화산섬과 용암동굴(2007년 자연), 조선왕릉(2009년 문화), 한국의 역사마을: 하회와 양동(2010년 문화) 등 총 10점이다.

보완·번역하여 등재 심사 1차년도 2월 1일까지 유네스코 세계유산센터에 제출한다. 유네스코 세계유산센터는 자문기구인 국제기념물유적협의회 ICOMOS(International Council on Monuments and Sites) 및 세계자연보호연맹 IUCN(International Union for Conservation of Nature and Natural Resources)에 해당 유산의 검토 및 평가를 의뢰한다. 이에 따라 ICOMOS는 문화유산을 평가하며, IUCN은 자연유산을 평가하게 된다. ICOMOS 및 IUCN은 분야별 전문가들로 하여금 신청서, 현지실사보고서, 기타 자료 등을 근거로 평가하며, 이 평가서를 기준으로 신청 년도 다음 해 1월경 패널을 개최하여 그 결과를 등재·보류·반려·등재 불가 등으로 나누어 세계유산위원회에 권고한다.

이러한 엄정한 절차를 거쳐 세계유산으로 등재 여부가 결정되기 때문에 세계유산 등재 기준과 요건을 갖추어야 함은 물론이다. 세계유산 등재 기준은 〈표 1〉과 같이 문화유산 6개 항목, 자연유산 4개 항목 중 최소한 하나 이상의 기준을 충족해야 하며, 복합유산의 경우 i ~ vi 항 중 하나 이상 그리고 vii~ x 항 중 하나 이상의 기준을 충족해야 한다.

〈표 1〉 유네스코 세계유산 등재 기준

구분		기 준
문화유산	i	인간의 창의성으로 빚어진 걸작을 대표할 것
	ii	오랜 세월에 걸쳐 또는 세계의 일정 문화권 내에서 건축이나 기술 발전, 기념물 제작, 도시 계획이나 조경 디자인에 있어 인간 가치의 중요한 교환을 반영
	iii	현존하거나 이미 사라진 문화적 전통이나 문명의 독보적 또는 적어도 특출한 증거일 것
	iv	인류 역사에 있어 중요 단계를 예증하는 건물, 건축이나 기술의 총체, 경관 유형의 대표적 사례일 것
	v	특히 번복할 수 없는 변화의 영향으로 취약해졌을 때 환경이나 인간의 상호 작용이나 문화를 대변하는 전통적 정주지나 육지·바다의 사용을 예증하는 대표 사례
	vi	사건이나 실존하는 전통, 사상이나 신조, 보편적 중요성이 탁월한 예술 및 문학 작품과 직접 또는 가시적으로 연관될 것(다른 기준과 함께 적용 권장)

	*	모든 문화유산은 진정성(authenticity; 재질, 기법 등에서 원래 가치 보유) 필요
자연유산	vii	최상의 자연현상이나 뛰어난 자연미와 미학적 중요성을 지닌 지역을 포함할 것
	viii	생명의 기록이나, 지형 발전상의 지질학적 주요 진행 과정, 지형학이나 자연지리학적 측면의 중요 특징을 포함해 지구 역사상 주요 단계를 입증하는 대표 사례
	ix	육상, 민물, 해안 및 해양 생태계와 동·식물 군락의 진화 및 발전에 있어 생태학적, 생물학적 주요 진행 과정을 입증하는 대표 사례일 것
	x	과학이나 보존 관점에서 볼 때 보편적 가치가 탁월하고 현재 멸종 위기에 처한 종을 포함한 생물학적 다양성의 현장 보존을 위해 가장 중요하고 의미가 큰 자연 서식지를 포괄
공통		완전성(integrity): 유산의 가치를 충분히 보여줄 수 있는 충분한 제반 요소 보유
		보호 및 관리체계: 법적·행정적 보호 제도, 완충지역(buffer zone) 설정 등

* 출처: 유네스코한국위원회(www.unesco.or.kr/heritage/)

또한 완전성(integrity)[5]을 충족해야 하며, 보호 및 관리 체계가 확립되는 등 요건을 갖추어야 한다. 문화유산의 경우 진정성(authenticity)[6]을 갖춤으로써 개별 유산이 가지고 있는 탁월한 보편적 가치를 전 세계 유사한 유산들과 비교·연구하여 입증해야 한다.

따라서 세계유산의 등재 준비는 단기간에 이루어지는 신청서 작성만이 전부가 아니며, 세계유산 지역에 대한 탁월한 보편적 가치를 증명하기 위한 지속적인 연구와 유사 유산과의 비교·분석 및 보호와 관리를 위한 법적·제도적·행정적 체계 등이 완비되어야 하므로 짧게는 5년, 길게는 10년 이상 소요되는 중·장기 계획 과정[7]으로, ICOMOS 한국위원회(2011)는

---

5) 박희웅, 「세계유산 등재 의의와 절차」, 지리산 세계유산등재 연구용역 1차 학술세미나, 순천대학교·경상대학교 지리산권문화연구단, 2011. "완전성은 해당 유산이 탁월한 보편적 가치를 구현할 만큼 충분한 크기이며, 그 구성요소들이 완전하게 구비되어 있는지, 그 유산의 탁월한 보편적 가치를 위협하는 요소들은 무엇인지에 대한 기술이다."

6) 박희웅, 「세계유산 등재 의의와 절차」, 2011. "진정성은 유산의 형태, 디자인, 재료, 전통기법 등이 진정하며 신뢰성이 있는지에 대한 입증을 요구하는 것이다."

유네스코 세계유산 제도 및 우리나라의 여건과 등재 가능성 등에 따라 한국의 세계유산 잠정목록[8])을 발굴해오고 있다.

2. 지리산의 세계유산 등재 관련 선행 연구

지리산을 세계유산으로 등재하려는 노력은 2005년경부터 전남·전북을 중심으로 일부 민간단체 중심으로 논의되기 시작했으며,[9]) 2007년부터 본격적으로 논의되어오고 있다. 그리고 김봉곤(2011)[10])의 지리산의 문화유산 분포와 등재 기준 검토, 그리고 서정호(2011a)[11])의 지리산의 자연유산 등재를 위한 기준 검토, 오장근(2011)[12])의 지리산국립공원 생물자원의 가치에서, 또한 같은 맥락으로 허권(2011),[13]) 서정호(2011b),[14]) 서영배

---

7) 박희웅, 「세계유산 등재 의의와 절차」, 2011, 6쪽.
8) ICOMOS-KOREA, 「한국의 세계유산 잠정목록의 발굴」, 2011.
   ICOMOS 한국위원회가 발굴한 2011년 한국의 세계유산 잠정목록에는 경기 연천군 전곡리 선사 유적지 등 고고미술(최정필), 서울 한양도성 등 도성(송인호), 송광사 등 사찰 전통건축(김성우), 소수서원 등 서원 전통건축(이상해), 진해 요항부 사령부 및 태백 철암역두 선탄시설 등 군사·산업시설(우동선), 한국 천주교 성당건축과 박해 관련 사적지(김정신), 담양 누정제영·원림 등 누정·영산·토속신앙·민속 문화경관(진상철), 인제 용대리 황태덕장 등 문화경관(최종호), 울릉도 및 비무장지대 자연유산(조도순), 진주 가진리 화석지 등 지질 분야 자연유산(허민) 등이다.
9) 서정호, 지리산의 자연유산 등재를 위한 기준 검토, 「지리산 세계유산등재 연구용역 1차 학술세미나」, 순천대학교·경상대학교 지리산권문화연구단, 2011a, 72쪽.
10) 김봉곤, 지리산의 문화유산 분포와 등재기준 검토, 「지리산 세계유산등재 연구용역 1차 학술세미나」, 순천대학교·경상대학교 지리산권문화연구단, 2011.
11) 서정호, 지리산의 자연유산 등재를 위한 기준 검토, 「지리산 세계유산등재 연구용역 1차 학술세미나」, 순천대학교·경상대학교 지리산권문화연구단, 2011a.
12) 오장근, 지리산국립공원의 생물자원의 가치, 「지리산 세계유산등재 연구용역 2차 학술세미나」, 순천대학교·경상대학교 지리산권문화연구단, 2011.
13) 허권, 세계유산의 탁월적 보편적 가치의 구성과 지리산, 「지리산 세계유산등재 연구용역 2차 학술세미나」, 순천대학교·경상대학교 지리산권문화연구단, 2011.

(2012)[15], 허준(2012)[16] 등이 지리산은 유네스코 세계자연유산 및 복합유산으로서 가치가 있음을 제시했다. 또한 지리산권문화연구단(2011)[17]은 세계유산 등재 기준 iii·vi·x항을 적용하여 지리산을 문화경관으로 등재하여야 한다는 의견서를 문화재청에 제출했다. 최원석(2012b)[18] 역시 지리산은 세계유산 등재 기준 iii·vi·x항을 적용하여 문화경관으로 등재함이 바람직함을 제안했다. 그러나 세계유산 등재는 더욱더 세밀한 연구와 향토 자원의 추가 발굴, 전통 지식의 활용, 지역의 문화적 개발, 문화 환경의 보전, 그리고 사회통합이 필요하다. 지리산의 세계유산 등재를 위한 사회통합의 문제는 심각하다. 통합을 '교란하는 상이한 원천'[19]의 위치에 따라 그 수준을 양분[20]할 수 있는데, 그 원천은 과소통합(해체)과 과잉통합이다.[21] 이 때문에 지리산이 3개 도, 5개 시·군에 걸쳐 있어 지방자치단체간 긴밀한 협력이 요구될 뿐 아니라 개인별 입장이 서로 다르므로 전상진(2010)이 제기한 바와 같이 기존 문화적 관념은 통합의 과제

---

14) 서정호, 지리산 세계유산 등재추진위 구성과 시민참여, 「세계유산과 동아시아 산악문화, 2012년 지리산문화예술포럼 발표 자료집」, 순천대학교·경상대학교 지리산권문화연구단, 2012b.

15) 서영배, 생물다양성과 세계자연유산, 「2012 문화예술포럼, 세계유산과 동아시아 산악문화」, 순천대학교·경상대학교 지리산권문화연구단, 2012.

16) 허준, 지리산 전통사찰의 세계문화유산적 가치, 「2012 문화예술포럼, 세계유산과 동아시아 산악문화」, 순천대학교·경상대학교 지리산권문화연구단, 2012.

17) 지리산권문화연구단, 「지리산 세계유산등재 연구용역 종합보고서」, 순천대학교·경상대학교 지리산권문화연구단, 2011.

18) 최원석, 지리산 문화경관의 세계유산적 가치와 구성, 「한국지역지리학회지 제18권 제1호」, 2012b, 42~54쪽.

19) Luhmann, N.,(1997), *Gesellschaft der Gesellsaft*, Frankrut a.M. : Suhrkamp.

20) 전상진, 「사회통합을 위한 문화 정책: 세분된 통합 개념과 응집적 문화 패러다임을 중심으로」, 『문화정책논총』 제23집, 2010, 9~5쪽. "교란의 원천이 거시적 수준, 혹은 체계에 있을 수 있고(체계통합, system integration), 개인 행위자의 수준(사회통합, social integration)에 있을 수 있다."

21) 전상진, 「사회통합을 위한 문화 정책: 세분된 통합 개념과 응집적 문화 패러다임을 중심으로」, 『문화정책논총』 제23집, 2010.

를 담당할 수 없기에 새로운 문화적 패러다임이 필요하다. 특히 그는 문화를 배제하여 사회통합에 대한 고려를 전개할 수 없음[22]을 단정하고, 두 가지 문화 패러다임으로 통일적 관점과 응집적 관점으로 구분했다.[23] 여기서 응집성은 구성 입자들이 상호 끌어당김으로써 하나의 집합 단위를 생성하는 현상이다.[24]

이와 같은 사회통합에 관한 연구들은 지리산 세계유산 등재를 위하여 구성원 단위의 연결성을 기본 가정으로 하는 응집적 패러다임이 요구됨을 암시한다. 지리산의 케이블카 설치를 둘러싸고 시·군간, 지방자치단체와 시민단체간, 지역주민간 대립 현상과 향토 자원의 개념을 정부부처마다 다르게 설정하거나 중복 설정함으로써 전략적으로 통일시킬 필요성을 제기한 한광식 외(2011)의 연구와 서정호(2011b)가 지리산의 세계유산 등재를 위하여 관할 시·군, 시·도는 물론 시민사회단체, 중앙부처, 지역주민의 협력이 필요함을 제기한 데에서 찾을 수 있다.

한편 강석훈·이지은(2012)[25]이 전통 지식의 요건 기준으로 토착사회의 증거물과 자연·문화배경을 제시한 바와 같이 지리산의 세계유산 등재는 현존하는 전통적 생활양식을 구체적으로 보여줄 실체가 있어야 하며, 그 실체의 자연적·문화적 배경이 뒷받침되어야 할 것이다. 또한 홍기원(2008)[26]이 제기한 바와 같이 지역의 문화적 개발을 지역개발과 동일

---

[22] 전상진은 앞의 글에서 '문화는 통합을 위한 수단이 될 수도 있지만 분열과 갈등의 진원지가 될 수도 있으며, 사회통합에 대한 고려는 문화를 배제하여 전개될 수는 없다'고 했으며, 문화는 특정한 차원에서 그리고 특수한 문제와 관련하여 다른 것이 대신할 수 없는 고유의 통합적 역할을 수행(Fuchs, M., *Kulturpoitic*, Opladen: VS Verlag, 2007)하기 때문이다.

[23] 전상진, 「사회통합을 위한 문화 정책: 세분된 통합 개념과 응집적 문화 패러다임을 중심으로」, 『문화정책논총』 제23집, 2010, 12~14쪽.

[24] Bolten, J., *Interkultureller Kompetenz*, Tübingen: Landeszentrale für politische Bildung Tübingen, 2007.

[25] 강석훈·이지은, 전통지식 발굴조사 방법론 구축과 지식재산권 연계 방안, 「문화정책논총」 제28집 2호, 한국문화관광연구원, 2012, 80~104쪽.

한 시각에서 파악할 경우 개발 레짐(regime)이 주축이 된 수많은 행사가 경제적 효과가 명확한지에 대한 검토가 선행되어야 할 것이다.

또 한편으로는 관련 유사 유산과의 비교·분석 연구 및 보호·관리 방안이 수립되어야 하며,[27] 이는 세계유산 등재 신청서에 해당 유산의 보전·관리 체계를 첨부해야 하기 때문이다. 따라서 지리산의 경우도 라도삼(2008)[28]이 제기한 바와 같이 문화 환경의 창출과 보전을 위한 법적·제도적·행정적 체계의 완비가 요구된다.

특히 최원석(2012b)은 지리산을 문화경관으로 등재해야 함을 제시하면서 문화경관으로의 등재 시도는 세계적 추세라고 했으며, 최정필(2011)[29]은 화엄사 석탑과 김성우(2011)[30]는 쌍계사, 화엄사, 연곡사, 천은사, 실상사 등 지리산의 사찰들을 묶어 문화유산으로 등재를 시도할 수 있음을 제안한 바 있다. 또한 이상해(2011)[31]는 한국의 서원을 연속 유산으로 등재 가능함을 제안하면서 이 중에는 지리산권 함양의 남계서원이 포함된다고 했다.

지리산의 세계유산 등재와 관련한 선행연구 및 제도적·이론적 배경, 그리고 세계적 추세를 감안할 때, 향후 지리산의 세계유산 등재는 순탄하

26) 홍기원, 지역의 문화적 개발에 대한 이론적 논거 - 레짐(regime) 이론의 적용 가능성과 그 한계, 「문화정책논총」 제17집, 한국문화관광연구원, 2008, 143~164쪽.
27) 박희웅, 세계유산 등재 의의와 절차, 「지리산 세계유산등재 연구용역 1차 학술세미나」, 순천대학교·경상대학교 지리산권문화연구단, 2011.
28) 라도삼, 문화환경의 창출과 보전을 위한 정책방안, 「문화정책논총 제17집」, 2008, 83~104쪽.
29) 최정필, 고고미술유산, 「한국의 세계유산 잠정목록의 발굴」, ICOMOS-KOREA, 2011, 9~14쪽.
30) 김성우, 전통건축, 「한국의 세계유산 잠정목록의 발굴」, ICOMOS-KOREA, 2011, 18~29쪽.
31) 이상해, 전통건축, 「한국의 세계유산 잠정목록의 발굴」, ICOMOS-KOREA, 2011, 29~35쪽.

지만은 않을 것 같다. 그러나 지리산이 세계유산적 가치가 있다는 판단을 하고 또한 이를 추진하려는 움직임이 가시화되고 있음에 비추어볼 때 그 전략을 수립하고 실천해나가는 것은 마땅하다.

이에 충분한 준비 과정을 거쳐 세계유산으로 등재한 성공 사례가 있는 반면, 전략적 혹은 자원조사의 불충분함과 사회통합을 이루지 못한 채 성급하게 추진한 나머지 실패한 사례가 있어 이를 주목할 필요가 있다. '제주도 화산섬과 용암동굴'(2007년 자연) 및 '한국의 역사마을 하회와 양동'(2010년 문화) 등이 세계유산 등재에 성공한 사례이며, '설악산 천연보호구역'(1994년 자연) 및 '남해안 일대 공룡화석지'(2002년 자연)는 잠정목록 신청 후 철회[32]함으로써 사실상 실패한 사례로 다시 시도를 준비 중이다. 성공한 사례의 공통점은 철저한 자원조사를 통한 자원의 세계유산적 가치 입증과 행정적·사회적 통합을 이루었다는 점이다. 반면, 속초시, 인제군, 양양군 등 3개 시·군에 걸쳐 있는 설악산 천연보호구역은 사회통합을 이루지 못한 채 추진되었으며, 전남 해남군·화순군·보성군·여수시, 경남 고성군 등 5개 시·군 연속유산으로 등재하려다 자원조사 미비 등의 이유로 철회하기에 이른 것이다. 지리산과 같이 3개 도, 5개 시·군으로 행정구역이 나뉘어 있을 경우 통합관리체계를 갖추어야 하는 등 해당 지방자치단체 간 연계와 협력이 필수적임을 시사한다.

---

32) ICOMOS 및 IUCN은 분야별 전문가들로 하여금 신청국의 신청서, 현지실사보고서, 기타 자료 등을 근거로 세계유산 등재 여부를 평가하며, 이 평가서를 기준으로 신청 년도 다음 해 1월경 패널을 개최하여 그 결과를 등재·보류·반려·등재불가 등으로 나누어 세계유산위원회에 권고한다. 반려 또는 등재불가로 판정될 경우 해당 유산자원으로는 다시 신청하기 어렵기 때문에 철회하는 경우다.

III. 지리산의 세계유산적 가치와 적용 등재 기준

1. 지리산의 세계유산 등재 의의

1972년에 채택한 세계문화및자연유산보호협약(Convention Concerning the Protection of the World Cultural and Natural Heritage, 약칭 '세계유산협약)은 유네스코의 가장 성공적인 법적 규약 중 하나로[33], 등재 대상 유산은 세계유산, 인류무형유산, 세계기록유산이며 세계유산은 다시 문화유산·자연유산·복합유산으로 나누어 등재하도록 하고 있다.

우리나라는 2012년 8월 현재 문화유산 9점, 자연유산 1점 등 총 10점의 세계유산을 보유하고 있다. 그러나 복합유산은 보유하고 있지 않다. 만약 지리산이 세계복합유산으로 등재된다면, 다양한 의의를 지니게 된다. 즉, 우리나라 최초의 복합유산으로서 우리 민족의 자긍심을 높여주는 계기로 작용하며 국위선양에 기여할 뿐 아니라 유산 보호에 필요한 다양한 형태의 국제적 지원을 받을 수가 있다.[34] 그리고 국제적 관광 명소로 부각됨으로써 산촌 지역인 지리산권의 지역경제 활성화에 기여할 수 있으며, 세계유산등재를 모색하고 있는 잠정목록[35] 이외에도 남북한이 공동으로 DMZ를 세계유산으로 등재할 수 있다는 자신감을 가짐으로써 우리나라가 명실상부한 문화대국 대열에 진입하는 계기가 된다.

잠정목록 신청을 준비 중인 지리산은 민족의 영산(靈山), 어머니의 산, 두류산·방장산 또는 삼신산 중 하나로 남악, 국립공원 제1호, 우리나라

---

[33] 유네스코 한국위원회, 세계유산 새천년을 향한 도전, 2010.

[34] 문화재청, 한국의 세계유산, 2010.

[35] 2011년 12월 현재 한국이 잠정목록으로 신청한 유산은 14점이다. 그중 문화유산은 강진 도요지, 공주 부여 역사유적지구, 중부내륙산성군, 남한산성, 익산 역사유적지구, 염전, 대곡천 암각화군, 낙안읍성, 외암마을, 한국의 서원 등 11점이며, 자연유산은 설악산 천연보호구역, 남해안 일대 공룡 화석지, 서남해안 갯벌, 우포늪 등이다(www.unesco.or.kr/heritage).

에서 가장 큰 산(483㎢) 등 수많은 수식어와 별칭을 가지고 있으며, 국보 등을 비롯한 문화유산이 산재하고 생물다양성의 보고이자 경관이 수려한 산으로 알려져 있다. 그러나 탁월한 보편적 가치(OUV; Outstanding Universal Value)가 있으며, 진정성(문화유산의 경우), 완전성 등 요건을 갖추고 적용할 세계유산 등재 기준에 부합해야 할 뿐 아니라 해당 유산의 보호·관리 체계가 확립되어 있어야 하므로 그 대상은 그다지 많지 않다.

2. 지리산의 세계유산적 가치

① 등재 기준 ⅲ

세계유산 등재 기준 ⅲ항은 '현존하거나 이미 사라진 문화적 전통이나 문명의 독보적 또는 적어도 특출한 증거'다. 지리산은 산악신앙의 원형성과 종교사상의 다양성·복합성을 간직한 영산(靈山)으로 산신 성모(聖母)를 천년 이상 숭배한 전통이 오늘날까지 이어지고 있으며, 유·불·선 이외에도 민간신앙, 풍수, 기독교, 신종교 등이 상호 교섭하고 융합하던 곳이다. 이를 뒷받침하는 유산들은 8세기부터 교종과 선종 사찰이 건립되어 남아 있는 사찰, 전각, 부도, 석등 등 탁월한 건축·구조물과 지리산의 고매한 기상을 숭앙하며 절의를 강조하던 남명학파의 근거지 덕천서원 등이다. 이러한 지리산의 자연환경과 지리적 조건을 배경으로 형성되고 진화한 종교문화유적은 지리산의 역사와 문화적 전통을 대표하는 특출한 증거다.[36]

이와 관련하여 최정필(2011)은 고고미술사 유산에 대한 세계유산 등재를 제안하면서 한국의 석탑으로 화엄사 석탑을 포함시켰으며, 김성우(2011)는 지리산의 쌍계사, 화엄사, 연곡사, 천은사, 실상사 등은 등재 기준 ⅰ항 및 ⅱ항을 적용할 수 있는 전통 건축으로는 등재 가능성이 크지

---

36) 지리산권문화연구단, 「지리산 세계유산등재 연구용역 종합보고서」, 순천대학교·경상대학교 지리산권문화연구단, 2011.

않다는 의견을 제시했다.

② 등재 기준 vi

세계유산 등재 기준 vi항은 '사건이나 실존하는 전통, 사상이나 신조, 보편적 중요성이 탁월한 예술 및 문학작품과 직접 또는 가시적으로 연관된 것'으로, 판소리, 남명사상, 남악제, 이상향 청학동 등이 이에 속한다.

동편제 판소리는 지리산 인근 호남 지역에 거주하는 사람들의 삶과 문화를 배경으로 탄생했으며, 지금까지도 이곳 사람들이 널리 애창하고 있다. 또한 유학의 절의를 숭상하는 남명사상과 남명학파가 지리산권에서 발달했으며, 덕천서원에는 오랫동안 유교적 제의와 강학이 진행되었다. 지리산 남악제는 통일신라에서 시작되어 천년을 이어온 국가적 산악신앙의 의례 예술이다. 지리산 유람문학은 조선 시대 500여 년간 유교 지식인의 사상적 수양적 성찰을 목적으로 한 유산문화를 형성했다. 100여 편의 유람록과 유람시는 지리산 관련 기록 문화유산으로서의 가치를 지닌다. 지리산의 청학동 이상향은 한국의 이상향을 대표하며 동아시아 산지형 유토피아의 전형적 사례이다.[37)

이와 관련하여 이상해(2011)는 한국의 서원을 연속 유산으로 신청할 수 있다는 의견을 제시하면서 지리산권의 함양 남계서원[38)을 포함시킴으로써 등재 기준 vi항의 적용이 가능한 세계유산적 가치가 있다고 했다.

③ 등재 기준 x

세계유산 등재 기준 x항은 '현재 멸종 위기에 처한 종을 포함한 생물

---

37) 지리산권문화연구단, 「지리산 세계유산등재 연구용역 종합보고서」, 순천대학교·경상대학교 지리산권문화연구단, 2011.
38) 남계서원은 1552년에 건립되었으며, 소재지 일대의 향촌민 교화적 기능을 대표한다(이상해, 「전통건축」, 『한국의 세계유산 잠정목록의 발굴』, ICOMOS-KOREA, 2011, 29~35쪽).

학적 다양성의 현장 보존을 위해 가장 중요하고 의미가 큰 자연서식지'이
다. 지리산에는 약 5000종의 동식물이 서식하는 생물다양성의 보고이며,
서식지규모가 남한에서는 가장 큰 483㎢다.

지리산은 토산(土山)으로 고산, 계곡, 습지 등이 분포하여 다종·다양한
생물종이 서식할 수 있는 자연환경을 갖추었으며, 반달가슴곰 등 멸종위
기종과 수많은 특산종이 서식하는 국립공원 구역으로 국립공원특별보호
구 17개 구역 166.30㎢ 및 생태·경관보전 지역 20.20㎢ 등 합계 186.50㎢
가 관계법령에 의하여 보호되고 있다. 이러한 자연적 가치를 인정받아 지
리산은 2007년 IUCN 카테고리 Ⅱ지역으로 인증되었다.

이에 서영배(2012)는 등재 기준 x항을 적용하여 자연유산으로 등재하
되, 생물다양성 요소, 자연경관, 그리고 문화적 요소가 어우러지는 세계
복합유산으로서 추진하는 것이 타당할 것으로 판단했으며, 그 가치 입증
은 전문가, 행정기관, 지역주민의 협력과 노력이 있어야 이루어질 수 있
다고 했다.

Ⅳ. 지리산의 세계유산 등재 전략과 과제

1. 천연보호구역 지정

지리산이 세계복합유산으로 등재되기 위하여 우선 잠정목록 신청을 해
야 하며, 그 이전에 국내적 절차로서 자연유산의 경우 천연보호구역[39]으

---

39) 천연보호구역은 문화재보호법에 의하여 천연기념물의 한 종류로 분류되고 있
   는 자연유산으로 유산 소재 관할 시·도지사의 신청으로 문화재청이 검토를
   거쳐 지정한다. 2011년 말 현재 우리나라에서 천연보호구역으로 지정된 곳은
   홍도, 설악산, 한라산, 대암산, 대우산, 향로봉, 건봉산, 독도, 성산일출봉, 문
   섬, 범섬, 차귀도, 마라도, 창녕 우포늪 등 11건이다(서정호, 「지리산 자연경
   관」, 국립순천대학교 지리산권문화연구원, 2012, 252~253쪽).

로 우선 지정함이 바람직하다. 현재까지 세계유산에 등재된 유산은 대부분 국내법에 의하여 국보, 보물, 시ㆍ도 지정 문화재 또는 문화재 자료, 명승, 천연기념물 등으로 지정되어 있다. 제주도 한라산과 성산일출봉은 세계자연유산 신청 이전에 이미 천연보호구역으로 지정되었다.

지리산이 지금까지 천연보호구역으로 지정되지 않은 가장 큰 이유는 지방자치단체간의 합의가 이루어지지 않았기 때문이다. 이른바 통합관리 체계가 이루어지지 않은 점으로 사회통합을 위한 응집적 패러다임이 요구되는 것이다. 국립공원관리공단은 자연공원법에 의하여 매 10년마다 자연자원을 조사하며, 2011년 말에는 지리산국립공원의 자연자원 조사를 완료했다. 지방자치단체들은 연명하여 이를 근거로 국립공원관리공단의 자연자원조사 결과를 활용하여 천연보호구역 지정을 신청해야 할 것이다.

왜냐하면 지리산권의 문화자원들이 한광식 외(2011)[40]가 그 개념을 전략적으로 통일할 필요성을 제기한 향토 자원이자 강석훈ㆍ이지은(2012)[41]이 토착사회의 증거물과 자연ㆍ문화 배경은 전통지식의 요건 기준이기 때문이다. 또한 허권(2011)이 제기한 바와 같이, 자연유산의 경우 주관성을 내포한 개념이기 때문에 특정 자원에 대한 미학적 빼어남을 상대적으로 입증할 수 있어야 하기 때문이기도 하다.

따라서 지리산국립공원이 멸종위기종을 포함한 야생 동식물의 서식지로서 생물학적 다양성의 현장 보존을 위해 가장 중요하고 의미가 큰 자연 서식지라 하더라도 국내법 절차에 따른 천연보호구역으로 우선 지정함으로써 지리산의 생물학적 가치를 향상시키는 것이 우선이다. 잠정목

40) 한광식 외, 향토자원의 개념 및 분류체계의 적용실태 분석: 향토산업의 부처별 추진과정을 중심으로, 「문화정책논총」 제25집 2호, 한국문화관광연구원, 2011, 141~167쪽.
41) 강석훈ㆍ이지은, 전통지식 발굴조사 방법론 구축과 지식재산권 연계 방안, 「문화정책논총」 제28집 2호, 한국문화관광연구원, 2012, 80~104쪽.

록 신청 전에 천연보호구역으로 지정된 한라산과 성산일출봉 등이 포함된 제주도 화산섬과 용암동굴의 세계자연유산 등재 사례가 대표적인 예다.

2. 생물권보전지역 등재 신청

지리산의 유네스코 생물권보전지역[42] 지정은 해당 유산이 소재한 지역의 시·도지사가 문화재청에 신청하면 문화재청은 검토를 거쳐 이를 다시 유네스코 인간과 생물권 계획(MAB, Man and Biosphere Programme) 위원회에 제출한다. MAB 위원회는 MAB 국제조정위원회로 하여금 심사 후 지정하도록 넘겨준다.

이와 관련하여 허권(2011)은 지리산권의 문화·자연유산의 세계유산 등재 전략[43]을 여러 갈래로 나누어 추진하는 방안을 고려할 수 있으며, 복합유산으로의 등재가 까다롭기 때문에 그 대안 중 하나로 우선 유네스코가 지정하는 MAB 목록으로 등재하는 방안을 택하도록 제안한다. 그것은 한라산과 설악산이 이미 MAB 목록(생물권보전지역)으로 지정되어 있기 때문에 지리산의 MAB 목록 등재가 수월할 수 있다는 의미다. 지역주민들이 복합유산으로의 등재를 희망[44]하더라도 준비가 되지 않은 상태에

---

[42] 생물권보전지역(Biosphere Reserve)은 세계적으로 보전의 가치가 클 뿐 아니라 지속 가능한 발전을 지원하기 위하여 과학적 지식과 기술 그리고 인간 가치를 제공할 수 있다고 인정되는 생태계 지역에 대하여 유네스코가 지정하며, 우리나라는 설악산, 제주도, 전남 신안 다도해가 지정되어 있다(서정호, 「지리산의 자연유산 등재를 위한 기준 검토」, 지리산세계유산등재 연구용역1차 학술세미나, 순천대학교·경상대학교지리산권문화연구단, 2012, 253~254쪽).

[43] 허권은 지리산의 세계유산 등재를 1) 문화유산 2) 문화경관 3) 복합유산으로 추진하는 세 가지 방법 중 하나를 택하되, 자연유산 부분의 경우 vii항의 최상의 자연미에 대한 입증 자료가 필요하며, x항의 경우 학술조사 자료가 빈곤하기 때문에 성사되기가 쉽지 않다고 했다(허권, 「세계유산의 탁월한 보편적 가치의 구성과 지리산」, 지리산 세계유산등재 연구용역 2차 학술세미나, 순천대학교·경상대학교 지리산권문화연구단, 2011, 14~17쪽).

서 성급히 등재를 추진할 사안이 아니기 때문에 우선 지리산의 생물권보전지역 지정이 선행되어야 한다. 국립공원관리공단의 지리산자연자원조사 결과를 토대로 지방자치단체의 장이 연명하여 문화재청에 신청함으로써 유네스코의 등재제도[45] 중 하나인 생물권보전지역으로 지정될 경우 세계유산등재가 훨씬 수월할 것이다. 이 역시 제주도가 생물권보전지역(2002년)으로 지정된 후 세계자연유산(2007년)으로 등재되었으며, 그 후에 지질공원(2010년)으로 등재됨으로써 흔히 유네스코 3관왕이 되었다는 사례에서 찾을 수 있다.

3. 사회통합

지리산의 세계유산자원 및 그 가치의 입증 이외에 세계유산 등재 준비 및 추진 과정에서 배제할 수 없는 과제는 사회통합이다. 이는 지리산이 처한 지리적·행정적 그리고 체계적으로 단체와 개인의 통합을 망라하며, 전상진(2010)이 Hansen(2009)[46]의 가정을 인용한 통일적 패러다임(coherent paradigm)[47]과 응집적 패러다임(cohesive paradigm)[48]이 동시에

---

[44] 지리산권의 대다수 주민은 지리산의 세계복합유산 등재를 희망한다. 남원문화원이 2011년 11월, ICOMOS 및 문화재청에 이를 제안했으며, 지리산권의 시민사회단체들도 복합유산으로 등재 추진을 주장하고 있다.

[45] 유네스코의 유산등재제도는 세계유산(문화유산·자연유산·복합유산) 이외에도 인류무형문화유산, 세계기록유산, 인간과 생물권 네트워크(MAB), 창의도시, 지질공원 등이 있다.

[46] Hansen, K.P., *Kultur, Kollektiv, Nation*, Passau: Stutz, 2009.

[47] 통일적 패러다임을 요약하면, 문화적 공동체에 속한 성원들은 문화적으로 동질적이고, 소속된 공동체의 특성에 따라 개인의 문화적 정체성이 결정된다. 따라서 통일적 패러다임의 한계는 명확하다(전상진, 「사회통합을 위한 문화정책: 세분화된 통합개념과 응집적 문화패러다임을 중심으로」, 2010, 16쪽).

[48] 응집적 패러다임은 문화적 공동체에 속한 성원들이 문화적으로 동질적이라는 것을 비판하고, 특정 문화의 성원들은 각각 이질적인 자원 동원력을 지니며, 각 집단의 현대적인 필요와 욕구에 따라 과거와 미래의 특정한 부분을 현실화한다(전상진, 「사회통합을 위한 문화 정책: 세분화된 통합개념과 응집적 문

충족되어야 지리산의 세계유산 등재를 더 수월하게 추진할 수 있겠지만 현실적으로 그렇지 않다는 의미다. 통일성에 있어서는 지리산이 동일한 문화권을 형성하고 있음에도 전라남북도와 경상남도 그리고 5개의 시·군의 입장이 서로 다른 데서 찾을 수 있으며, 더 나아가 개발과 보전의 대립 구도가 형성되는 현상이다. 이 때문에 응집성 즉 결합성(연결성)마저 발휘할 수 없다.

통일성과 응집성의 결여, 즉 통합의 해체에 이른 지리산권의 이러한 일련의 현상들은 민족의 영산이라는 지리산의 정체성마저 훼손할 우려가 있다. 그럼에도 지리산의 정체성은 지속되어야 하며, 이를 위하여 보전되어야 한다는 공감대는 형성되어 있다.

그러나 사회통합이 이루어지지 않은 현실의 벽은 전상진(2010)이 제기한 바와 같이 문화를 배제하여 사회통합에 대한 고려를 할 수 없기 때문이기도 하지만, 개발과 보전에 관한 지방자치단체와 환경단체의 대립과 지역주민 간의 찬반 논란이 상존하고 있기 때문이기도 하다(서정호, 2011b). 특히 전술한 천연보호구역 지정 및 생물권보전지역 등재 신청 등의 과제가 해결되지 않은 현시점에서 일부 단체 또는 주민들은 '지리산은 세계복합유산으로 등재되어야 한다'고 주장하고 있으나 이들 자원이 '과연 세계적인 걸작인지 또는 미적으로 빼어난지'를 충분히 검토하고 냉정하게 판단해야 할 것이다.

이러한 현상으로 미루어볼 때, 제주도와 같은 세계유산 등재 성공 사례를 본받을 필요가 있다. 제주도는 2001년 세계자연유산 잠정목록으로 신청한 이래 학술조사 및 등재신청, 등재추진위 구성 및 활동, IUCN 실사 등의 과정을 거쳐 2007년에 확정되었다.[49] 특히 등재추진원회를 범국민

화패러다임을 중심으로」, 2010, 17쪽).

[49] 서정호, 지리산의 세계자연유산 등재대상과 범위, 「지리산 세계유산 잠정목록 작성을 위한 국제학술대회」, 순천대학교·경상대학교 지리산권문화연구단, 2011b.

적 기구로 격상하여 전직 국무총리를 위원장으로 위촉하고, 국내 IUCN 임원을 참여시키는 동시에 전직 대통령, 전·현직 각료 및 지방자치단체 장 등 150만여 명으로부터 서명을 받았으며, 관내 대부분의 주민단체가 앞장서는 등 사회통합을 이룬 결과 세계자연유산으로 등재되기에 이르렀다. 이는 유산자원 못지않은 국력이다.

V. 요약 및 결론

유네스코는 1972년 '세계문화 및 자연유산 보호에 관한 협약'을 채택했으며, 1975년부터 등재되기 시작한 세계유산은 문화유산, 자연유산 그리고 복합유산 등 세 종류다. 2011년 말 현재 세계 157개국 962점의 세계유산이 등재되었으며, 우리나라는 문화유산 9점, 자연유산 1점 등 총 10점을 보유하고 있으나 복합유산을 보유하고 있지 않다.

우리나라의 지리산은 2007년 이후 제주도 용암동굴과 화산섬이 세계자연유산으로 등재된 데 힘입어 세계복합유산으로 등재하려는 준비를 진행해왔다. 지리산에는 민족의 영산으로 지정·비지정 문화재가 산재하며, 생물다양성의 보고로 세계유산적 가치가 충분하기 때문에 세계유산등재를 시도하기에 이른 것이다. 지리산의 세계복합유산 등재는 한국 최초의 복합유산으로서 의의가 있으며, 유산들의 보전 의무를 외면할 수 없게 될 뿐 아니라 국제적 관광명소로 부각됨으로써 지역경제 활성화와 국위선양으로 명실상부한 문화대국에 진입하는 의의를 지닌다.

그러나 지리산이 동일한 문화권에 속함에도 3개 도, 5개 시·군에 걸쳐 있을 뿐 아니라 지난 4년여 동안 케이블카 설치를 둘러싼 시·군 간 경쟁과 시민사회단체와의 대립 등으로 지역사회의 통합성과 응집성이 현저히 훼손되기에 이르렀다. 다행히 지리산의 세계유산 등재에 관해서는 사회

구성원 또는 조직 간 이견이 없을 만큼 세계복합유산 등재 기준 iii · vi · x항의 적용이 공론화되어 있다.

그렇다고 해서 세계유산 등재를 위한 사전 준비가 미흡한 상태에서 성급히 추진할 경우 결과를 예측할 수 없으므로 철저한 연구와 사전 준비가 필요하다. 먼저 과제를 발굴하고 그것을 해결한 뒤 세계유산 등재를 추진해야 할 것이다. 왜냐하면 개별 유산에 대한 세밀한 조사를 거쳐 그것이 세계적으로 보편적 가치가 있는지를 입증해야 하며, 문화유산의 경우 진정성 확보, 자연유산의 경우 관련 등재 기준 조항에 의한 4계절 동영상 자료 등의 확보와 함께 국제 학술지 발표 실적 등 까다로운 조건을 충족해야 하기 때문이다.

따라서 우선 제도적으로 수월한 방법을 택하여 지리산을 보전하는 방법을 모색할 필요가 있다. 그것은 천연보호구역 및 유네스코 생물권보전지역 지정이다. 지리산은 천연보호구역 및 생물권보전지역으로서 가치가 충분한데도 아직까지 그 절차를 이행하지 않기 때문이다.

이와 같이 비록 완벽한 행정적 · 체계적 사회통합이 이루어지지 않고 있지만, 우선 국내법에 의한 천연보호구역 지정 신청 및 유네스코의 MAB에 의한 생물권보전지역으로 등재를 신청한 후 단계적으로 세계복합유산 등재를 추진함이 바람직하다. 이와 병행하여 세밀한 자원조사를 통하여 지리산의 세계유산적 가치를 입증해야 할 것이다. 이를 위하여 지리산과 관련한 사회는 통합되어야 하며, 관련 단체는 물론 지역 주민 그리고 범국민적인 등재추진위원회가 구성되어야 한다.

이 글은 『문화정책논총』 제27집 1호(2013)에 수록된 「지리산의 유네스코 세계유산 등재전략과 과제」를 수정보완하여 실은 것이다.

지리산의 유네스코 생물권보전지역 지정 필요성과 전망에 관한 연구

서정호

1. 서론

지리산은 우리나라 '최초의', '가장 넓은', '생물다양성이 가장 풍부한' 등의 수식어가 따라붙는 국립공원으로 수많은 역사·문화유적이 보전되고 있는 산이다. 그럼에도 불구하고 자연환경과 생태계가 잘 보존되어 후세에 물려줄 수 있을지에 대한 우려가 끊이지 않고 있다. 지방화시대 이후부터 진행되고 있는 개발 때문이다. 또한 지리산은 천연보호구역 및 유네스코 생물권보전지역(BR: Biosphere Reserves)으로 지정될 수 있는 충분한 조건을 갖추었으면서도 아직 지정 신청을 하지 않고 있는 상태이다. 생태계 및 자연경관 등 여러 면에서 비교할 수 있는 설악산과 한라산은 천연보호구역 및 생물권보전지역으로 지정되어 있다. 이 때문에 환경부와 국립공원관리공단은 2011년 말, 전국의 국립공원을 대상으로 생물권보전지역 지정 확대방안을 마련하고 그 첫 번째 신청 지정 대상지로 지리산을 선정하였으며,[1] 2013년부터 지리산의 유네스코 생물권보전지역 지정신청서를 작성하기에 이르렀다. 그러나 지리산권 5개 시·군 중 일부 지방자치단체와 용도구역 예정지 인근 주민들의 반대로 신청서 제출이 지연되고 있다.

그럼에도 불구하고 지리산이 유네스코 생물권보전지역 지정되어야 하는 이유는 충분하다. 유네스코의 생물권보전지역으로 지정되려면 1996년에 UNESCO가 제정한 세계생물권보전지역 네트워크 규약(THE STATUTORY FRAMEWORK OF THE WORLD NETWORK OF BIOSPHERE RESERVES)과 우리나라의 생물권보전지역 지정 및 관리 가이드라인에 부합하여야 하며, 과학적으로 올바르고 문화적으로 창조적이며 지속가능한 관리와 운영으로 자연의 가치와 문화적 가치를 보호하고 생성시켜야 한다.[2] 왜냐하면 세비야전략을 통하여 실행되는 세계생물권보전지역 네트워크는 전 세계 사람들과 민족들 간의 연대의식을 형성하는 데 유용하게 이용될 수 있는 통합의 도구이기 때문이다.

생물권보전지역은 1974년 유네스코 인간과 생물권 계획(MAB: Man and the Biosphere Programme)특별전문위원회에 의하여 창안되었으며, MAB는 1971년 유네스코 총회에서 설립되고 1972년 유엔인간환경회의(UNCHE)에서의 확인되었다. 이에 따라 1976년에는 처음으로 생물권보전지역으로 지정됨과 동시에 생물권보전지역 네트워크가 구성되었다. 생물권보전지

---

[1] Ministry of Environment and KNPS, 2011, The Study on Ways to Specify and Spread of Biosphere Reserve about National Park in Korea. KNPS, Seoul, p. 137.(in Korean)

[2] Ministry of Environment and KNPS, 2011, The Study on Ways to Specify and Spread of Biosphere Reserve about National Park in Korea. KNPS, Seoul, p. 137.(in Korean)

역으로 지정되려면 유네스코 규약 제5조의 규정에 의하여 그 지역이 속하고 있는 지방자치단체가 소정의 신청서를 작성하여 자국의 MAB국가위원회에 제출하여야 한다.

우리나라의 경우 특히 핵심지역은 자연공원법, 야생생물보호 및 관리에 관한 법률, 자연환경보전법, 습지보전법, 문화재보호법, 산림보호법, 백두대간보호에 관한 법률 등 자연자원보호를 목표로 하는 법률에 의하여 법적 보호를 받는 지역이어야 생물권보전지역 지정 신청이 가능하도록 하되, 일반적으로 생물권보전지역의 면적은 최소 100㎢ 이상으로 하며, 핵심지역은 전체면적의 최소 3% 이상, 핵심지역을 둘러싸고 있는 완충지대는 전체면적의 최소 7% 이상, 핵심지역과 완충지대를 합한 면적은 전체 면적의 최소한 10% 이상, 전이지역은 전체면적의 최소 50%를 차지하고 있도록 하는 등 가이드라인을 설정하고 있다.[3]

우리나라의 생물권보전지역 지정 및 관리 가이드라인은 UNESCO 생물권보전지역네트워크 규약 및 외국의 생물권보전지역 지정 기준을 기반으로 국내 현실에 맞도록 변경한 것으로 특히 지속가능한 경제활동보장과 생태계 및 경관유지를 도모하고 있다. 이러한 세계적 추세와 우리나라를 비롯한 대부분의 국가의 대처는 세비야전략 이후의 생물권보전지역 지정 효과 때문이다. 국내 보호지역의 국제적 이미지 제고, 인근 지역주민의 소득향상, 지속가능한 이용모델 제시 등이 생물권보전지역의 지정효과이며, 궁극적인 목표는 핵심지역 생태계 보호, 지역발전 도모, 국가의 재정적·행정적 지원, 효율적 통합관리 등이다.

이에 따라 생물권보전지역으로 지정되기 위한 필요충분조건은 법률적 보호, 면적, 지속가능한 경제활동 보장, 생태계 및 경관유지 등 4항목으로

---

3) Ministry of Environment and KNPS, 2011, The Study on Ways to Specify and Spread of Biosphere Reserve about National Park in Korea. KNPS, Seoul, p. 137.(in Korean)

요약할 수 있다. 지리산의 법률적 보호는 자연공원법에 의하여 국립공원으로 지정·보호·관리되고 있으며, 야생생물 및 보호에 관한 법률, 자연환경보전법, 습지보전법, 문화재보호법, 백두대간 보호에 관한 법률, 산림보호법 등에 의하여 보호되고 있어 생물권보전지역 지정의 요건을 갖추고 있다.[4] 또한 이미 법률에 의하여 획정된 지리산국립공원의 면적이 483km²이므로 면적조건을 충족한다. 생태계 및 경관의 유지를 위하여 국립공원관리공단은 서식지 및 경관지역에서 손상된 지역의 보호, 복원, 유지, 개발을 위한 목표, 방법에 관한 계획 수립 및 시행, 동식물과 서식처의 기록관리 및 멸종 위기종에 관한 특별목록 작성·관리, 생태계나 경관을 훼손할 수 있는 요소에 관한 사전 관리, 생물종 보전을 위하여 중요한 종이 발견된 지역을 보존하기 위한 적절한 조치 등 MAB한국위원회가 규정한 가이드라인을 충족하고 있다. 특히 지리산은 우리나라의 국립공원 중 생물다양성이 가장 풍부한 생태계의 보고로 서식하는 동식물은 약 7,000종에 달한다.[5]

그러나 지속가능한 경제활동보장 항목을 모두 충족하고 있지는 않다. 가이드라인은 지속가능한 경제활동 편에서 생물권보전지역의 경제적인 측면과 지역주민의 삶적인 측면에서의 지속가능한 이용 및 발전, 1차 산업에 기초한 지속가능한 생태학적 토지이용, 자연환경을 파괴하지 않는 범위에서 2차·3차 산업의 친환경적 영위, 단순 관광지로서의 중요성뿐만 아니라 지속가능한 발전, 지자체 및 공공기관의 지원 등이 그것이다. 따라서 지리산이 생물권보전지역으로 지정될 경우 지리산의 자연생태와

---

[4] Seo, C.H., 2013, The Enhance on International Status of Jiri Mountain, Proceedings of 2013 Forum on the Culture and Art of Jiri Mountain and Mountain Culture by Jirisan Region Cultural Research Institute at Sunchon, Sunchon, pp. 97-119.(in Korean)

[5] KNPS, 2013, Status of Animal and Plant Resources as Basic Statistics of National Park, p. 198.(in Korean)

문화유적들의 현황과 보존의 필요성에 대한 인식을 드높임으로써 지리산에 대한 국제적 위상 제고는 물론 전 지구적 차원에서 생물다양성 증진과 문화유적의 보전에 대한 공감대를 형성할 수 있기 때문이다. 특히 생물권보전지역 지정은 유전자 자원, 종, 생태계, 경관 등을 보호하는 보전(conservation) 기능과 지속가능한 경제발전과 인적자원 개발을 촉진하는 발전(development) 기능 그리고 시범사업, 환경교육 및 훈련, 지역적, 국가적, 전 지구적 차원의 보전과 지속가능한 발전 관련 쟁점들에 관한 연구와 모니터링 등을 지원하는 지원(logistic support) 기능 등이 있을 뿐 아니라,[6] 생물권보전지역은 생물다양성의 보전과 지속가능한 이용을 동시에 추구하면서 주민생활의 질 개선, 환경의 지속가능성을 위한 사회적·경제적·문화적 조건의 개선을 목적으로 삼고 있어[7] 절실하다.

또한 지리산을 생물권보전지역으로 지정되게 하려는 이유는 지정에 따른 효과 때문이다. 유네스코 생물권보전지역으로 지정되면 첫째, 해당 지역의 생태적 가치에 대한 국제적 인지도 상승으로 인한 국제적 위상이 제고된다. 특히 유네스코 세계유산과 지질공원, 람사르협약에 의한 람사르습지 등 자연생태와 관련하여 국제적 네트워크에 등재되거나 지정된 것이 없기 때문이다.

둘째, 인근 지역주민의 소득향상에 기여하게 된다. 지역에서 생산되는 농·임·특산물에 유네스코가 인증하는 생물권보전지역 로고를 활용한 라벨링사업으로 생산품의 경쟁력이 제고되는 효과가 있다. 즉 유네스코가 지정하는 친환경 생산물임을 홍보의 수단으로 활용할 수 있다는 점이다. 예컨대 신안 다도해 증도에서 생산되는 천일염 포장지에 유네스코

---

6) KNPS, 2013, Status of Animal and Plant Resources as Basic Statistics of National Park, p. 198.(in Korean)

7) Cho, D.S., 2012, History and Philosophy of MAB and Biosphere Reserves: Performance and Future of UNESCO MAB 40 Anniversary, Ministry of Environment · KNC UNESCO · MAB Korea · KNPS. pp. 10-18.

MAB 로고를 새겨 활용함으로써 생물권보전지역에서 생산되었음을 알리고 있는 사례가 대표적이다.

셋째, 생물권보전지역의 생물다양성과 경관 그리고 지역의 문화가 결합된 생태관광 활성화로 지역주민의 소득향상을 도모하게 된다. 지리산권에는 지리산국립공원과 지리산둘레길, 섬진강 · 엄천강 · 경호강 · 덕천강 등 하천생태계 그리고 주변의 수많은 문화 · 역사 유적들이 있어 이미 수많은 관광객이 찾아오는 곳이다. 여기에다 생물권보전지역 지정으로 국제적 인지도가 높아지게 되면 더 많은 관광객이 방문할 것임은 분명하다.

마지막으로, 생물권보전지역으로 지정되면 BR의 기능과 세계생물권보전지역 네트워크 규약에 따라 관리체계를 수립하게 됨으로써 보전과 지속가능한 발전을 위한 이용 그리고 지원의 수혜를 입게 된다. 이는 생물권보전지역의 기능으로 명시된 사항이다. 특히 생물권보전지역의 조사와 관리를 위한 기술적, 재정적 지원을 받을 수 있게 될 뿐만 아니라 보전과 관리에 관한 의무가 부여된다.

이에, 문헌연구에 의하여 생물권보전지역의 개념, 등장과 전개과정 등 역사, 현황, 생물권보전지역 지정에 대한 세계적 추세 그리고 지리산의 생물권보전지역 지정의 당위성 등에 관하여 고찰하고 설문조사를 통하여 지리산의 생물권보전지역 지정의 필요성과 전망을 연구함으로써 생물권보전지역 지정 신청을 앞당기는 데 기여하고자 한다.

II. 연구방법

설문조사에 앞서 유네스코 생물권보전지역의 개념과 제도, 역사, 현황 등에 관하여는 문헌을 조사하여 고찰하였으며, 지리산의 유네스코 생물권보전지역에 관한 인식, 지정에 관한 필요성, 전망 등을 2014년 4~5월 중 토요일과 일요일에 지리산 탐방객과 평일의 면사무소를 방문하는 지역주민 등 402명을 대상으로 무작위 추출방식으로 설문조사를 실시하였다. 모집단의 크기가 50만 명 이상일 때 99% 신뢰도 수준에서 ±4.90의 허용 표집오차를 가지는 표본의 크기는 400명[8]임을 고려하고, 지리산권(남원시, 함양·산청·하동·구례군)의 인구가 약 25만 명[9]임을 감안하여, 본 연구에서는 유효표본의 크기를 402명으로 하였다. 조사장소는 남원시 정령치 주차장 주변과 주천면사무소 앞, 함양군 백무동 주차장 주변과 마천면사무소 앞, 산청군 로타리산장 주변과 시천면사무소 앞, 하동군 불일평전과 화개면사무소 앞, 구례군 성삼재 주차장 주변과 광의면사무소 앞 등이다(그림 1). 지리산과 연접하지 않은 장수군과 곡성군은 제외하였다.

조사방법은 본 조사자가 개인별 1부씩의 설문지를 배포하고 3~10명씩을 단위로 유네스코 생물권보전지역의 개념과 조사목적을 간략히 설명한 후 우선 성별, 연령, 직업, 거주지 및 인지여부에 응답하도록 하였다. 그 다음에는 비교적 상세하게 생물권보전지역에 대하여 설명한 후 지리산의 생물권보전지역 지정 전망에 관하여 설문하였다. 배포한 설문지는 500부로 응답 거부 등 자료로 사용할 수 없는 설문지 98부를 분석대상에서 제외하였다. 조사결과의 통계분석은 SPSS 패키지프로그램 ver.12.0을 활용하였으며, 빈도와 유의성을 판단하기 위하여 $x2$(카이자승) 검증을 거쳤다.

[8] Jeong, D.Y., 2004, Social Statistics, Jeju University Press, Jeju, p. 522.(in Korean)
[9] Seo, C.H., 2012a, The Natural Landscape of Mt. Jiri, Sunchon University Jirisan Region Culture Institute. Gurye, p. 297.(in Korean)

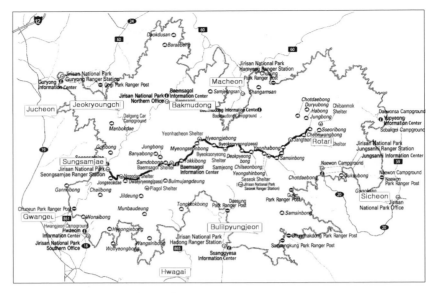

〈그림 1〉 The place of this survey

III. 결과 및 고찰

1. 유네스코 생물권보전지역에 관한 이론적 · 제도적 고찰

생물권보전지역(Biosphere Reserve, 生物圈保全地域)이라는 용어는 유네스코(UNESCO, 국제연합교육과학문화기구)가 1968년 '생물자원의 보전과 합리적 이용'을 위한 국제회의 때부터 사용되기 시작하였으며, 1974년 유네스코 인간과 생물권계획(MAB) 특별전문위원회에서 "보전의 가치가 있고, 지속 가능한 발전을 지원하기 위한 과학적 지식 · 기술, 인간의 가치를 제공할 수 있는 지역으로서, 1976년에 구성된 세계생물권보전지역 네트워크의 규약에 따라 국제적으로 인정된 육상 및 연안 생태계 지역"으로 그 개념이 정립되었다. 이 규약은 1995년 스페인의 세비야(Seville)에서 열린 국제생물권보전지역회의에서 세비야전략(MAB National of the Republic of Korea)[10]과 함께 그 초안이 작성되었으며, 약 3개월 후에 열린 국제조정이사회에서 지지를 받았다. 이 규약 3조에서는 생물권보전지역의 기능을 명시하고 있는데, 그것은 (ⅰ) 보전기능으로 경관과 생태계, 종, 유전적 변이의 보전에 기여, (ⅱ) 발전기능으로 사회·문화적이고 그리고 생태적으로 지속가능한 경제·인간 발전 촉진, (ⅲ) 지원기능으로 지방·지역·국가·지구 차원에서의 지속가능한 발전과 보전문제와 관련된 시범사업과 환경교육, 훈련, 연구와 모니터링 지원 등이다(세계생물권보전지역 네트워크 규약 3조).[11] 이는 생물권보전지역 내의 자연자원과 보전지역 관리의 효율성을 증진시킬 수 있는 모든 지원 활동이 포함됨을 의미한다. 또한 각 생물권보전지역은 다음과 같이 세 가지 기본 요소로 구성되어야 한다.

① 핵심지역(core areas): 생물다양성의 보전과 최소한으로 교란된 생태계의 모니터링, 파괴적이지 않은 조사연구와 미미한 영향을 주는 이용(예: 교육) 등을 할 수 있는 엄격히 보호되는 장소로서 하나 또는 그 이상의 지역.

② 완충지대(buffer zone): 보통 핵심지역을 둘러싸고 있거나 그것에 인접해 있으면서 환경교육, 레크리에이션, 생태관광, 기초연구 및 응용연구 등의 건전한 생태적 활동에 적합한 협력활동을 위해 이용되는 곳으로서 명확히 구분되는 지대.

③ 전이지역 또는 협력지역(flexible transition area, area of co-operation): 다양한 농업활동과 주거지, 그리고 다른 용도로도 이용되며 지역의 자원을 함께 관리하고 지속가능한 방식으로 개발하기 위하여 지역사회,

---

10) MAB National of the Republic of Korea, 2013a, 'THE SEVILLE STRATEGY FOR BIOSPHERE RESERVES - Biosphere Reserves the first 20 years'. p. 100.

11) MAB National of the Republic of Korea, 2013a, 'THE SEVILLE STRATEGY FOR BIOSPHERE RESERVES - Biosphere Reserves the first 20 years'. p. 100.

관리당국, 학자, 비정부단체(NGO), 문화단체, 경제적 이해집단과 기타 이해당사자들이 함께 일하는 곳 등이다. 이들 세 지역은 원래 동심원을 이루도록 구상되었으나 현지의 요구와 조건에 맞게 다양한 방식으로 이루어진다. 사실 생물권보전지역 개념이 갖는 가장 큰 장점 중의 하나는 다양한 상황 속에서 생물권보전지역이 실현될 수 있도록 하는 신축성과 창의성이다(MAB National of the Republic of Korea, 2013a).

생물권보전지역은 1974년 유네스코 인간과 생물권계획(MAB: Man and the Biosphere Programme)의 특별전문위원회에 의하여 창안된 후 1976년, 미국, 영국, 콩고, 이란, 폴란드, 태국, 우루과이 등에서 57개 지역이 생물권보전지역으로 처음 지정되었으며[12], 이와 때를 같이하여 생물권보전지역 네트워크가 구성되었다. 1995년에 세비야전략을 계기로 보전위주에서 보전과 개발의 통합 및 생물권보전지역들의 이해당사자들 간의 협력증대가 추구됨에 따라 생물권보전지역 지정에도 상당한 변화를 가져오게 되었다. 2014년 6월 말 현재 세계의 생물권보전지역은 119개국 631개 지역으로, 이 중 1996년 이후 즉 세비야전략 이후 지정된 지역은 182개 지역이다.[13] 1976년부터 1995년까지 20년 동안 지정된 지역은 449개 지역으로 매년 평균 22.5개 지역이 지정되었으며, 1996년부터 2013년까지 18년 동안에는 매년 평균 9.6개 지역이 지정되었다. 2014년에는 13개 지역이 지정되고 3개 지역이 취소되었다. 이처럼 원래 지정 지역 수는 이보다 더 많았으나 매년 평가에 의하여 세계생물권보전지역 네트워크 규약 4조에서 정한 지정기준을 위배하는 등 지정취소의 사유가 발생함으로써 지정이 취소된 경우도 있다.

---

[12] UNESCO, 2014, 'World Network of Biosphere Reserves', http://www.unesco.org(2014.6.21).

[13] UNESCO, 2014, 'World Network of Biosphere Reserves', http://www.unesco.org(2014.6.21).

<그림 2> The status of biosphere reserves in Korea

생물권보전지역을 가장 많이 보유한 나라는 미국(47개 지역)으로 이 중 27개 지역은 1976년에 지정되었으며 나머지도 1970~1980년대에 집중적으로 지정됨으로써 모두 세비야전략 이전에 지정되었다. 우리나라는 5개 지역이 지정되어 있으며 북한은 4개 지역이 지정되어 있다(그림 2). 우리

나라의 5개 지역의 생물권보전지역의 용도구역별 면적은 표 1과 같다.

한편, 우리나라에서는 이 외에도 2011년 9월에 DMZ 남한 쪽 전체(435㎢)와 습지·산림유전자원·백두대간 등 법정보호지역(426㎢) 중심의 핵심지역 861㎢, 민통선 위주의 완충지역 693㎢, 접경지역 중 민간인통제구역의 인접 생활권인 전이지역 1,425㎢ 등 모두 2,979㎢를 유네스코 생물권보전지역 지정을 신청하였으나 2012년 7월 프랑스 파리에서 열린 MAB ICC에서는 그 지정을 유보하였다. 그러나 2013년에는 2012년에 신청한 고창군이 지정되었으며,[14] 2014년 6월에는 북한의 칠보산이 추가로 지정되었다.[15]

또한 2010년 전후부터 생물다양성 증진[16]과 생태계서비스를 강조하는 추세이며, 이에 따라 2014년 4월에 개정된 생물권보전신청서 양식(MAB National of the Republic of Korea)[17]에 의하여 생태계서비스 항목이 추가됨으로써 생물다양성과 생태계서비스의 중요성이 한층 더 커지게 되었다.

〈표 1〉 The area of biosphere reserves in Korea

Name	Area(㎢, %)			
	Total	Core area	Buffer zone	Transition area
Seorak	393.50	164.30(42)	223.85(57)	5.35(1)
Jeju	830.94	151.58(18)	146.01(17)	533.35(65)
Shinan	573.12	32.42(6)	143.24(25)	397.46(69)
Gwangneung	244.65	7.55(3)	16.57(7)	220.53(90)

---

[14] Gochang County, 2012, Gochang Biosphere Reserve Eco-nuri Park. GCBR, Gochang, p. 152.(in Korean)

[15] Korean National Commission for UNESCO, 2014, http://www.unesco.or.kr(2014. 7. 8).

[16] Choi, J.K. et al, 2010, BIODIVERSITY IS LIFE·BIODIVERSITY IS OUR LIFE. Korean National Commission for UNESCO·National Research Institute of Cultural Heritage, Seoul, p. 115. (in Korean)

[17] MAB National of the Republic of Korea, 2013a, 'THE SEVILLE STRATEGY FOR BIOSPHERE RESERVES - Biosphere Reserves the first 20 years'. p. 100.

Gochang	729.59	95.69(13)	374.20(51)	259.70(36)
Total	2,771.80	451.54(16)	903.87(33)	1,416.39(51)

2. 조사대상자의 일반적 특성

지리산 생물권보전지역 지정 필요성과 전망에 대한 설문 조사대상자의 성별, 연령, 직업, 조사대상지별, 거주지별 분포는 〈표 2〉와 같다. 조사대상자의 성별 분포는 남성 67.2%, 여성 32.8%로 남성이 2/3, 여성이 1/3을 차지한다. 연령대별로는 40대가 가장 많은 30.7%로 그 뒤를 이어 30대가 25.7%를 차지하고 있다. 직업별로는 사무기술직이 43.6%, 개인 사업자 22.6%, 판매서비스업 종사자가 11.7%였다. 응답자의 설문지를 회수한 장소는 구례지역이 37.9%, 산청지역이 20.8%, 함양지역이 18.7%이다. 조사대상자의 거주지는 수도권이 가장 많은 39.7%, 영남권이 36.1%, 그 뒤를 이어 호남권이 23.9%이다. 이를 지리산권과 비지리산권으로 구분하면, 남원, 함양, 산청, 하동, 구례 등 지리산권에 거주하는 응답자는 28.4%이며, 그 외의 지역 거주자는 71.6%에 달한다.

〈표 2〉 Demographic characteristics of respondents

Items	Category and frequency(frequence, %)
Gender	Male(270, 67.2), Female(132, 32.8)
Age	20's(84, 20.9), 30's(103, 25.7), 40's(123, 30.7), 50's(72. 18.0), Over 60's(19, 4.7)
Occupation	Administrative and technical workers(180, 43.6), Agriculture-Forestry Industries(30, 7.6), Salse and service workers(46, 11.7), Independent business(89, 22.6), Housewives and students etc.(57, 14.5)
Response place	Namwon(37, 12.5), Hamyang(70, 18.7), Sanchung(78, 20.8), Hadong(38, 10.1), Gurye(142, 37.9)
Living Place 1	Metropolitan(113, 39.7), Honam area(91, 23.9), Youngnam area(137, 36.1), Choongcheng area(39, 9.5), Gangwon-Jeju, etc.(10, 2.4)
Living Place 2	Jirisan Region(114, 28.4%), Non-Jirisan Region(288, 71.6)

3. 유네스코 생물권보전지역에 대한 인지현황 및 지정 전망

조사대상자들이 조사 시점(조사자의 조사취지 및 생물권보전지역에 대한 간략한 설명 직후)에서 유네스코 생물권보전지역을 알고 있느냐 하는 설문에 "알고 있다"라고 응답한 사람은 142명(37.2%)이며, "모른다"라고 응답한 사람은 240명(62.8%)이었다(표 3). 교차분석 결과 성별, 응답 장소별, 거주지별 차이는 나타나지 않았으나, 연령별로는 20대 50.0%, 30대 42.0%, 40대 31.0%, 50대 27.7%, 60대 이상 18.8%로 나타나 연령이 높을수록 생물권보전지역을 인지하지 못하고 있었다. 인지하지 못한 응답자의 직업은 사무기술직 종사자가 16.7%로 농림업 종사자 47.3%보다 현저하게 낮았으며, 그 외 직업군은 20%대로 비슷하였다. 반면, 생물권보전지역을 알고 있었던 사람 중 "이미 알고 있었다"라고 응답한 사람은 72.3%였으며, "조사자의 설명을 듣고 알게 되었다"고 응답한 표본은 27.7%로 나타나 조사자의 설명을 듣기 전부터 이미 알고 있었던 표본은 102명 즉 약 4분지 1에 해당한다.

〈표 3〉 Awareness about designation of UNESCO Biosphere Reserve at Jiri Mt.

Items	Frequency	Percentage(%)
Known	142	37.2
Unknown	240	62.8
Total	382	100.0
$x2$	25.141*	

* $p < .001$

따라서 조사대상자로 하여금 성별, 연령, 직업, 거주지 등 기본 항목과 "생물권보전지역에 대하여 알고 있는가?"에 대한 인지도를 조사한 후에 본 조사자가 상세하게 생물권보전지역에 대한 설명을 한 후 지정 필요성과 대하여 관하여 다섯 단계의 척도로 조사하였다. 조사결과, 지리산은 유네스코 생물권보전지역으로 '반드시 지정되어야 한다(113명, 28.3%)', '가급적 지정되어야 한다(180명, 45.0%)', 잘 모르겠다(33명, 8.3%), '굳이 지정될 필요가 없다(32명, 8.35%)', '전혀 지정될 필요가 없다(42명, 10.5%)'로 나타났다(표 4).

〈표 4〉 Necessity about designation of UNESCO Biosphere Reserve at Jiri Mt.

Items	Frequency	Percentage(%)
Must be designate	113	28.3
Possible designation	180	45.0
Unknown	33	8.3
Bother not designation	32	8.0
Not need designation	42	10.5
Total	400	100.0
x2	213.075*	

* p < .001

표 4에서 지리산이 유네스코 생물권보전지역으로 지정되어야 한다는 필요성을 응답한 표본 수는 293명으로 전체 의 73.3%에 달하며, 지정될 필요가 없다고 응답한 표본 수 74명(18.5%)의 약 4배에 달한다. 지정에 찬성하는 응답자의 인구통계학적 분포는 성별, 거주지 1별 차이는 없다. 그러나 연령별로는 20대와 30대는 각각 84.2%, 82.8%로 비슷하며, 40대 79.1%, 50대 68.4%, 60대 이상 48.8%로 나타나 연령이 낮을수록 생물권보전지역 지정의 필요성을 제기하고 있어 지정 전망을 밝게 하고 있다. 직업별로는 사무기술직 종사자가 87.8%로 농림업 종사자 43.1%보다 2배 이상 지정의 필요성을 지지하고 있으며, 그 외 직업군은 70% 내외로 비슷하다. 굳이 지정될 필요가 없다는 소극적 반대와 전혀 지정될 필요가 없다는 적극적 반대 표명 표본 중 농림업 종사자의 비율이 67.1%로 3분의 2 이상을 차지하고 있으며, 특히 거주지 2에서 지리산권에 거주하는 농림

업 종사자의 90.2%가 지리산의 생물권 지정을 반대하고 있다. 다만 지리산권 거주자 중 20대는 38%, 30대는 28%로 타지역 20~30대보다 근소하게 높은 비율로 반대의사를 표시하고 있으나, 50대 92%, 60대 이상 94%가 반대함으로써 지리산이 생물권보전지역으로 지정될 경우 농림업 영위에 제한을 받을 것으로 인식하고 있었다. 이 때문에 지리산권의 사회통합이 가장 큰 관건이다.[18]

특히 지리산권에는 지난 5년 여에 걸친 지리산 케이블카 설치문제에 대한 찬반논쟁과 지금까지 계속되고 있는 지리산댐 건설여부에 대한 대립과 갈등으로 사회통합이 이루어지지 않고 있다. 그럼에도 불구하고 "지리산이 생물권보전지역으로 지정될 것이다"라고 전망한 표본 수는 352명(90.7%)으로 나타났으며(표 5), 지리산이 생물권보전지역으로 지정되어야 하는 이유로 '생물종 보존을 위하여'가 76.3%, '지역주민의 경제적 활동 보장을 위하여'는 12.9%로 나타나 생물권보전지역 지정제도에 부합하고 있다(표 6).

〈표 5〉 View about designation of UNESCO Biosphere Reserve at Jiri Mt.

Items	Frequency	Percentage(%)
Will be designate	352	90.7
Shall be not designate	36	9.3
Total	388	100.0
x^2	257.361*	

* p < .001

[18] Seo, C.H., 2012b, The Study on Social Cohesion as Variables for Registration to World Heritage List of Jiri-mountain, The Journal of Namdo Cultural Studies 23: 165-183. (in Korean with English abstract)

〈표 6〉 Reason must be designation of UNESCO Biosphere Reserve at Jiri Mt.

Items	Frequency	Percentage(%)
Species Conservation	261	76.3
Guarantee of economic activity	44	12.9
Enhance international standing	6	1.8
Local pride and self-esteem	5	1.5
Promote the value of Mt. Jiri	4	1.2
etc	22	6.4
Total	342	100.0
x2	299.081*	

* p < .001

Ⅳ. 결론

민족의 영산(靈山) 지리산은 풍부한 생물다양성으로 인하여 유네스코의 생물권보전지역 지정을 위한 가이드라인을 충족하고 있으며, 세계생물권보전지역 네트워크 규약을 이행할 수 있는 조건을 갖춤과 동시에 법률적으로 보호받고 있을 뿐 아니라 지정의 필요성이 충분함을 확인하였다. 그러나 2011년 9월 파주·연천 등 경기도 2개 시·군과 강원도 철원·화천·양구·인제·고성 등 5개 군에 속한 남쪽 DMZ와 민통선 그리고 접경지역 일부 등을 대상으로 DMZ 생물권보전지역으로 신청하였으나 용도구역 중 철원지역의 완충·전이구역 설정이 '세계생물권보전지역 네트워크 규약' 제4조의 기준을 충족하지 않아 유보되었던 점을 비교할 필요가 있다. 즉 생물권보전지역의 관리시스템 상 중앙정부와 지자체, 지역주민 등 어느 한 쪽이라도 협력하지 않으면 생물권보전지역 지정이 쉽지 않음을 나타낸 사례이기 때문이다.

이에 따라 지리산이 생물권보전지역으로 지정되기 위해서 해결해야 할 과제를 예상할 수 있다. 그것은 첫째, 생물권보전지역 관리주체가 지역주민이라는 사실을 인식해야 할 필요성이 있다. 아무리 좋은 제도라 하더라도 지역주민이 반대하면 지정받기 어렵기 때문이다.

둘째, 중앙정부와 그 위임을 받은 공원관리청(국립공원관리공단) 그리고 지방자치단체 간의 유기적인 협력이 필요하다. 지정 신청을 위한 연구와 신청서 작성 등은 공원관리청과 전문가들의 몫으로 가능할 수 있겠지만 공원관리청장, 지장자치단체의 장, 심지어는 용도구역이 읍면의 일부를 나누게 될 경우 읍면장의 동의가 필요하기 때문이다. 특히 지리산과 같이 3개 도, 5개 시·군에 걸쳐 있을 경우 그 상황은 DMZ를 생물권보전지역으로 신청했었던 경우와 유사하기 때문에 지방자치단체 간의 협력과 통합의 중요성은 아무리 강조해도 지나치지 않다.

셋째, 핵심지역에 대한 보전관리계획과 완충지역과 전이지역을 지역발전에 활용하는 방안이 강구되어야 한다. 특히 생물권보전지역 지정으로 인하여 주민의 재산권 행사 등 주민생활과 지역경제 발전에 도움이 될 방법 검토가 선행되어야 한다. 이 때문에 용도구역 설정에 주민 의견의 반영은 필수적이다. 세비야전략이후 용도구역 중 핵심지역의 크기는 전체의 3% 이상이면 그다지 문제시 되지 않기 때문에 지리산국립공원구역(483㎢) 중 기존의 국립공원특별보호구(180㎢)의 일부 또는 생태·경관보전지역(20.2㎢)으로 한정하되, 완충지대는 핵심지역을 제외한 나머지 국립공원구역으로 하며, 전이지역은 지리산국립공원과 연접한 읍·면과 지정에 찬성하는 인근 읍·면으로 설정할 것을 제안한다. 이렇게 될 경우 생물권보전지역 지정 가이드라인(전체: 100㎢ 이상, 핵심지역: 전체의 3% 이상, 완충지대: 전체의 7% 이상, 전이지역: 전체면적의 50% 이상)에 부합하며, 핵심지역과 완충지대는 국립공원구역에 해당되므로 대주민설득이 훨씬 수월할 수 있을 것이다.

이 외에도 생물권보전지역 지정 신청에 여러 걸림돌들을 예상할 수 있으나, 최소한 여기서 제기한 과제들이 해결된다면 지리산의 생물권보전지역 지정은 낙관적이다. 지리산권의 7개 시·군이 이미 광역관광개발사업을 시행하고 있어 협력관계를 유지하고 있으며, 지리산국립공원은 법률적으로 보호되고 있기 때문이다. 더구나 2011년 이후부터 유네스코 세계복합유산 등재에 관하여 공감대가 형성되어 있으므로 세계유산 잠정목록 신청 이전에 사전 절차의 하나로 생물권보전지역 지정신청이 바람직하다. 지리산이 생물권보전지역 지정의 필요성과 당위성 그리고 생물다양성과 경관자원 등 필요충분조건을 모두 갖추고 있기 때문이다.

　따라서 지리산의 유네스코 생물권보전지역 지정의 가장 큰 관건은 지역주민의 의중에 달려 있다고 해도 과언이 아니므로 핵심지역의 축소를 통한 전체 용도구역의 축소와 지역주민을 주축으로 한 사회통합이 절실하다. 이에 지리산권의 사회통합을 위한 노력과 연구가 필요하다.

이 글은 『한국산림휴양학회지』 제18권 3호(2014)에 수록된 「지리산의 유네스코 생물권보전지역 지정 필요성과 전망에 관한 연구」를 수정보완하여 실은 것이다.

—

일본의 명산과 여신

하쿠산을 중심으로

우정미

—

I. 머리말

일본인들은 산의 신을 여신이라고 하는 신앙이 넓게 분포되어 있었다. 그리고 산중에서의 일을 하는 산인은 끊임없이 산의 여신에게 제사를 지내고, 산의 여신에 봉사하면 보이지 않는 가호가 있기 때문에 안전하게 일을 할 수 있다고 믿었다.

또한 산의 여신에게 봉사한 산인의 영혼은 사후 산의 여신의 일부가 된다고 믿었다.[1]

산속에서 생활하는 산인들만이 아니라 마을에 사는 사람들도 산의 여

---

[1] 宮家準,『大峰修驗道の硏究』, 佼成出版社, 1988, 397쪽.

신이 풍부한 수원을 관장하여 산 아래 마을의 농토를 윤택하게 해 준다고 믿었다. 그래서 산을 신성시했었고, 두려운 대상으로 여기기도 하였다. 하지만 이러한 명산에 대한 신앙도 변하지 않는 것은 아니다. 인간의 생업과 환경, 그리고 사상에 따라 신앙의 대상도 변화한다.

하쿠산(白山)은 후지산(富士山), 다테야마(立山)와 더불어 일본의 3대 명산 중의 하나이다. 이시가와 현(石川県), 기후 현(岐阜県), 후쿠이 현(福井県)에 걸쳐있는 산괴이다. 하쿠산 신앙이 번성한 곳이고 이 신앙은 하쿠산 아래 지역뿐만 아니라 호쿠리쿠(北陸) 지방 연안에서 바다를 생업의 장으로 삼는 사람들에게도 신앙의 대상이 되었다. 하쿠산의 신은 전통적으로 여신이었다. 하지만 여신의 모습은 늘 같은 것은 아니었다. 불교 유입 이전에는 시라야마히메신(白山比咩神)이었다가 이자나미노미코토(伊弉冉尊), 불교가 정착하면서 묘리대보살(妙理大菩薩), 신도의 영향으로 구쿠리히메(菊理媛)로 그 이름을 바꾸어 간다.

하쿠산 신앙과 제신에 대한 선행연구는 상당히 진전되어 있다. 신불습합에 관련[2]하여 다카오카(高岡 1976)는 하쿠산에서의 불교 수용은 자연발생적인 지역신을 배척하지 않고 전파되어 간다고 했다. 하쿠산만의 독특한 형식은 아니지만 이러한 방식을 다카오카는 하쿠산 방식이라 하여 신의 세계로 슈겐도를 도입하는 선구가 되었다고 주장했다. 또한 지역별 하쿠산 신앙의 전개[3], 일본에서의 관음신앙[4] 등이 있다. 하쿠산의 제신(祭神)에 관한 연구는 『하쿠산기(白山之記)』,[5] 『다이초화상전기(泰澄和尙

[2] 高岡功, 「北陸白山の霊山信仰」, 『日本民俗学』108号 , 1976.
[3] 西出康信, 「江沼郡加越国境にみる白山信仰」, 『北陸宗教文化』 23号, 2010; 倉沢正幸, 「信濃国小県郡地方における古代白山信仰の伝播」, 『信濃』 62巻10号(通巻729), 2010; 平泉隆房, 「中世前期における白山信仰全国伝播の一考察」, 『日本学研究』 11号, 2008.
[4] 五来重, 「日本の観音信仰」, 『大法輪』43巻3号, 1976.
[5] 長寛元年(1163) 加賀의 中宮神社의 長吏인 隆厳에 의해 편찬되었다.

傳記)』 등의 사료 연구를 바탕으로 하는 하쿠산 신앙 연구[6]에서 언급하고 있지만 부분적이고 시대적인 변화에 따라 시라야마 여신의 변용을 보여주는 데에는 다소 미흡함이 있다.

본고에서는 하쿠산의 여신이 시대에 따라 어떻게 변형되어 가는지를 살펴보고자 한다.

II. 호쿠리쿠(北陸)의 명산 하쿠산(白山)

하쿠산은 이시카와 현 이시카와 군(石川県石川郡)의 오쿠치(尾口)·시라미네(白峰) 부락, 기후 현 오오노 군(岐阜県大野郡)의 시라카와(白川)·쇼가와(荘川) 부락, 구죠 군 시로토리 초(郡上郡白鳥町), 후쿠이 현 오오노 시(福井県大野市)에 걸쳐있는 봉우리들의 총칭이다. 최고봉인 고센보우(御前峰)는 2,702미터, 오난지미네(大汝峰)는 2,684미터, 겐가미네(剣ヶ峰)는 2,680미터인데 이 세 봉우리가 주 정상부이고 산능선에 이어진 별산(別山)도 있다. 태고부터 몇 번인가의 분화를 반복해 온 화산체이다. 일본 해를 건너온 북서 계절풍을 정면으로 받기 때문에 눈이 많아, 정상부근에서는 높이 10미터 정도 쌓인다. 주위에 높은 산이 없기 때문에 그 하얀 위용은 유난히 눈에 띈다. 그 때문에 예로부터 '시라야마(白山)'라 불렸고, 곧 '하쿠산'이라 칭하게[7] 되었다. 풍부한 적설로 데토리가와(手取川), 구즈류가와(九頭竜川), 나가라가와(長良川)라는 3개의 큰 강의 수원지가 되

---

6) 本郷真紹, 『白山信仰の源流』, 法藏館, 2001; 下出積與, 『白山信仰』, 雄山閣, 1986; 高瀬重雄, 『白山立山と北陸修験道』, 名著出版, 1977, 36, 39쪽.

7) 広瀬誠, 『立山と白山』, 北国出版社, 1971, 22~23쪽.
　　白山을 훈독하여 시라야마로 부르던 것을 음독하여 하쿠산으로 부르게 된 것은 간분(寛文 1661) 이후이다. 현재에는 하쿠산이라 해야 통용된다. 신사명만 시라야마시메 신사이지만 전국 각지에 있는 분사는 하쿠산 신사라 부른다.

어 가가(加賀), 에츠젠(越前), 미노(美濃)의 평야를 윤택하게 만들었다.[8]

하쿠산의 이름이 처음으로 국사(國史)에 보이는 것은『문덕실록(文德實錄)』인수3년(仁壽 853) 10월의 '加加賀國白山比咩神從三位'라는 기사이다. 이 해는 긴푸신(金峰神)과 아사마대신(浅間大神)이 관사의 열에 들어 간 해이다. 이 시기는 중앙에 있어서도 산악수행이 중시되었고, 동시에 고산(高山)을 숭경하는 풍조가 생겼다. 승화3년(承和 836)에는 7개의 높은 산 즉 히에이(比叡), 히라(比良), 이부키(伊吹), 아타고(愛宕), 긴푸(金峰), 가츠라기(葛城), 가부(神峰)에서 칙(勅)에 의해 약사회과(藥師悔過)가 행해졌다. 헤이안 말기 하쿠산의 중요한 기록『하쿠산기(白山記)』에 의하면 831년에 하쿠산 3반바(馬場)가 열리고 참배가 시작되었다고 했다.[9]

하쿠산 개산조를 대개 다이초(泰澄)라고 하는데 고대 하쿠산 신앙부터 논하면 다이초는 중흥조에 해당한다.『다이초화상전기(泰澄和尚伝記)』[10]의 내용 중 하쿠산 개산과 관련된 전승은 다음과 같다.

다이초는 에츠젠국 아스와(麻生津) 출생으로, 귀화인이라고 한다. 14때 꿈에 십일면보살의 계시를 받아 그때부터 매일밤 오치산(越智山)에 올라 수행했다. 다이초는 오치산에서 멀리 하쿠산의 신성스러운 모습을 보고 틀림없이 숭경(崇敬)하는 신이 있는 산이라 믿었다. 저 설산에 올라가, 중생을 위해 영

---

8) 高橋千劍破,『名山の日本史』, 河出書房新社, 2004, 259쪽.

9) 高瀬重雄,『白山立山と北陸修験道』, 名著出版, 1977, 36~39쪽.

10) 下出積與 編,『白山信仰』, 1986. 27~28쪽.
일반적 泰澄의 전기 중에 가장 오래되고, 비교적 신빙성이 있다고 말해지는 것은 鎌倉時代末期(1322)에 虎關師鍊가 쓴『元亨釋書』이다. 같은 책 卷15 万応編에 성덕태자, 엔노교자에 이어서 越智山 泰澄라고 적고 있다. 卷18 願雜編 神仙部에서는 伊勢皇太神宮 다음에 바로 白山明神를 거론하면서 泰澄에 대하여 적고 있다. 天德의『泰澄和尚傳記』는 虎關師鍊이『元亨釋書』를 집필할 때, 당시 여러 가지 泰澄傳 중에서 天德2년(958)에 淨藏이 구술하고, 門人神與가 기록한 것을 가장 신용하여 채택하였다고 적고 있어 문헌적으로는『泰澄和尚傳記』가 가장 오래되었다. 현존하는 것은 1325년의 古寫本으로 金沢文庫에 소장되어 있다.

신(靈神)을 나타내겠다고 항상 생각했다.

마침내 다이초의 꿈에 귀녀가 나타나 '영감(靈感)의 때가 왔으니, 빨리 오너라'라는 계시를 받았다. 요로 원년(養老 717) 다이초 36살 때 그는 하쿠산 산기슭의 동쪽의 이노하라(伊野原)로 가서 심혼을 모아 기도하니 전날 꿈에서 본 귀녀가 나타나 '나는 이자나미이고 지금은 묘리대보살(妙理大菩薩)이란 이름을 하고 있다. 하쿠산은 내가 신국국정(神務國政)을 관장하고 있는 도시이다. 이 신산으로 올라 오너라'라고 하고 사라졌다.

다이초는 신비감을 느끼고 하쿠산 정상에 올라, 미도리가이케 근처에서 일심불란으로 수행했다. 그러자 연못 속에서 아주 무서운 모습의 아홉 개의 머리를 가진 용(九頭龍)이 나타났다. 다이초는 '이것은 임시의 모습이지, 신불의 본래 모습은 아닙니다. 진정한 모습을 보여주십시오.' 라고 염원하자, 용의 모습은 사라지고 빛나는 십일면보살 모습이 나타났다. 다이초는 감읍하면서 '말세의 중생을 구해주십시오'라고 기원하자 관음은 잠자코 수긍한 후, 그대로 사라졌다.

다이초 전기[11]에서 이미 당시 하쿠산에는 신불습합이 이루어지고 있

---

11) 下出積與, 『白山信仰』, 雄山閣, 1986, 9~10쪽. 가나자와문고 소장본으로 정중2년(1325) 필사본인 『泰澄和尙傳記』의 내용은 다음과 같다. 1. 泰澄大師는 원래 越의 대덕이라 불리었다. 2. 越前国麻生津 태생이고, 父는 三神安角, 母는 伊野氏. 태생은 白鳳 22년 6월 21일. 3. 소년시기 道昭가 보고 신동이라고 감탄했다. 4. 持統天皇의 大化元年(645)에 靈夢을 봤다. 5. 동년부터 越知山에 올라 수행. 6. 大寶2년(702) 勅使伴安麻呂下向, 大師로서 진호국가법사가 되었다. 7. 동년 能登島에서 臥行者가 와서 隨從이 되었다. 8. 和銅5년(712) 臥行者의 청을 받아들이지 않았던 神部淨定이 운송하는 공미를 뺏어 越知山에 쌓아둠. 9. 淨定發心하여 대사에 隨從. 10. 靈龜2년(716) 靈感있었고, 養老元年 白山에 오르기 위해, 大野의 隅이면서 笛川의 東인 伊野原에 이르러 기도했다. 11. 靈神出現하여 동방 林泉에 가라고 일러줬다. 12. 그 林泉에서 신의 계시가 있었고, 神國의 유래를 들었다. 13. 더 나아가 白山 정상에 올라 신들을 받들었다. 14. 養老6년(722) 永高天皇 병환 때 大師의 기도에 의해 완쾌되었고, 천황이 불교에 귀의하자 護持僧이 되어, 禪師位를 받았다. 그 이후 神融禪師로 불리게 되었다. 15. 神龜2년(725) 行基菩薩이 白山에 참배하고, 대사와 대면했다. 16. 天平8년(736) 大師가 玄昉를 방문하여 장래 경론을 피력하고, 특히 '十一面經'을 현방으로부터 받았다. 17. 동9년 천하에 疱瘡(천연두)가 유행하자, 칙령에 의해서

음을 알 수 있고, 다이초에 의에서 하쿠산은 산악불교의 수련장으로서의 전국에서 명성을 얻게 된다. 하쿠산 선정(禪定)과 관련된 등산입구는 가가(加賀), 에츠젠(越前), 미노(美濃)의 3개의 반바(馬場)로 나뉘어져 있었다. 반바는 신앙등산의 거점지를 말한다. 하쿠산은 지리적으로 3개의 현에 걸쳐 있다고 앞서 언급을 했었다. 그래서 정상까지의 루트가 자연발생적으로 3개가 생겼다. 각 지역의 오시(御師)들은 농한기가 되면 정해진 단나바(檀那場)에 가서 포교활동을 하였다. 다음해 자신들이 소속되어 있는 반바의 보(坊)로 오면 하쿠산 등배(登拜)에 만전을 기하겠다고 약속을 했다. 그것은 각 반바의 경제과 관련되어 있기 때문이었다. 하쿠산 선정의 주도권을 두고 반바끼리의 지나친 경쟁[12]은 하쿠산 신앙의 오점이 되기도 했다.

그러나 하쿠산은 고대부터 영산으로 신성시되었다. 하쿠산에 기거하는

대사가 십일면법을 행하자 유행병이 물러났다. 18. 천황의 귀의에 의해서 大和尚位와 이름을 泰証이라 받았는데 대사는 아버지를 흠모하여 이것을 泰澄으로 바꾸기를 청하여 허락받았다. 19. 말년 大谷에 칩거했다. 20. 神護景雲元年(767) 목탑 1만 基를 조영했다. 21. 동년 3월 18일 86세로 입적. 22. 本書는 대사의 유풍을 계승한 淨藏가 구술하고 神與가 필기한 것이다.

12) 広瀬誠, 『立山と白山』, 北国出版社, 1971, 116~120쪽. 신앙권과 신자의 來訪은 바로 社寺의 경제권과 직결되는 문제이기 때문에 이로 인한 분쟁은 어느 시대에도 존재했었다. 에도시대에 하쿠산과 관련된 사건들을 정리하면 다음과 같다. 天文十二年(1543) 結成宗俊는 越前馬場平泉寺 산하에 있던 牛首, 風嵐 兩部落이 결탁하여 白山頂上에 社殿을 造營하고, 일거에 白山 지배권을 장악하려고 했다. 여기에 놀란 加賀馬場 측이 조정에 송사를 내어 加賀 측이 승소를 했다. 明暦元年(1655)에 加賀의 尾添村가 白山頂上에 社殿을 개축했을 때, 越前側의 牛首村 등 16개 부락의 부락민은 손에 무기를 들고 백산에 올라 돌을 쌓아서 방어진지를 구축하여 화살, 철포 등으로 加賀側에서 올라오는 자들을 모두 쫓아버렸다. 이 일은 결국 加賀藩과 越前藩의 문제로 커져서는 좀처럼 해결이 되지 않았다. 寛文六年(1666) 加賀側에서 조정에 소송을 내어, 유리한 칙허를 얻자 尾添村에서 크게 기뻐하면서 재차 白山頂上에 社殿 造營을 착수하자 牛首村에서는 폭력으로 이것을 저지하고 幕府에 소송을 내었다. 1668년 幕府는 白山 산록의 18개 부락을 加賀와 越前의 両藩에서 몰수하여 幕府 직할령으로 했다. 얼마 가지 않아 막부는 이것을 越前平泉寺에게 주었기 때문에 이후 越前馬場는 크게 번영하지만 加賀馬場는 쇠락하게 된다.

신들에 대한 신앙을 하쿠산 신앙이라 한다. 하쿠산의 신은 여신인데 다음 장에서는 산의 여신이 어떻게 변용되어 가는 것을 살펴보겠다.

III. 하쿠산 여신의 변용

1. 시라야마히메(白山比咩)

하쿠산 신앙에서 하쿠산의 신은 여신이다. 불교가 들어오기 이전의 일본인들은 신들이 있는 곳이라 해서 산악을 신성시 했다. 또한 신들을 모시기 위해서 필요했던 것이 깨끗한 강이었다. 그래서 아시구라지(芦峠寺) 이와쿠라지(岩峠寺)의 오야마 신사(雄山神社)는 조간지가와(常願寺川) 주변에, 난타이산(男体山)의 산령을 모시는 닛코후타라산 신사(日光二荒山神社)는 다이야카와(大谷川) 근처에 있다. 후지산의 산령을 모시는 센겐 신사(浅間神社)는 와쿠다마이케(湧玉池)가 대량의 지하수를 분출하여 강이 되러 흘러나오는 지점에 있다. 시라야마히메 신사(白山比咩神社)는 데토리가와(手取り川)에서 산령을 모시고 있다. 이렇듯 고산의 산령은 모두 깨끗한 계곡 옆에서 모시고 있다.

하쿠산 전설에는 데토리가와의 아쿠토노후치(阿久濤の淵)가 중요한 의미를 가지고 등장하고, 하쿠산의 여신이 백마를 타고 처음 이 연못에 나타났다고 전한다. 그래서 이 연못 주변은 예부터 신성시되었다.[13]

시라야마히메신은 물에 사는 신 수신의 성격을 가지고 있다. 하쿠산의 주신이 물의 여신이라는 것은 하쿠산 평야를 윤택하게 하는 대하(大河)의 수원이고, 이 지역 농경과 끊을 수 없다. 하쿠산을 수원으로 하는 강은 데토리카와(手取り川), 구즈류가와(川) 나가라가와(長良川) 쇼가와(庄川)이

---

13) 広瀬誠, 『立山と白山』, 北国出版社, 1971, 49쪽.

고 이들 강은 가가, 에츠젠, 미노의 평야를 윤택하게 하였다.

　고대 시라야마히메신에 관한 기술은 기기에는 보이지 않지만 중세 민간신앙을 잘 구성하고 있다고 말해지는『요시츠네기(義経記)』에서는 시라야마히메신을 용궁의 여신[14]이라고 하고 있고,『다이초화상전기(泰澄和尚伝記)』에서는 미도리가이케에서 구즈료(九頭竜)가 현현했다고 한다. 이 구즈료가 연못에서 나왔다는 것은 수신의 성격을 말하는 것이다.

　또한 산은 해상왕래의 중요한 표식인데 동시에 풍우를 일으키는 두려운 존재이기도 했다. 그래서 해상에서 잘 보이고 눈에 띄는 산은 해민들에게 있어서 해상안전을 기원하는 신이기도 했다. 호수와 강, 바다를 생활터전으로 하는 해민들의 하쿠산 신앙에서도 하쿠산의 산신이 여신이며 수신의 성격을 가지고 있음을 보여준다. 수신은 고사기의 우미사치 야마사치의 얘기에서 보듯이 모든 물을 지배하기 때문에 농경민에게는 농업신이기도 했다.[15]

　시라야마히메신은 수신이면서 해신, 농업신의 성격을 가지고 있는데 이것들의 공통점은 모두 물과 관련 있다는 것이다.

2. 이자나미노미코토(伊弉冉尊)

　일본해에 면해 있는 호쿠리쿠 지역은 북규슈, 산인 등과 함께 대륙문화가 일본해를 넘어 들어오는 바깥현관에 상당하여 당시는 최신의 대륙문화를 향유하는 지역이었다.

　이 지역에 도래인이 가지고 간 신들을 모시는 곳이 많다. 속일본기에 소와 말을 살육하여 한신(漢神)에게 제사지내지 말라는 금지가 보인다.

---

14) 加賀国に下白山と申に, 女体后の竜宮の宮とておはしましけるが, 志賀の都にして, 唐崎の明神に見えそめられ參らせたまひて...(가가국 시모하쿠산이라는 곳에 용궁의 여신이 있었는데 시가의 가라사키 묘진이 연정을 품어...)

15) 高瀬重雄,『白山立山と北陸修験道』, 名著出版, 1977, 32~33쪽.

말과 소를 죽여 신에게 제사지내는 것은 대륙의 제사 습관으로 이를 금지한다는 뜻은 이미 642년 단계에 이것이 일본에 전해서 지방에서 행해지고 있었음을 알 게 한다. 이 같은 습관이 나가오카쿄(長岡京)시대[16]에 와카사(若狹), 에츠젠(越前) 양 지역에서 보이는 것은 도래계 신앙이 이 지역에 전파되어 있었음을 말해준다.[17]

『이즈모국풍토기(出雲国風土記)』에 '옛날 고시인(北陸人)이 이즈모에 와서 연못을 파고 제방을 쌓았다. 그 고시인이 살고 있던 장소는 고시라는 지명이 되었'라고 기록되어 있다. 그 고시인은 호쿠리쿠에서 온 귀화인계의 사람으로 단순한 노무자가 아니고, 대륙전래의 토목기술을 가진 사람들이었다.

그런데 고시인이 토목사업을 한 것은 이자나미 때라고 기록하고 있다. 이것은 고시의 토목기술집단이 '자신들은 이자나미의 자손이다'라고 칭하고 있었기 때문에 이 같이 기재 되었을 것이다. 당시 귀화인이 일본신의 자손이라고 위칭하는 것이 유행하여, 그것을 금지하는 칙령이 나올 정도였다. 훗날 기지야(木地屋)[18]들은 고레다카(惟喬) 친왕의 자손이라 칭하며 전국의 산들을 덴카고멘(天下御免)으로 나무를 잘랐다고 하는데 이동 기술집단은 황실과 연관되어 있다든가 황자의 자손이라고 표방하는 것이 특히 필요했을 것이다.

『엔기시키신명장(延喜式神名帳)』 등을 조사해 보면 이자나기 이자나미를 모시는 지역은 아와지(淡路)섬을 중심으로 하여 시코쿠, 오사카, 나라,

---

16) 784年(延暦3年)부터 794年(延暦13年)까지 山城国乙訓郡에 있었던 수도. 간무천황(桓武天皇)의 칙령에 의해 조영되었다.

17) 本郷真紹, 『白山信仰の源流』, 法藏館, 2001, 20~21쪽.

18) 기지야(木地屋)는 녹로를 이용하여 목재를 깎거나, 목재 그릇을 만드는 사람인데 중세에는 양질의 나무를 찾기 위해 집단을 이루어 이동하였다. 그들 직업의 조상을 고레다카 친왕이라 했다. 고레다카 친왕은 헤이안 전기 55대 문덕천황(文徳天皇)의 제1황자이다.

오우미(近江)를 거쳐 와카사, 에츠젠까지 뻗어있음을 알 수 있다. 그것은 아메노히보코(アメノヒボコ)[19] 등 유력한 귀화인의 활동범위와도 겹쳐진다. 이것은 이자나기 이자나미신앙과 귀화인과의 사이에는 깊은 관련성이 있음을 짐작케 한다.

그런데 하쿠산을 연 다이초 또한 귀화인의 자손이고 이자나미 이자나기 신화권의 주변에 해당하는 에츠젠의 사람이다. 더구나 다이초도 에츠고 고시군(古志郡)의 사람이라는 전승도 있다.[20]

아와지를 중심으로 하는 해인집단이 이자나기 이자나미신앙을 가지고 있었는데 그것이 와카사만(若狹湾) 연안에까지 영향을 준 것이라는 설[21]도 있는데 이러한 것들은 하쿠산 신앙에 이자나미 신앙이 습합된 것을 보여준다.

3. 묘리대보살(妙里大菩薩)

슈겐적 산악불교의 보편화에 의해 시라야마히메신은 하쿠산묘리대보살(본지 십일면관음)을 칭하게 된다. 칭호성립에 대한 기록은 남아 있지 않지만 구마노(熊野)와 호우키다이센(伯耆大山)이 10세기경에 칭호를 받았다는 것에서 유추해 볼 수 있다. 묘리대보살은 수적 사상에 의해서 하쿠산곤겐이라 통칭되었다.

하쿠산묘리대보살의 성립은 단순히 명칭의 변경이 아니다. 그것은 산록 각지의 하쿠산신앙이 통일되어, 시라야마신이 시대가 요구하는 불교적 보편성을 가진 새로운 신, 즉 대보살로 다시 태어난 것을 의미한다. 이

---

19) 『고사기』応神天皇에 대한 기사에 나오는 인물로서 신라의 왕자이고, 아내인 아카루히메를 찾아 일본으로 건너오기는 하지만 아카루히메는 만나지 못하고 但馬国에 정착한다. 그의 후손이 神功皇后이고 그의 아들이 応神天皇이다.

20) 広瀬誠, 『立山と白山』, 北国出版社, 1971, 110쪽.

21) 高瀬重雄, 『白山立山と北陸修験道』, 名著出版, 1977, 37쪽.

것에 의해 시라야마히매신사는 제신에 '하쿠산묘리대보살'의 이름을 사용하고, 신사를 '하쿠산본궁'이라 칭했다.[22]

묘리대보살의 본지불은 십일면관음보살이다. 다이초가 하쿠산 산상에서 십일면관음을 감득했다고 하는 것은 불교를 수용한 수술자가 하쿠산 신앙을 이용하여 관음신앙을 도입한 것을 나타낸다. 관음은 하쿠산곤겐의 성립후 단순히 본지로서 해당되는 것만은 아니다. 독립적인 관음신앙이 일찍부터 에츠젠 지역에 있었다. 관음은 민간불교에서 현세이익의 신(불)이고, 보다 직접적으로는 위난에서 구해주는 신이었기 때문에 해상에 조난의 위기를 만나기 쉬운 해민들에게 받아들이기 쉬운 신이었다. 또 관음의 정토인 후다라구(補陀落)[23]는 바다에 가까운 산정에 있는 점에서도 하쿠산과 결합되기 쉬웠을 것이다. 또한『다이초화상전기(泰澄和尚伝記)』에 포창(疱瘡) 유행하자 십일면수법으로 진정시켰다는 것도 관음신앙과 관계있음을 말한다. 여러 정황으로 볼 때 에츠젠은 신불습합의 선진지이고, 관음은 일찍부터 하쿠산과 결탁되었다고 생각된다.

중국에서는 관음보살에 대한 신앙은 이미 육조시대에 확립되어 있었다. 구마라쥬(鳩摩羅什)가 번역한 법화경 보문품(독립되어 관음경으로 불린다)에 일심으로 나무관세음보살을 외치면 칠난의 위험에서 구해주는 대자대비한 보살이라고 적고 있다. 일찍부터 성행한 것은 화재예방 초복, 수명연장이라는 현세이익적인 측면이 도교와 상통했기 때문이다.

초기는 사자(死者)의 추선(追善)이 주였던 일본의 관음신앙에 변화가 생기게 된 것은 쇼무(聖武)천황기이었다. 계속되는 기근, 포창, 천연두라는 유행병과 조정에 대한 반란 등 사회불안 속에 변화관음에 대한 신앙이 높아졌다. 변화관음이란 이 보살의 자유자재로 신변(神變)하는 모습을 말하는 것으로 천태계에서는 성관음(聖觀音), 천수관음(千手觀音), 마두관

22) 高瀬重雄,『白山立山と北陸修験道』, 名著出版, 1977, 39~40쪽.
23) 補陀落는 범어로 potalaka라고 쓰고 관음(관세음)보살이 있는 성지.

음(馬頭觀音), 십일면관음(十一面觀音), 여의주관음(如意珠觀音), 불공연색
관음을 6관음이라 부른다. 십일면관음은 상당히 특이한 관음으로 기원은
십일황신(十一荒神)이라는 바라몬의 신들이다. 날씨와 강우를 지배하고,
한번 화가 나면 생물 초목을 멸망시켜버리는 무서운 신이다. 황신의 강한
힘은 적이 되면 엄청나게 두렵지만 아군이 되면 강력한 수호신이 된다.
관음신앙이 하쿠산 신앙과 결부된 것은 특별히 강력한 초복제재성과 주
술성에서 있다[24]고 볼 수 있다.

4. 구쿠리히메(菊理媛)

가가(加賀)의 시라야마히메신사(白山比咩神社)의 주제신(主祭神)은 구
쿠리히메대신(菊理媛大神)이고, 배신은 이자나기(伊弉諾神), 이자나미(伊
弉冉神)이다.[25] 구쿠리히메라는 신명은『일본서기』단 한 줄 나온다.『고
사기』에는 기록이 없다. 제11권 일서(一書)에만 나오고 바로 사라지는 여
신이다.

이자나기는 죽은 아내 이자나미를 데려오려고 황천국을 방문하는데 추
하게 변한 아내의 모습을 보고 놀라 도망을 친다. 그것을 알고 화가 난
이자나미가 남편의 뒤를 쫓아와, 황천국과 이승의 경계인 요모츠히라사
카(黃泉平坂)에서 심한 말다툼을 하게 되었다. 그 때 황천국으로 통하는
길의 파수꾼인 요모츠모리미치비토(泉守道者)와 함께 구쿠리히메가 나타
나, 양쪽의 말을 듣고 적절한 조언으로 화해를 시켰다. 그래서 이자나기
는 무사히 이승으로 돌아올 수 있었다고 한다. 신화에서는 이 때 구쿠리

---

[24] 前田速夫,『白の民俗学へ』, 河出書房新社, 2006, 40쪽.

[25] 伊藤雅紀,「白山信仰史研究の現状と今後の課題」,『神道史研究』50卷3号, 2002, 391쪽.
美濃白山長滝神社의 제신은 伊弉諾尊, 伊弉冉尊이고, 越前平泉寺白山神社의 제
신은 伊 弉諾尊, 伊弉冉尊. 大日孁貴命이다. 각각의 신사가 어떻게 제신을 선택
했는지에 대해서는 아직 명확하지 않다.

히메는 말다툼을 하고 있는 두 사람에게 어떤 조언을 했는가 하는 설명은 물론 애초 어떤 성격의 신인지에 대해서도 아무런 설명이 없다.[26]

에도 시대에 들어가 하쿠산곤겐을 구쿠리히메신라고 하는 설이 유력해지는데 이것은 요시다신도(吉田神道)가 『일궁기(一宮記)』에 '白山比咩神社, 下社, 上社菊理媛, 号白山権現'라고 적은 것에서 연유한다. 상사를 현지 사정에 어두운 에도시대의 학자가 산상사(山上社)라 해석하고, 현지에서도 맹종한 탓에 많은 진설(珍說)이 생겼다. 사가(社家)나 사가(寺家)에서는 산상(山上)과 본궁(本宮)은 본지와 수적 관계이고, 신으로서는 하쿠산곤겐=이자나미노미코토이다. 이것이 바로 시라야마히메신이었다. 따라서 산상(山上)과 본궁은 동일신이다. 이 시기 현지 사료에 있어서도 산상과 본궁이 별신이라는 설은 없다. 상사(上社)란 하쿠산본궁이 문명12(文明 1460)년에 화재로 소실되어 삼궁(三の宮)으로 옮겼기 때문에 이후 제신은 2좌가 된다. 요시다 신도에서는 이것에 의해 본궁을 하사(下社), 삼궁을 상사(上社)로 하고, 삼궁에 신명이 없는 것을 본궁 이자나미노미코토에 맞게 『일본서기』에서 구쿠리히메를 찾아 모신 것이다.[27]

구쿠리히메가 하쿠산의 주신으로서 문헌에 나타나는 것은 유일신도의 창시자인 요시다 가네도모(吉田兼倶 1435-1511)가 저술한 『이십이사주식(二十二社註式)』이다. 여기에서 요시다는 오오에 마사후사(大江匡房)가 찬술했다고 전해지는 『扶桑明月集』—실물은 전해지지 않음—에 구쿠리히메가 하쿠산의 주신이라는 기록과 히에이잔의 객인사(客人社)에 대해서 '女形, 第五十第桓武天皇即位延歷元年. 天降八王子麓白山. 菊理比咩神也'라고 적고 있는 것을 인용했다.[28]

하쿠산(白山)의 여신인 시라야마히메는 다른 이름으로 구쿠리히메(菊

---

26) 戸部民夫, 『日本の女神様がよくわかる本』, PHP文庫, 2007, 53~54쪽.

27) 高瀬重雄, 『白山立山と北陸修験道』, 名著出版, 1977, 51쪽.

28) 前田速夫, 『白の民俗学へ』, 河出書房新社, 2006, 23쪽.

理姬)라고도 하는데 구쿠리(菊理)라는 이상한 이름 자체가 미스테리이지만 이름 뜻에 대하여 여러 가지 해석이 있다. 그 중에 하나로 '묶다'의 뜻을 가진 구쿠리(括り)'의 의미로서 이자나기와 이자나미 사이를 중재한 신화에 관련된 신명(神名)이라는 설이 있고, 그 외에도 실을 잣는다는 의미에서 시라야마 기슭의 양잠에 관계의 신앙[29]에서도 엿볼 수 있고, '빠져나가다 잠수하다'(潛る)의 뜻에서 물의 신과의 관계, 혹은 '들어주다'(聞き入れる)가 전화한 것이라는 설도 있다.

하쿠산의 개산자인 다이초의 가계가 도래인이라는 것과 관련하여 다이초가 하쿠산 정상에 모신 것은 고쿠리히메(高句麗媛)라는 주장도 있다. 고쿠리히메의 발음이 구쿠리히메로 전화하는 것은 자연스런 현상이며, 고구려가 멸망할 때 많은 유민들이 일본으로 건너오게 되었고, 그들은 자신들이 숭경하는 신과 같이 들여왔다고 했다.[30]

이상 살펴보았듯 요시다신도에 의해 제신의 성격을 가지게 된 구쿠리히메이지만 이자나기와 이자나미의 중재, 양잠, 물의 관장 등에 생활과 밀접한 관계를 가지고 있음을 알 수 있다.

Ⅳ. 맺는말

하쿠산은 호쿠리쿠 지역의 명산이다. 호쿠리쿠 지역은 지형상 한반도에서 들어가는 문화 유입창구이기도 했다. 그래서 일본의 다른 지역보다 대륙문화의 흔적들이 많이 남아 있는 곳이다. 하쿠산이라는 산을 신앙의 대상으로 삼고 신앙을 모은 것을 하쿠산 신앙이라 한다. 사시사철 정상에 하얀눈으로 덮여있는 하쿠산의 위용은 농경민이나 해민 산민 모두에게

---

[29] 高橋千劍派, 『名山の日本史』, 河出書房新社, 2004, 262쪽.
[30] 下出積與, 『白山信仰』, 雄山閣, 1986, 252쪽.

두려움과 외경의 대상이었다. 하쿠산의 신은 오래전부터 여신이라고 생각했었고, 신사의 제신 또한 여신이다. 현재 이시가와 현의 츠루기에 있는 시마야마히메 신사의 주제신은 구쿠리히메이고 배신은 이자나기와 이자나기이다.

본고에서는 하쿠산의 여신이 시대에 따라 외부의 사상에 따라 변용되어 가는 모습을 살펴보았다. 하쿠산의 신인 시라야마히메는 불교이전 토착신앙일 때는 수신의 성격이 강했다. 수원지인 산의 신을 마을에서 농사를 짓는 농민들에게는 풍요의 신이었고, 일본해를 생활의 터전으로 삼고 있던 해민들에게는 멀리 보이는 하쿠산은 바다에서의 안전을 지켜주는 신이었고, 항해의 지표였다.

호쿠리쿠 지역은 한반도의 도래인들이 많이 정착한 곳이다. 그런 연유로 일찍부터 도래인의 문화가 이식되었다. 도래인들은 기술자가 많았는데 이들이 가지고 들어온 반도문화와 이자나미 신앙이 습합되어 하쿠산의 신을 이자나미라 했다.

불교가 유입되고 산림수행이 전개되면서 산은 불교의 영향하에 두어진다. 그 때 토착신앙의 배제가 아니라 흡수하는 형태로 나아간다. 물론 이것은 하쿠산만의 현상은 아니다. 산악불교의 영향으로 시라야마히메는 묘리대보살(하쿠산곤겐)로 바뀌고, 본지수적설의 영향으로 묘리대보살의 본지는 십일면관음보살이 된다. 보살들 중에서도 특히 관음보살에 대한 신앙이 융성했던 것은 관음보살 신앙에는 초복, 수명연장, 화재예방 등 현세이익적인 측면이 강했기 때문이다.

에도시대가 되면 요시다 신도를 중심으로 불교에 대한 비교우위를 점하려는 움직임 속에 고대 신들에 대하여 재조명한다. 이때 언급된 것이 『일본서기』에 나오는 구쿠리히메이다. 이자나미와 이자나기 사이를 중재했다는 것을 하쿠산과 연관시켜 하쿠산의 여신을 구쿠리히메라 하게 된다.

살펴본 바와 같이 산은 변함없이 그 자리에 있는데 그 산을 신앙의 대상으로 삼는 사람들에 의해서 산의 신이 변용되어 간다. 즉 당시의 사상, 생활터전, 생산과 관련되어 여신의 이름과 그 역할이 바뀌어 가는 것을 알 수 있었다.

이 글은 『일본근대학연구』 제41집(2013)에 수록된 「일본의 명산과 여신」을 그대로 실은 것이다.

—

오미네산 여인금제
전통의 현대적 의미

우정미

—

Ⅰ. 들어가며

2004년 7월 '기이산지(紀伊山地)의 영장(靈場)과 참배길'이 세계문화유산으로 등재되었다.[1] 이곳은 일본 와카야마현(和歌山県)과 나라현(奈良

---

[1] '기이산지(紀伊山地)의 영장(靈場)과 참배길' 유네스코 등재과정
1978년 문화재청은 오쿠노호소미치(奧の細道), 중산로(中山路) 구마노 고도(熊野古道)를 역사의 길로 지정.
1996년 문화심의회문화재분과회에서 '역사의 길 백선'으로 선정.
2000년 교육위회원 내 세계문화유산등록추진위원회 설치. 이후 국가에서 세계유산에 어울리는 자산으로서 와카야마, 나라, 미에 3현에 걸친 지역을 대상으로 할 것과 3현의 협조를 강하게 요구.
2001년 유네스코 세계유산 잠정리스트에 기재
2003년 1월 말 세계문화유산등록추천서를 일본정부가 유네스코에 제출.
2004.7.1. 세계문화유산등록

県), 미에현(三重県)에 걸친 산악지대가 전통적인 종교의 성지로서, 지금도 많은 사람들의 발길이 끊어지지 않는 곳이다. 인간의 사고는 끊임없이 변하고, 세상의 중심은 신에서 인간으로 그리고 남녀로 변화한 지 오래이다. 그럼에도 세계유산으로 등재되어 있는 기이산지에 여성이 들어갈 수 없는 구역이 있다. 그것을 묵인한 채로 세계문화 유산에 등재가 되었고, 일본뿐만 아니라 세계 어느 나라의 여성이 와도 들어 갈 수 없는 곳이 세계인이 보호해야 하는 자연유산으로 등재된 것이다. 왜 출입금지인가라는 단순한 의문이 이 논문의 출발점이다.

일본에서 전통적으로 여성이 해서는 안 되는 규제를 '여인금제(女人禁制)'라고 했다. 현재에도 유지되고 있는 여러 가지의 금제가 있다. 스모의 도효(土俵)에는 여자가 들어갈 수가 없고, 기온마츠리(祇園祭)의 야마보코(山鉾)에는 여성이 올라 갈 수 없다.(최근 부분 해금) 또한 신사의 제사를 주관할 수 없고, 터널 개통식 참가, 술 주소, 이시가미신사(石上神社) 출입금지 등[2] 전통사회에서나 볼 수 있는 여성금지나 제한 같은 것들이 여전히 잔존하고 있다. 특히 일본인들은 높고 험한 산에 신령이 산다는 의식이 오래전부터 있었고, 그러한 영험 있는 영산에 여성들의 출입을 엄격하게 막았다.

지금까지의 연구는 여인금제의 근원에 초점이 맞춰져 있다. 금제를 하는 이유가 어디에 있는가를 찾는 것으로 그 근원을 대개 게가레(穢れ) 의식[3]과 불교의 계율[4]에 의거한 여성관[5] 등에서 찾고 있다. 그러한 의식들

이 중에 요시노·오미네(吉野·大峯)는 슈겐도(修験道) 종단에서 2000년은 엔노교자(役行者) 입적 1,300년에 해당되는 것을 계기로 국내외적으로 요시노·오미네 슈겐도와 요시노가 가지는 문화 역사 자연 가치를 재인식하고 싶은 염원으로 세계유산 등록을 추진하였다.

[2] 源淳子, 『女人禁制Q&A』, 開放出版者, 2005, 58~83쪽.
[3] 감영희, 「일본의 민속학적 생활의식과 여성 부정관」, 『일본어문학』 30집, 2005; 감영희, 「마타기(マタギ)로 보는 여신신앙과 금제사상」, 『일본문화연구』 40집, 2011.

은 점차 확대 재생산되어 여성은 부정한 존재이고 그런 부정한 존재들은 신성한 곳에 들어와서는 안 된다는 결정론을 만들었다고 주장한다. 근대적 의식에서 그것은 남녀차별의식이라는 것을 주장[6]한다. 우시야마(牛山佳幸: 2001)는 불교이전에는 여인금제가 없었다고 하면서 문헌 속에서 여인금제 시작을 헤이안 시대에서 찾고 있다.[7]

본고에서는 근원적인 문제를 넘어서 현재에도 여인금제가 유지되고 있는 오미네산(大峰山)을 중심으로 해금을 반대하는 측의 주장을 재고 해 보고자 한다. 해금운동이 일어날 때마다 세상의 이목을 끌어 '여인금제'의 근본이유가 어디 있는가를 묻는 계기는 만들었지만 건설적인 해답을 찾지는 못 했었다. 2004년 기이반도가 유네스코에 등재된 것을 계기로 오미네산의 여인금제에 대한 찬반 여론은 다시 일어났으나 현재까지 별다른 변화는 없다.

푸코는 인간이 만든 역사와 사회문화가 하나의 권력이 된다고 했다.[8] 그 권력은 역사와 사회문화를 만든 인간을 오히려 통제하기도 하고 때로는 차별하기도 하고 배제하기도 한다고 했다. 이것에 근거하여 오미네산의 여인금제 유지를 찬성하는 쪽의 논리를 재해석해 보고자 한다. 오미네산의 여인금제는 전통이라는 이름으로 아직 여성을 배제하는 사상(事象)이다.

---

4) 감영희, 「여인금제의 역사적 배경과 성역책정」, 『일본어문학』 38집, 2007; 감영희, 「고야산(高野山)의 여인금제」, 『일본문화연구』 26집, 2008; 牛山佳幸, 「女人禁制再論」, 『山岳修験』 17号, 1996.

5) 熊本幸子, 「高野山の結界と性差別についての一考察」, 『人間文化論叢』 七卷, 2004.

6) 「大峰山女人禁制の解放を求める会」 2003년 발족하여 현재도 활동 중.

7) 牛山佳幸, 「平安時代の女人禁制文書について」, 『上田女子短期大学紀要』 25卷, 2001.

8) 門馬幸夫, 『差別と穢れの宗教研究』, 石田書院, 1997, 4쪽.

II. 슈겐도 행장(行場)으로서의 오미네산

일본인에게 산은 신이 있는 영지이고, 거기에는 쉽게 들어가서는 안 되는 성역이었다. 일본인은 산과 바다 저 건너편에 혼의 고향이 있다고 생각했다. 산은 신이 진좌(鎮坐)하고 있고, 영혼이 진좌하는 이상향이고, 이 세상의 풍요는 거기로부터 나온다고 생각했다. 또한 산악을 형성하는 수목과 용수지,[9] 거대한 암석은 모두 신이 깃들어 있는 성스러운 존재로서 인식되어 왔다. 산에는 신의 힘이 작용하고 있다고 받아들여졌기 때문에 신의 이름을 붙이고, 금줄을 쳐서 성역화해 왔다.

산은 신의 영역인 동시에 사자의 영혼이 진좌하는 곳이기도 했다. 사람은 사후 영혼은 촌락에서 가까운 산으로 가, 자손의 공양을 받고, 세월이 지나면 조령(祖靈)에서 신령(神靈)으로 승화한다고 믿었다. 산은 이때 인간이 죽음을 통하여 조령으로 정화(淨化)되고, 신으로 승화해 갈 수 있는 성스러운 공간의 역할을 했다.[10] 즉 일본인에게 있어 산은 죽은 영혼이 돌아가는 타계(他界)이고, 신이 강림해 오는 영험한 장소이고, 산신(山神), 미쿠마리신(水分神)이 지배하는 생명의 원천이었다. 또한 신성한 곳이었다.[11] 이러한 일본 고대의 산악신앙에 신도 불교, 도교, 음양도, 밀교 등과 혼합된 슈겐도(修験道)가 8세기경에 성립한다.

슈겐도의 개조(開祖)는 엔노교자(役行者)이다. 그는 요시노(吉野)의 긴푸센(金峰山)에서 자오곤겐(藏王権現)을 세상에 드러나게 했다고 한다. 분노하는 모습을 하고 한 발을 들고 있는 역동적인 모습의 자오곤겐은 밀교의 명왕에서 발전한 것이다. 기존의 부처로는 일본의 중생을 구제할 수 없기 때문에 석가, 천수관음, 미륵보살의 덕을 겸비하여 새롭게 출현했다

---

9) 高橋千劍破, 『名山の日本史』, 河出書房新, 2004, 10쪽.

10) 久保田展弘, 『山の宗教』 別冊太陽 日本のこころ 111, 2000, 20쪽.

11) Books Esoterica 第八号, 『修験道の本』, 学習研究者, 1993, 16쪽.

고 한다. 슈겐도는 자오곤겐을 비롯해서 일반 불교나 신기신앙(神祇信仰)과도 다른 독특한 신격과 조직, 수행, 의례 등을 발전시켜 신불습합(神佛習合)의 가장 전형적인 형태를 보여주고 있다.

슈겐도를 행하는 사람을 슈겐자(修験者) 또는 교자(行者)라고 한다. 그들은 마을사람과 긴밀한 교류관계를 유지하고 있었다. 산악에 들어가 수행하고 산을 내려오면 마을사람들에게 주술적인 활동을 하여 병자를 고치거나, 기우 등에 영험을 나타내었다. 마을사람들은 이들 산악수행자가 산신의 힘을 획득했기 때문에 신통력을 나타낸다고 하여 두려워하기도 하고 존경하기도 했다.

오미네산(大峰山)은 슈겐자들이 수행하는 대표적인 장소이다. 오미네산은 요시노산에서 기이반도 남단을 향하여 이어져 있는 1,000미터급 고봉들을 지칭한다. 나라현(奈良県) 남부 요시노군(吉野郡)에 펼쳐진 기이산지 중부의 산조가다케(山上ヶ岳), 다이후겐다케(大普賢岳), 교자가에리다케(行者還岳), 핫쿄다케(八経岳), 사카가다케(釈迦ヶ岳) 등을 총칭한 것이지만 일반적으로 산조가다케(1,719m)만 지칭해서 오미네산라고 부른다.[12] 현재 여기만 여인금제 구역이다.

산조가다케의 바깥 행장은 신참수행자 중심적인 행장이다. 여기에는 아부라고보시(油こぼし), 종괘암(鐘掛岩), 오카메석(お亀石) 등이 있으며 대표적인 행장은 니시노 노조키(西の覗)이다. 안쪽 행장에는 아리노 도와타리(蟻の戸渡り), 태내들어가기(胎内潜り) 등이 있다.[13]

12) 久保田展弘, 『山の宗教』 別冊太陽 日本のこころ 111, 2000, 50쪽.
13) 田中利典 正木晃, 『はじめての修験道』, 春秋社, 2004, 165~166쪽.

III. 오미네산 여인금제와 해금운동 역사

영산에 대한 일본인들의 신앙적인 태도로 인하여 명산이라 불리는 산 대부분은 여성들이 들어 갈 수 없었다. 오미네산 또한 슈겐도라는 산악종 교가 생긴 이래 여인금제구역이었고, 여성의 참배나 수행을 거부하고, 경 계선에 여인결계석을 세웠다.

여인금제에 관한 문헌상 가장 오래된 기록은 중국 후주(後周)의 승려 의초가 지었다는『의초육첩(義楚六帖)』이다. 여기에 의하면 이미 헤이안 시대부터 오미네산은 여성이 출입할 수 없는 영산이었다. 그리고 그 전설 상의 근거는 엔노교자가 오미네산 중턱에서 모친과 이별하여 산으로 들 어가 수행했다는 것에 의거한다.

메이지 정부는 새로운 체제에 맞는 사상적인 기반을 만들기 위해서 1868년 3월 신불분리령을 포고한다. 이 령으로 인해 오랫동안 습합 되어 있던 신도와 불교는 분리되고, 사원에서는 불교적인 색채가 제거된다. 또 한 신도와 불교적인 성격을 가지고 있던 슈겐도도 1872년 9월 15일에 금 지된다. 그보다 조금 앞서 1872년 3월 27일에는 여인금제 해제령[14]이 나 온다. 이 여인금제 해제령은 1872년 3월 10일부터 개최될 예정이었던 박 람회에 여성을 포함한 외국인 내빈을 초대하게 되고, 근처 영산방문이 있 을 것이라는 판단에 의거한 것으로 여인금제에 대한 면밀한 검토가 이루 어져 내린 것이 아니다. 1872년 4월 25일 정부는 승려의 육식과 결혼, 축 발, 법요 이외의 속복 착용을 허용[15]했는데 각지의 강한 반발이 나오자 1878년 2월 2일 포고에서 1872년 4월 포고에 관한 것은 각 종파에 일임한 다고 전달했다. 그 결과 여인금제 폐지 존속은 각 종파에서 규정할 수 있

---

[14] 太政官 布告98號. "神社佛閣ノ地ニハ女人結界之場所有之候処, 自今被廃止候案, 登山参詣等可爲勝手ノ事."

[15] 太政官布告 133호 '僧侶の肉食妻帶蓄髮勝手の事'.

다고 해석되었고, 일부에서는 여인금제를 존속시켰고, 포고는 여인금제를 용인한다고 생각했다.[16]

현재 대부분의 산에는 해금령으로 개방이 되었지만 전면 금지가 되어 있는 곳은 요시노의 오미네산과 오카야마의 우시로야마(後山)이다. 하지만 우시로야마는 지명도가 높지 않아 전면금지에도 불구하고 세인의 이목을 끌고 있지 않다.

신불분리령의 영향과 사회변동으로 오미네산에서도 해금운동이 없지 않았다. 1873년 긴푸산지(金峰山寺)를 여성들에게 개방하려고 할 때 같이 하려고 했었고, 1926년 7월 3일 도로가와(洞川) 청년 처녀회에서도 해금운동을 했었다. 1936년 2월 1일 오미네산 일대가 요시노구마노(吉野熊野) 국립공원으로 지정받자 해금 움직임이 공론화 되었다. 도로가와 지역진흥을 꾀하여 여인금제 해제를 결의하고 5월 도아케(戸開け)식에 맞춰 실행한다는 기사가 나가자(1936.2.25.『朝日新聞』) 얏코가 놀라서 나라현청에 나가서 도로쓰지(洞辻)에서 위쪽은 금지 유지를 진정했다. 또한 지쿠린인(竹林院)에 고지원(護持院), 지역신도대표 얏코대표, 요시노 도로가와 구위원이 모여 회의를 가져, 관계자가 일치단결하여 영원히 여인금제를 지킬 것을 합의했다. 결의안이 현청 지사에게 전달되고, 1936년 4월 12일에 '오미네산 각 관계자 협의 산규(大峰山各関係者協議山規)'가 정해져 여인금제는 공식적인 결정사항이 되었다.[17] 2000년 엔노교자 입적 1300년을 기점으로 종단측에서 해금을 하려고 했다. 그러나 결과적으로 신자단체와 지역주민의 반대로 해금되지 못했다.

---

16) 鈴木正崇, 『女人禁制』, 吉川弘文館, 2002, 9~10쪽.
17) 위의 책, 43~44쪽.

IV. 오미네산 여인금제 전통의 재해석

현재 오미네산 여인금제에 대한 해금을 반대하는 측은 크게 세 부류로 나눌 수가 있다. 종단과 신자집단인 코(講), 슈겐자를 위한 전통숙박지인 도로가와(洞川) 지역주민이다. 그들의 해금반대 근본 요체는 전통유지이다.

1. 교단

슈겐도의 종단은 신불불리령, 1872년 슈겐도 폐지령에 의해 본산파(本山派)는 천태종으로, 당산파(当山派)는 진언종으로 소속되어 불교에 포섭되었다가 1945년 종교법인령 및 1951년 종교법인법 시행으로 본산슈겐종(本山修験宗), 진언종다이고파(眞言宗醍醐派), 요시노긴푸산슈겐본종(吉野金峰山修験本宗)으로 나누어져 지금까지 유지되고 있다.

산죠가다케에는 오미네산지(大峰山寺)가 있다. 여기는 5개의 호지원(護持院)에 의해서 1년 씩 윤번제로 관리 운영되고 있다. 5개의 호지원(護持院)은 요시노(吉野)측의 도난인(東南院) 기조인(喜藏院) 사쿠라모토보(櫻本坊) 지쿠린인(竹林院)과 도로가와(洞川)側의 류센지(龍泉寺)을 가리킨다.

각각의 사원은 슈겐도교단인 본산슈겐종 쇼고인(聖護院)에 기조인(喜藏院), 진언종 다이고파(醍醐派) 다이고지(醍醐寺)에 류센지, 긴푸센지(金峰山修験本宗金峰山寺)에 도난인, 사쿠라모토보가 친자(親子)관계로 연결되어 있다. 치쿠린인(竹林院)은 어느 곳에도 연결되어 있지 않은 단일사원이다.

교단측은 교토 박람회(1872) 개최를 계기로 고야산을 해금하였고, 뒤이어 히에이산을 개방하였다. 그 후 각지의 영산은 여성들에게 개방되었다. 현재는 산조가다케만 전통유지라는 이유로 여인금제의 전통을 유지하고 있다.

전통유지라고 하지만 시대적인 상황에 맞춰 변해가는 모습이 교단 측에 보인다.

류센지는 엔노교자가 수행할 때 도로가와에 내려와 샘을 발견하고 그 주변에 팔대용왕을 제사지냈다는 전승을 가지고 있는 오래된 사찰이다. 원래는 도로가와의 단나데라(檀那寺)인데 (현재도 그 기능을 유지) 팔대용왕 신자를 핵으로 용왕코를 주체로 하여 산정 참배모임을 조직화하여 세력을 확대했다. 1886년 5월이 이후 호지원에 가담하여 지위를 확립하였고, 1910년 6월 진언종 다이고사의 총본산인 삼보원의 말사가 되어 당산파 슈겐에 포섭되었다. 이 류센지는 1960년까지 여인금제의 절이었다.

그런데 1946년 3월 31일 도로가와에 대화재가 발생하여 절과 마을 대부분이 소실되었다. 재건에 있어서 단가(檀家)와 지방 신도로부터 기진을 받았고, 도로가와 여성과 코의 여성들로부터도 협력을 받았다. 그리고 단가의 반 이상이 여성이고, 재건의 협력에 대한 노고에 대한 보답의 의미로 낙성식 때 경내를 여성에게 개방하자는 목소리가 있었다.

단가이면서 조상제사나 법회에 참석 못 하는 것과 절 앞을 지나갈 수 없는 통행의 불편함, 용왕코에 여성신도 수가 증가했다는 등등의 이유도 덧붙여져 1960년 7월 10일부터 해금되었다. 이 류센지 경내 해금에는 또 다른 실리적인 이유가 있었다. 요시노에서는 도난인(金峰山修驗本宗)의 초대관장인 고조(五條覚澄)가 1950년 11월 19일 산조가다케 뒤쪽 수련장을 본떠 자오당 서쪽 지옥계곡에 여인 수련도장을 열었다. 이것에 대항하여 여성 수행자를 끌어들이기 위하여 도로가와와 류센지는 '여인대봉(女人大峰)' 설정을 생각했다. 이나무라가다케(稲村ヶ岳)를 여성에게 개방하려는 계획이 진행되고, 류센지가 여성행자들에게 선달(先達)면허증을 주기로 결정했는데 여성들이 선달면허증을 받으려면 경내에 들어와야 했으므로, 류센지 입장에서는 경내를 개방하지 않을 수 없었다.[18] 이렇게 긴 역사를 가진 류센지도 신도들의 요구에 여인금제라는 오랜 전통을 양보

했다.

서기 2000년은 슈겐도 개조인 엔노교자의 입적 1,300년이 되는 해였다. 이것을 기념하여 삼본산(三本山)이 산조가다케의 여성금제를 해금하려는 움직임이 있었다. 여성신도 수의 증가와 교단 내의 변화 등등으로 슈겐도도 변화의 기점에 서 있으므로 여성들의 직접참여의 길을 열어야 한다고 긴푸센지 관계자가 발언을 했다. 그 내용을 인용하면 아래와 같다.

> 작년(1999)에, 대원기년(大遠忌年)를 계기로 금제해제 방침에 대한 논의가 있었다. (중략) 특히 각 교단 내에서 여성 진출이 눈부시고, 본종은 전 교사 수 중에 약 반수를 여성이 차지하는 것 외에 오쿠가케유키 등의 수행회에 여성 참가가 증대하는 등 지금까지 슈겐 모습과 다른 형태로 발전 확대하고 있는 상태이다. (중략)여성들의 참여는 교단의 활동이나 사원의 포교상 중요함으로, 다음 대의 슈겐도 창조는 바로 여기에 있다.(중략) 신앙 앞에는 남녀의 구별이 없고, 지금까지도 간접적인 형태였지만 슈겐도는 항상 여성을 넓게 받아 들여왔다. 지금 여기에서 여성의 참여의 길을 열지 않으면 21세기 종교로서 절명할 지도 모른다.[19]
> 昨年(1999年)大遠忌年をもって禁制解除の方針に沿って、大きく動きだしたのである。(中略)特に各教団内での女性の進出はめざましく、本宗は、全教師数のうち、約半数を女性が占めるほか、奥駈等の修行会にいける女性の直接参加の増大など、今までの修験のあり方とは違った形で、発展拡大している状況である。(中略)女性自身の自立は教団としての活躍や寺院の直接的教化の重要性を増すものであり、次代の修験道の創造は正にここにある。(中略)信仰の前には男女の別はなく、今までも間接的な形ではあったが、常に修験道は女性を廣く受け入れてきたのであり、今ここに女性の直接参加の道を開かなければ、二十一世紀の宗教にとって命取りにさえなるのである。(田中利典、『修験道宗報』32号、金峰山修験本宗宗務庁、1998)

---

[18] 鈴木正宗,『女人禁制』, 吉川弘文館, 2002, 58쪽.
[19] 大峰山開放会,『現代の女人禁制』, 開放出版者, 2011, 29쪽 재인용.

또한 슈겐도 삼본산 중의 하나인 쇼고인(聖護院)의 승려 오카모토 다카미치(岡本孝道)는 남녀는 대등하며, 화합해야 한다며 개방 취지를 다음과 같이 말했다.

불교전래 이전의 슈겐도도 여성이나 생리혈에 대하여 게가레(穢)라는 인식은 가지고 있지 않았습니다. (중략) 또한 주원심비법(柱源深祕法)이라 하는 작법 중에는 두 개의 유목(乳木)을 겹쳐 쥐고 주문을 외우면서 '적백이정제응골'(赤白二鼎渧凝滑)라 생각했습니다. 적(赤) 상징되는 물기 있는 난자, 혈액, 양수와 백(白)으로 상징되는 정자, 정액과의 음양 교섭, 섞임이 생명을 낳는다고 생각했습니다. 거기에는 성(性)은 성스러운 것이고, 경혈은 생명의 원천이며, 남녀는 대등 그리고 화합해야 한다고 생각했습니다. (중략) 거기에서 여성은 하대하는 대상도 아니고, 죄 많은 비참한 존재도 아니었습니다.'[20]

仏教伝来以前の修験道も、女性があるいは経血がケガレであるという認識は持っていなかったと考えられるのです。(中略)更に柱源深祕法といわれる作法の中では、二本の乳木を重ね合わせ呪をとなえながら「赤白二鼎渧凝滑」と観念します。赤に象徴される水気である卵子、血液、羊水としろに象徴される精子、精液との陰陽両者の交歓、交わりが生命を生む、と観念するのです。そこでは、性は聖なるものであり、経血は生命の源であり、男女は対等そして和合するべきもの、とかんがえられています。(中略)そこでは女性は見下げる対象でもなく、罪深いあさましいものでもありませんでした。(岡本孝道,『本山修験』132号, 聖護院門跡, 1997)

다나카(田中利典)와 오카모토(岡本孝道)는 전통적인 사회가 변화하고, 시대가 요구한다면 전통도 바뀌어야 하며, 여성은 이전 사회에서는 게가레라는 의식에서 배제되는 경향이 강했으나 원래 종교적인 취지에서는 여성을 부정하다고 보지도 않았고, 하대의 대상이나 비참한 존재로 인식

---

20) 大峰山開放会,『現代の女人禁制』, 開放出版者, 2011, 31쪽 재인용.

하지 않은 대등한 존재였다고 했다. 그러므로 21세기를 맞이하여 해금은 되어야 한다고 했다.

이 발언에 대하여 신자단체에서 강력하게 반대를 하자 교단측은 신자들의 반대를 무릅쓰고 해금할 이유를 찾지 못하고 해금하자는 의도를 철회한다. 교단측으로서는 교단을 지원하는 코라는 신자단체들의 입김을 무시할 수 없었던 것이다.

류센지는 신자들의 요구에 의거하여 해금을 하였고, 엔노교자 입적 1,300년을 기념하여 산조가다케를 해금하려고 했을 때 교단은 신자들의 요구에 의해 해금 할 수 없었다. 즉 교단이라고 하는 것은 신자, 즉 신자를 중심으로 하는 교세가 있어야 한다. 그런데 강력한 파워를 가지고 있는 신자단체에서 반대 하자 결국 교단의 주장은 꺾이고 만다.

2. 신자단체 코(講)

근세말기부터 오미네산지(大峰山寺)에는 한카이얏코(阪堺役講)불리는 신자단체가 만들어져 오미네산지를 관리하였다. 이러한 코(講)들은 고지인(護持院)과 적극적인 관계 속에 있다. 한카이얏코는 오사카(大阪)의 이와(岩), 고메이(光明), 산고(三郷), 교쿄(京橋)와 사카이(堺)의 도리케(鳥毛), 이즈쓰(井筒), 료쿄(両郷), 고류(五流)를 말한다.

각각의 코는 몇 갠가의 지류(支流) 코(講)를 포섭하여 코샤(講社) 연합을 형성하고 있다. 이러한 얏코 소속의 코 대부분은 동업자 끼리나 동일 지역 내의 사람들로 구성된 도시 코이다. 한카이얏코는 오미네산지를 참배하는 교자코 중에서 가장 강력한 조직을 가지고 오미네산지 그 자체를 관리까지 하고 있다.

오미네산지는 요시노의 도난인, 기조인, 사쿠라모토보, 치쿠린인과 도로가와 측의 류센지라는 5개의 고지인의 대표, 요시노측, 도로가와측 지역신도대표 각 3인, 각 얏코에서 대표 한 사람씩 8명 등의 특별 신도대표에 의해 운영된다. 그리고 오미네산지는 5월 3일 도아케(戸開), 9월 22일 도시메(戸閉)는 얏코 대표자가 당번의 고지인 주지부터 신도 대표들이 모인 가운데 본당의 열쇠를 받아, 개폐한다. 또 오미네산지의 참배자가 가장 깊게 신앙하는 비밀의 엔노교자상 참배권은 얏코에게만 분배된다. 이처럼 얏코는 오미네산지 관리에 있어서 중요한 역할을 담당하고 있다.

현재 한카이얏코에서는 8개의 코가 순서대로 오미네산지의 당번을 서고 도아케와 도시메 때는 공동으로 행사를 주체하는 것 외에, 코의 임원들의 여행회, 회원의 경조사 등에도 참석하고 도시메 전에는 수입결산보고회에도 참석한다. 또한 각 얏코는 각각 오미네산지 호지원 더 나아가, 그것과 연결된 슈겐교단과도 긴밀한 관계를 가진다.[21]

이러한 얏코들의 오미네산지 여인금제 해금에 대한 태도를 살펴보면 교단측과 마찬가지로 반대이기는 하지만 성격이 조금 다르다. 어떻게 보면 그들의 반대 입장이 전통유지라는 이유가 가장 걸맞다.

1960~70년대가 되면 일본에서는 지방의 과소한 현상이 나타나 지역사회의 일손부족 현상이 생겨난다. 이전에 여자가 할 수 없는, 해서는 안 되는 일도 시대의 상황에 따라 변하게 되었다. 도로가와 지역을 비롯하여 산을 주로 생업현장으로 하는 지역에서는 일손부족으로 산에 들어가 일을 하지 않으면 안 되었다. 출입이 제한되어 있는 곳에 여성이 출입하는 것이 문제가 되었다. 또한 1965년 요시노 지역이 국립공원지정과 관광의 경제성에 대한 지역민의 자각 등등으로 금제구역을 축소하자는 의견이 지역에서 나오게 되었다. 1969년 10월 29일 요시노 지쿠린인에서 개최된 오미네산지 총회에서 토론한 결과 고지원과 지역신도대표는 개방을 찬성했지만 얏코대표인 특별신도대표는 난색을 표하여 보류(毎日新聞 1969년 10월 31일) 되었다. 다수의 신도를 가지고 있는 오사카와 사카이의 얏코

21) 宮家準, 「大峰山寺の講と教団」, 『大峰修験道の研究』, 佼成出版社, 1988, 186쪽.

는 큰 세력이고, 오미산에 대한 강한 애착심과 신앙심을 가지고 있다. 이 사람들의 반대표명과 태도 유보는 여인금제는 엔노교자가 오미네산 개산 때부터 결정되었던 근본질서를 뒤집는 것에 대한 주저함이 있었다. 결국 1970년 2월 6일 협의에 의해서 얏코가 양보하여 일부 개방을 승인하였다.[22]

최근에 있었던 예를 들면 2000년도가 엔노교자 입적 1,300년에 해당하는 해였다. 교단에서는 여성신도의 수도 늘어가고 있고, 시대의 조류에 따라 인권문제도 있어 교단 측에서 개방의 목소리를 먼저 내었다.(3.1 참고) 이 소식을 접한 코에서 맹렬하게 반대를 했다.

얏코를 구성하는 신자들은 옛날의 재가수련자와 같은 이미지를 스스로 가지고 있다고 믿고 있다. 오미네산지와 관련된 행사나, 직접 오미네산지에서의 수련도 하기 때문에 그들에게 전통의 의미는 다른 집단보다 강하다고 볼 수 있다.

3. 전통숙박지 도로가와(洞川)

도로가와(吉野郡天川村洞川)는 산죠가다케로 가는 등산로 입구에 있는 마을이다. 도로가와의 주민들은 본산파, 당산파의 수허교단으로부터 오미네산 경호담당으로서 오자사(小笹)의 숙소와 등산로 찻집 관리, 기도판 (祈禱板札), 다라니스케라는 위장약 판매 권리를 위임 받았다. 전통적으로 도로가와의 경제는 밭농사 조금과 오미네산 참배객을 대상으로 숙박, 안내, 위장약 판매 등에 의존했다. 근세 중기 이후 서민들에게도 등산은 인기가 있었고 그것은 신자집단인 코를 활성화시켜 도로가와 지역에 여관이 증가하게 되었다. 등산로의 찻집도 중요한 재원이었다.

---

22) 鈴木正宗, 『女人禁制』, 吉川弘文館, 2002, 40쪽.

(1) 산조가다케는 1874년 6월에 산상자오당(山上蔵王堂)은 곤고진사(金剛神社) 오쿠미야(奥の宮)가 되었다. 환속하여 신관이 된 요시노산의 승려가 여기에 봉사했다. 이때 산상에 있던 6칸의 숙소도 신관야시키(=신관숙소)로 명칭이 변경되었다. 산조가다케에서는 그때까지 불사였던 본당이 곤고진자 오쿠미야로 바뀌고 나서부터 참배자가 격감했다. 그 쇠락을 극복하기 위해서 산조가다케에 불당을 건립하지 않으면 안 된다고 생각한 도로가와 요시노에서는 1875년 4월 29일에 요시노산과 도로가와의 부소장 가네코(兼小) 전 총대(総代)의 연명으로 산조가다케 하나바다케에 교자(行者)사당을 이전하여 산상장왕당에 있었던 비밀의 엔노교자상과 불상을 모시고 싶다는 탄원서를 제출하여 승인을 얻어, 여름에 들어가기 전에 이전을 완료하고 교자당(行者堂)이라고 불렀다. 이 당의 운영은 장식사(葬式寺)였던 이유로 환속하지 않았던 요시노산의 젠푸쿠지(善福寺)와 도로가와의 류센지가 맡았다. 요시노와 도로가와는 산조가다케의 등배자를 한사람이라도 더 늘리려고 하는 점에서는 이해가 일치하였다. 1885년 6월 요시노군장 다마오키(玉置高良)의 조정으로 오쿠미야를 불당으로 복귀하고 행자당의 불상을 옮겨 요시노와 도로가와가 공동으로 관리 운영한다는 조건으로 복귀운동을 전개하여 1886년 5월에 오쿠미야는 산상본당으로서 부활하게 되었다.[23]

(2) 도로가와 교자마쓰리(行者祭り)는 1953년 도로가와 관광협회가 도로가와에 전해지는 교자코(行者講)와 오니오도리(鬼踊) 등을 모체로 엔노교자에 감사하는 취지로 만들어낸 새로운 마쓰리이다. 그 근저에는 엔노교자에 대한 도로가와 주민의 신앙이 있지만 그것과 더불어 관광객을 유치하려는 의도가 있었다. 교자 마쓰리는 이즈(伊豆)에 유배되었던 엔노교

---

23) 宮家準, 『大峰修験道の研究』, 佼成出版社, 1988, 240~241쪽.

자가 사면되어 오미네산으로 돌아오자 그의 제자인 고키(後鬼)가 기뻐하면서 맞이한 고사를 고키의 자손인 도로가와 주민이 재현하는 것이다. 마츠리는 8월 2일과 3일에 열린다.[24]

(3) 산조가다케 서쪽에 있는 이나무라가다케(稻村ケ岳)는 현재 여성이 들어갈 수 있는 산봉우리다. 여기는 명확하게 여인금제라고 명명된 지역은 아니었지만 산조가다케와 이어지는 봉우리여서 여성은 올라갈 수 없었다.

1940년 나라현(奈良県) 교육계 유력자인 오쿠무라 쓰루마츠(奥村鶴松)가 사쿠라이 고녀(櫻井高女) 학생을 데리고 올라간 이후 느슨해졌다. 요시노에서는 도난인(金峰山修験本宗)의 초대관장인 고조(五條覚澄)가 1950년 11월 19일 산조가다케 뒤쪽에 있는 도량을 본 떠 자오당(蔵王堂) 서쪽 지옥계곡에 여인행장을 열었다. 이것에 대항하여 여성 수행자를 끌어들이기 위하여 도로가와 주민과 류센지는 「여인대봉(女人大峰)」설정을 생각했다. 1960년 류센지 경내 개방과 동시에 이나무라가다케 여인금제를 정식으로 풀고 등배(登拜)하는 여인 행자들에게 류센지가 「이나무라가다케 여인도장수행(稻村ケ岳女人道場修行)」이라는 여성 센다츠(先達) 면허장을 주게 되었다. 여기에 대해서는 코의 반대는 없었다고 한다.

(4) 도로가와는 전통적으로 오미네산 등배자를 상대로 하는 여관업 외에 요시노스기(吉野杉)와 히노키(檜)를 주체로 하는 임업에 의지하며 생활하고 있었다. 1960~70년대 고도경제성장 시대에 지방의 과소화 과정 속에 일손 부족이 생기자 각 지역마다 새로운 방법을 모색하고 있었다. 1965년 국립공원으로 도로가와가 편입된 것은, 도로가와가 오미네산으로 가는 등산기지이고, 두 개의 종류굴(面不動, 五代松), 요시노스기 산지

---

[24] 위의 책, 256쪽.

로 천연림이 있다는 것을 호소하여 얻은 결과이다. 시대의 변화와 일상생활에서의 요청, 관광에 의한 지역진흥을 위하여 금제구가 축소되었다.[25] 엔노교자의 모친이 기거했다는 모공당(母公堂) 위로는 여인금제였는데 관광객의 편의를 위해 모공당에서 2km 더 올라간 지점으로 여인금제 구역이 변경되었다. 1970년 5월 2일부터 여인결계지점을 도로가와에서는 청정대교(淸淨大橋), 요시노에서는 고반세키(五番関)로 결정하였다.

　도로가와 지역과 여인금제와 관련해서는 교단과 코와는 달리 직접적으로 생존권과 관련이 있다고 볼 수 있다. 선조대대로 행장을 지키도록 명을 받은 이래 1,300년에 걸쳐 행장을 지켜왔고, 그것이 지금까지 지역 생활을 보장해 주었다. 그들이(코와 슈겐쟈) 반대하는 이상 우리도 반대할 수밖에 없다[26]라고 도로가와 지역민은 말한다.

　(1)의 산상본당이 신관의 관리로 넘어가면서 급격하게 줄어드는 신자 수에서 위기의식을 느낀 것은 도로가와의 요시노의 지역민이었다. (2)의 교자마쯔리는 새롭게 만든 마쯔리이다. 그때까지 없었던 것을 기획하여 만들어 관광객 유치 의도가 엿보인다. 물론 전승이나 역사성에 의거하여 만들어진 것이긴 하지만 전통이란 상황에 맞게 얼마든지 만들어 질 수 있다는 예로서 볼 수 있다. (3)에서 '여성대봉'을 설치하려 한 것은 이나무라가다케 해금은 전후 거듭되는 여인결계돌파 시도에 대한 지역의 대응 전략책이기도 했지만 요시노 쪽으로 여성 수행자들을 뺏길 것을 염려하여 도로가와 주민들의 자구책이었다. (4)는 (2)의 의도와 상통한 것인데 국립공원으로 지정이 되면 관광객을 유치하는데 효과적이라는 것을 주민들은 인지하였고, 지정이 될 수 있도록 지역민이 적극 활동을 해서 얻어 낸 결과이다.

25)　鈴木正崇, 『女人禁制』, 吉川弘文館, 2002, 40쪽.
26)　宮家準, 『大峰修験道の研究』, 佼成出版社, 1988, 394쪽.

이상과 같이 도로가와 지역민은 조상대대로 오미네산을 오르는 행자들의 숙소와 식사를 제공하면서 생활해 왔기 때문에 그 전통을 지키며 사는 것이라고 도로가와 지역민이 주장하지만 좀 더 안을 들여다보면 생활권과 아주 밀접한 관계를 가지면서, 전통으로 지정된 구역이 축소되기도 하고, 때로는 전통이 새로 만들어지기도 한다.

V. 마치며

슈겐도라는 산악종교를 토대로 형성된 세 집단은 산의 신성함과 자신들의 종교적인 활동을 위해, 전통적인 게가레관과 불교적인 여성 멸시관과 함께 모공당(母公堂)의 전설과 산의 여신의 노여움을 사면 횡액이 온다는 것을 이용하여 여성들을 산에 들어오지 못 하게 하였다.

민속학자 야나기타 구니오(柳田国男)는 '전통이란 모호하다. 지금 대부분의 사람들이 인정하는 것이라도 장래 인정될지 안 될지 모른다. 따라서 전통이란 그때그때 생기는 것이고 무엇이 전통인가라고 하는 것은 극히 모호하다.'[27]라고 말했듯 전통은 각 시대적인 상황에 따라 변화하는 것이다.

여인금제라는 전통을 만드는데 중심에 있었던 남성들은 그 문화를 하나의 권력으로서 기득권을 버리지 않으면서도 편의에 따라서는 바꿔가고 있다. 세인의 관심으로 시끄러워지는 전면에서는 전통을 앞세우지만 실제 교단은 신자 없이 존속할 수 없으므로 신자집단의 눈치를 볼 수밖에 없고, 수행자들에게 숙박을 제공함으로서 지역경제와 생활기반을 유지해 왔던 도로가와 지역에서도 지금까지 해 왔던 일이기 때문에 따를 수밖에 없다고 하지만 문제가 있을 때마다 전통이라는 이름 뒤에 가려진 경제권

---

[27] 源淳子, 『女人禁制Q&A』, 開放出版者, 2005, 40쪽.

이 더 중시되었다. 즉 오미네산의 수행자들의 전통문화는 남성이 주체자가 되고, 주체자들은 전통이라는 권력을 앞세워 그들의 감추어진 이익을 추구하고 있었던 것이 된다.

1981년 9월 5일 젠키(前鬼)에서 신센간죠(深仙灌頂) 행사가 있었다. 사상 처음으로 여성신도 수법(受法)이 허락되었고, 수법자 408명 중에 여성이 65명이었다고 한다. 심선관정은 혈맥계승과 법류전수의 의미에서 종파 최대의 행사이다. 젠키는 산조가다케와 약간 거리가 있기는 하지만 같은 요시노 국립공원에 안에 있는 지역이다. 슈겐자의 행장, 도량이라는 같은 가치를 지닌 다른 곳에서는 여성에게 개방을 넘어 새로운 전통을 만들어 내는 상황에서 산조가다케만 전통유지를 하는 의미는 그다지 크지 않다. 전통유지라는 명분을 앞세우면서도 전통에 위배되는 변화와 결정들이 산조가다케를 둘러싼 여러 그룹에서 일어나고 있고, 그것은 전통유지라는 말을 퇴색시키고 있기 때문이다.

이 글은 『일본근대학연구』 제37집(2012)에 수록된 「오미네산 여인금제 전통의 현대적 의미」를 그대로 실은 것이다.

—

중국의 여산신 신앙 연구

태산 벽하원군 신앙을 중심으로

김지영

—

Ⅰ. 머리말

인류의 산에 대한 최초의 행위는 경외심과 숭배에서 비롯되었다. 이것은 인간의 힘으로는 이겨내거나 통제할 수 없는 천재일변과 같은 자연의 막강한 힘에 대한 인간의 절대적 순종이자 존숭이었다.

평평한 대지 위에 우뚝하게 솟은 산은 인간이 감히 범접할 수 없는 영력을 가진 신령이 사는 곳으로 인식하였다. 고대 중국인들은 토지가 융기된 곳에는 신명(神明)이 거처하며 인간사를 주관한다고 여겨 높은 산악이나 구릉들을 신성시하였고, 여러 가지 영적인 의미를 부가시켰다.[1]

---

1) 朴魯俊, 「五臺山信仰의 起源研究-羅·唐 五臺山 信仰의 比較論的 考察」, 『嶺東文化』 제2집, 1986, 54쪽.

구석기시대, 신비롭고도 두려운 대상인 산악 그 자체에 대한 자연신 숭배의 시기를 지나, 산을 중심으로 사람들이 모여들고 생활 공동체를 이루며 마을 체제를 갖추게 되면서 산에 대한 현실적인 신앙적 가치를 만들어 내게 되었다. 산림을 주거지로 생계를 유지하며 산속 생활에서 마주치게 되는 특이한 동물이나 나무 등을 산신의 화신으로 여겨 숭배하였다. 산속에 살아 움직이는 변화하는 모든 것들을 산신이라는 특정한 인물로 상상해 내면서, 산신은 점차 인격화되기 시작하였다. 사람들은 인간의 모습을 한 나무 조각상이나 돌 조각상을 만들어 숭배하면서 산신의 외형을 다양하게 구체화 시켰다. 이런 신상을 갖추게 된 산신은 더 많은 사람들의 염원을 비는 기복의 대상으로 자리하게 되었다.

태산은 중국의 동악으로, 고대로부터 민족문화의 전통과 사상사적으로 매우 중요한 산악으로 숭배되어져 왔다. 태산은 황제의 산이라고 할 만큼 중국 역사상에서도 중요한 의미를 가지고 있으며, 종교적으로도 융합된 문화를 이루고 있다. 태산의 여신으로, 태산의 주신이었던 동악대제의 지위와 권위마저 초월한 벽하원군(碧霞元君)에 대한 신앙은 현재 중국의 태산권역뿐만 아니라, 전국 각지와 해외 지역에까지 널리 퍼져 전승되고 있다.

II. 벽하원군의 유래

태산 벽하원군은 중국의 여신 중에서 가장 영향력 있는 여산신이다. 특히 명·청 이후 민간에서는 벽하원군을 태산의 주신인 동악대제와 동일한 지위, 혹은 그를 능가하는 태산의 공동 주신으로 높이 숭배하였다.

벽하원군이란 칭호는 송나라 진종(眞宗) 때 정식으로 하사 받은 봉호인데, 그 이전부터 민간에서는 태산녀(혹은 태산옥녀) 신앙이 널리 성행하고 있었는데, 중국 민속학계에서는 이를 벽하원군의 전신(前身)으로 본다.

태산옥녀와 벽하원군의 칭호에 내재된 연관성과 전승 관계에 대해 석경교(石經校) 교수는 태산 벽하원군의 전신이 여와(女媧)나 서왕모, 현녀(玄女) 등의 신녀가 아님을 밝히면서, 송대 이전 문헌 속에는 태산 벽하원군이라는 명칭이 전혀 등장하지는 않지만, 태산정(泰山頂)에는 이미 옥녀지(玉女池)와 옥녀 석상이 있었다는 자료를 근거로 벽하원군의 전신이 태산옥녀임을 주장하였다.[2]

태산옥녀에 관한 송대 이전의 기록으로는 태산에 기거했던 문인들의 문학작품을 참고할 수 있는데, 그 대부분이 신선격의 옥녀로 묘사하고 있다. 위무제 조조의 명편인 「기출창(氣出唱)」에는 천하 대업을 이루기 위해 곳곳을 떠돌다 태산에 이르러 옥녀가 자신을 맞이하여 함께 여섯 용(龍)이 끄는 수레를 타고 옥장(玉漿)을 마시며 산수를 거니는 호탕함을 그려내고 있다.[3] 당대(唐代) 유명 시인인 이백은 태산에 장기 거주하면서, 태산의 경치에 빠져 태산 유람시 수 편을 지었다. 그의 대표적인 태산 유람시인 「유태산(遊泰山)」에는 신선 옥녀와의 만남이 생생하게 묘사되어 있다.

玉女四五人	네댓 명의 옥녀가,
飄搖下九垓	바람타고 하늘에서 내려오네.
含笑引素手	미소를 머금고 흰 손 내밀며,
遺我流霞杯	나에게 유하주 술잔을 남겨주네.
稽首再拜之	머리 숙여 재배하며 이를 받드니,
自愧非仙才	스스로 신선 자질 없음이 부끄럽네.

2) 石經校, 「泰山女神崇拜之沿革」, 『岱宗學刊』第1號, 1997, 53~54쪽.
3) 乘雲而行 行四海外 東到泰山 仙人玉女 下來遨游 驂駕六龍飲玉漿.

曠然小宇宙　마음이 넓어져 우주는 작아지니,
棄世何悠哉　속세를 버리고 어떻게 유유히 지낼까?

　조조나 이백의 작품에서 묘사된 옥녀는 아름다운 자태와 기이한 영물을 가지고 다니는 도가적 신선의 성격을 지니고 있는데, 이는 당시 문인들이 수용했던 옥녀의 보편적인 모습일 것이다. 이 두 작품을 통해서 송대 이전에 이미 태산과 관련된 옥녀 이야기나 옥녀에 대한 심미적 상상력이 널리 전해지고 있었음을 알 수 있다. 하지만 작품에서 묘사된 옥녀가 벽하원군의 전신인 태산옥녀의 범주에 들어갈 수 있을지는 의문이다.

　두 작품에서 묘사된 옥녀는 태산의 꼭대기에 기거하고 있는 신이라기보다는 하늘에서 마차나 구름을 타고 내려오는 천신에 더욱 가깝다고 할 수 있다. 이런 점에서 위진 시대나 당대 문인들 속에 유행하던 태산의 옥녀는 송 진종 이후 벽하원군으로 개명하게 되는 태산옥녀와는 그 신격이 다른 것으로 보인다.

　태산옥녀에 대한 유래설은 크게 3가지로 나뉘는데, 가장 보편적인 설은 태산신의 딸이라는 설이다. 장화(張華)의 『박물지(博物志)』에는 "태공망(太公望)을 관단령(灌壇令)으로 삼았는데, 1년이 지난 뒤 나뭇가지 흔들리는 소리도 들리지 않았다. 주문왕(周文王)이 꿈에서 한 아낙을 만났는데, 길을 막고 울며 말하기를 '저는 동악 태산신의 딸인데, 시집가서 서해의 아내가 되었습니다. 동쪽으로 돌아가려고 하는데, 관단령이 나의 길을 막고 있습니다. 그는 덕망이 높아 내가 감히 그 곳을 지나며 폭풍우를 칠 수는 없습니다."4)라고 하였다. 이 글에서 태산녀의 신분이나 특징을 상세히 묘사하지는 않았지만, 동악 태산신의 딸이며 서해용왕의 아내이면서 구름을 일으키고 비를 관장하는 능력을 가진 자연신임을 알 수 있다. 또

---

4)　太公望爲灌壇令　期年風不鳴條　文王夢見一婦人當道而哭　問其故　曰　我東岳泰山女　嫁爲西海婦　欲東歸　灌壇令當吾道　令有德　吾不敢以暴風過也

한 덕 있는 사람을 귀하게 여겨 함부로 해를 끼치지 않는 선한 신선으로 묘사하였다.

명대(明代) 왕지강(王之綱)이 편찬한 『옥녀전(玉女傳)』에는 "태산옥녀는 천선신(태산신)의 딸인데, 황제(黃帝) 시대에 처음 출현하였고, 한나라 명제(明帝) 때 다시 출현하였다."5)라고 기록되어 있다. 여기서 황제 시대에 출현한 태산옥녀는 황제가 염제와 9번을 싸워 전패하여 태산으로 돌아와 삼일 밤낮을 잠을 설치며 승리할 법을 궁리하던 때에 사람의 머리에 새의 형상을 한 여인이 나타나 황제에게 재배하며 백전백승의 병법을 전수해 준 이야기에 등장하는 현녀를 가리킨다. 이때 태산옥녀는 화하민족의 시조인 황제를 도와 통일대업을 이루게 하는 조력자로서, 황제의 통일 왕국이 천명으로 이루어졌다는 정통성을 인정하는 상징적 존재이다.

두 번째 설은 황제가 파견한 옥녀라는 설이다. 『옥녀고(玉女考)』와 『요지기(瑤池記)』에는 "황제가 대악관(岱岳觀)을 지을 때, 일곱 선녀를 미리 세상에 내려 보냈는데, 구름 관을 쓰고 날개옷을 입고 태산에 내려오니 서곤진인(西昆眞人)이 그들을 맞이하였다. 옥녀는 일곱 선녀 중 수도하여 득도한 신선이다."6)라고 하였다. 황제는 곧 중화민족의 시조이며, 이런 황제가 파견한 옥녀는 황제의 대리신으로 오악의 으뜸인 태산에 기거할 수 있는 정당한 명분을 가진다. 이 설의 시작 부분에서 묘사된 옥녀는 외모적으로 조조와 이백의 작품에서의 묘사된 하늘에서 구름을 타고 내려온 옥녀와 별반 다를 것이 없다. 하지만 후반부에 수도를 통해 득도한 옥녀는 태산의 신선으로서 자리할 수 있는 자격을 갖추게 된 것이다. 여기에서 태산옥녀는 잠시 지상으로 유람 온 천신의 신분에서 "수도"라는 방편을 통해 인간 세상에 정착하는 지신의 모습으로 형상화 되었다.

---

5) 泰山玉女者 天仙神女也 黃帝時始見 漢明帝時再見焉
6) 黃帝建岱岳观时 曾经预先派遣七位女子 云冠羽衣 前往泰山以迎西昆真人 玉女乃一七女中的修道得仙者

세 번째 설은 한나라 옥엽(玉葉)이라는 민간 인물과 관련된 설이다. 『옥녀권(玉女卷)』에는 "한명제 때, 서우국 손녕부 봉부현에 거주하는 선비 석수도의 아내 김씨가 중원 7년 갑자 4월 18일 여자 아이를 낳았는데, 옥엽이라 이름 하였다. 생김새가 단정하고 총명하며 영민하여 3살 때 인륜을 이해하고, 7살 때 법을 알아들었으며, 일찍이 서왕모에게 예를 올렸다. 14세 되던 해, 홀연히 서왕모의 교시를 받아 입산하여 조선장(曹仙長)의 지도를 받아 천공산(태산) 황화동에 들어가 수련하였다. …… 3년을 단련하자 원기가 발하며 빛이 선명하니, 드디어 태산에 의탁하게 되었다. 이때부터 태산에 옥녀신이 있게 되었다."[7]라고 하였다. 이 유래설은 도교적 색채가 매우 강하다. 서왕모를 모셨다거나 수련을 하여 빛을 발했다거나 하는 행위들은 도교적 수행법과 신선이 되는 과정과 유사하다. 그렇기 때문에 도교에서는 민간인으로서 수도를 통해 신선의 반열에 오른 옥엽을 자신들의 신보(神普)에 모신 벽하원군의 전신으로 여긴다.

위와 같은 각기 다른 태산옥녀 유래설은 각 계층의 벽하원군신앙에 대한 관점과 태도를 반영하고 있다. 황제가 등장하는 앞의 두 설은 모두 문인과 지식인 계층에서 지지하던 것인데, 태산옥녀를 태산신이라는 남성권위 하의 인물로 설정하여 그의 신력이 태산신이나 황제에게서 나온 것임을 암시하였다. 세 번째 설에서 태산옥녀는 신령한 선조나 역사적 영웅이 아닌 일반 평민계층에서 태어나 신선으로 승격된 것으로 남성신관을 추존하는 정부 관료 체제에서 벗어난 인물이다. 이는 민간에서 성행하는 간신앙의 한 유형이라 할 수 있다.[8]

---

7) 漢明帝時 西牛國孫寧府奉符縣善士石首道妻金氏 中元七年甲子四月十八日子時生女 名玉葉 貌端而生性聰穎 三歲解人倫 七歲輒聞法 嘗禮西王母 十四歲忽感母教 欲入山 得曹仙長指 入天空山黃花洞修焉……三年丹就 元精發而光顯 遂依于泰山焉 泰山以此有玉女神

8) 劉曉, 「海外漢學家碧霞元君信仰研究——以英語文獻爲中心」, 『河南敎育學院學報』 第27卷, 2008, 39~40쪽.

태산옥녀에서 벽하원군으로 개명하게 되는 계기는 태산 정상에 있는 옥녀지와 옥녀지에서 발견된 옥녀석상에서 기원한다. 조조의 시와 이백의 시에서도 옥녀가 영험한 물(혹은 술)을 가지고 다니는 신선으로 묘사되었는데, 이는 태산의 샘물에 대한 극찬에서 비롯된 것이다. 『옥녀전』의 기록에도 옥녀는 물의 성질을 가지고 있으며, 그 출처는 바로 옥녀지에서 나오는 것이라고 하였으니,[9] 옥녀지는 곧 옥녀의 화신이다. 사람들은 옥녀지를 고결하고 신성한 곳으로 여겨 옥녀지 가에 옥녀 석상을 세워 숭배하였으니, 태산옥녀 신앙은 옥녀지에 대한 숭배를 바탕으로 널리 성행한 것으로 볼 수 있다.

송대 상부(祥符) 원년(1008) 9월, 진종은 칙서를 내려 태산 정상(岱頂) 옥녀지 옆에 부식되고 조각난 옥녀 석상을 옥으로 다시 만들게 하고, 맷돌로 단(龕)을 만들어 원래 있던 곳에 봉치하고[10] 제사를 올렸다.

송진종과 그의 추종자들이 태산에서 천서(天書)를 조작하여 봉선의식을 행하면서도 굳이 옥녀상을 발견한 이야기를 만들고 새 조각상을 세워 '천선신녀 벽하원군'이라는 봉호를 내린 것은 그의 정치적 입지를 공고히 하고자 하는 정치적 장치였던 것으로 보인다. 앞에서도 보았듯이 황제는 중화민족의 시조이며, 염제와의 전쟁에서 그를 도와 통일대업을 이루게 한 것은 태산옥녀였다. 이런 점에서 태산옥녀의 출현이 가지는 의미는 곧 황제의 적통으로서 중화 민족의 정통성을 계승하였음을 천명하는 것이다. 태산 옥녀가 벽하원군의 봉호를 받으면서, 민간에서의 잡다한 설과 문인들의 시작(詩作)에 등장하던 태산옥녀는 점차적으로 궁사(宮祠)의 대열에 진입하게 되었다.

---

9) 玉女坤質爲水象, 池固其所自來耳.
10) 周郢, 『泰山通鑒』, 齊魯書社, 2005, 72쪽.

III. 벽하원군의 신격과 기능

태산 벽하원군의 다양한 유래설은 중국 여산신 숭배의 태초적 성격과 기능을 그대로 담고 있는데, 때로는 종교적 신앙 속에서, 때로는 정치세력 속에서, 때로는 문인들의 작품 속에서 다양한 모습과 다양한 기능을 가진 만능의 화신으로 재현되었다.

벽하원군의 전신인 태산옥녀가 황제의 딸이라는 것은 중국에서 생겨난 모든 국가와 사상 문화의 근원지인 황제의 적통이라는 점에서 후대의 그 어떤 나라도 부인할 수 없었던 절대권위의 상징적 존재임을 의미한다. 고대 원시 자연신 숭배는 천신숭배에서 시작 되었고, 신을 가까이에 두려는 사람들의 갈망은 천신(天神)을 하늘과 가장 가까운 산꼭대기에 좌정케 함으로써, 인간 세상에 정착시켰다. 이는 여러 천신이 인간 세상에 정착하게 되는 과정이기도 하다. 벽하원군이 황제의 딸이라는 점과 중국의 중요한 입지에 자리한 산에 정착하였다는 것은 후대 왕조의 시조를 탄생시키는 성모로서의 충분한 자격과 정통성을 부여 받은 것이라 할 수 있다.

건국이나 새로운 왕의 추대에 있어서 신모(母神)의 역할이 얼마나 중요한지는 송대 진종의 옥녀상 건립에서도 알 수 있다. 역대 황제들만이 행할 수 있었던 봉선의식의 거행만으로는 민심을 잠재울 수 없었던 송대 진종은 황제의 적통을 이어 받은 옥녀가 모습을 드러내어 자신의 등극을 동의하였다는 설로써 자신의 왕권을 정당화 시켰다.

벽하원군의 정치적 기능은 원천적으로는 민중의 힘에서 나온 것이다. 나라의 실제적 주인인 황제가 태산의 여신을 절대 외면할 수 없었던 것은 벽하원군을 구심점으로 형성된 민중의 집결된 힘이었을 것이다. 민중들 속에서 생명과 기후를 관장하며 영험하여 구하면 반드시 응대한다고 여겼던 태산의 여신은 시대와 왕조가 바뀌어도 항상 자신들을 보호하는 민중의 정신적 의탁처로서 새왕조의 지배자가 쉽게 간과할 수 없는 정치적 요소였을 것이다.

또한 벽하원군은 도교의 여신의 시조가 되기도 하였다. 벽하원군의 전신인 옥엽이 평민의 부부에게서 태어난 인간이었다는 점과, 태어나서부터 신적인 신통력을 가진 것이 아니라 수도를 통해 신력을 얻게 되었다는 점은 이전의 여산신의 모습과는 사뭇 다르다. 인간과의 결합이나 인간의 모습으로 나타난 벽하원군의 신격은 더욱 인격화 되었다.

Ⅳ. 벽하원군 신앙의 발전과 전승

송진종이 옥녀지의 옥녀상을 세워 봉사(封祀)한 이후로 태산옥녀는 태산의 유일 주신이었던 동악대제의 그늘에서 벗어나 서서히 태산여신으로 자리 잡으며 동악대제와 공동 주신으로 인식되었다.

벽하원군의 호칭은 도교 신선의 호칭과 연관이 있다. 도교에서는 남자 신선을 진인(眞人)이라 하고, 여자 신선을 원군(元君)이라고 한다. 또한 도교 신전 중에는 자주색이나 청색과 관련된 이름을 가진 신선이 있는데, 도교가 흥하면서 민간에 널리 성행하고 있던 태산옥녀를 신전에 모셔 벽하원군이라 하였다. 하지만 "원군"이라는 호칭이 노자의 스승이라 지칭되는 태을원군(太乙元君)의 남자신선의 호칭에도 쓰이기도 하였고,[11] 남쪽 지역의 천후(天后, 혹은 마조(馬祖))나 순예부인(順懿夫人)이 벽하원군으로 지칭되기도 하였으므로,[12] "벽하원군"은 태산옥녀를 지칭하는 단독 명칭은 아니었던 것으로 보인다. 단지 태산옥녀 신앙이 전국적으로 확대되면서 사람들의 인식 속에 벽하원군이라는 봉호가 태산옥녀의 전유물로

---

11) 張進, 「泰山娘娘與女性宗教信仰」, 『官學學刊』第3期, 2007, 104쪽.
12) 王曉莉·陳宏娜, 「碧霞元君由來及演變」, 『遼寧科技學院學報』 第8卷 第2期, 2006, 65쪽.

자리 잡게 되었을 것이다.

태안시 박물관에 현존하는 태산대묘 「동악원군향화사비」(泰山岱廟『東岳元君香火社碑』)의 탁본을 보면 비문이 마모되어 글자를 분간하기 어렵지만, 비문의 첫머리에는 "碧霞元君香火"라는 글자가 쓰여 있으며 비문 중간 중간에 "知人命短長", "山西" 등의 글자가 확인된다. 비석을 세운 시간은 "大宋辛酉歲冬四月亡後"로 되어 있는데, 비를 세운 사람 중에 "東阿社" 등의 글자가 보이기도 한다. 대송(大宋)은 북송시기를 말하는데, 북송시기 태산옥녀는 이미 벽하원군의 칭호를 쓰고 있었으며, 산동의 동아현(東阿縣)에 향화사가 있었던 것은 생명을 주관하는 기능을 가진 벽하원군 신앙이 이미 다른 지역에까지 전파되어 성숙의 단계에 진입하였음[13]을 반증한다. 북송시기 벽하원군의 영향력이 광대해져 태산지역 외의 타 지역에 이미 벽하원군 사당이 생겼고 향화사까지 둔 것은, 벽하원군 신앙이 적어도 송 이전의 당대부터 조금씩 성행하기 시작하였음을 반증한다.

벽하원군 신앙이 성행하던 북송이 멸망하고, 태산과 그 주변 지역이 타민족의 통치권 하에 들어가게 되면서, 태산의 주재신은 다시 동악대제로 바뀌게 된다. 요·금·원나라의 사서(史書)에는 벽하원군 사당이 건립되었다는 자료를 찾아볼 수 없다. 하지만, 이 때 북방 이민족의 통치권의 시야에서 벗어나 있던 복주(福州)나 광주(廣州) 등지에서는 벽하원군 사당이 증축되면서 벽하원군 신앙이 더욱 성행하였다.

비록 이민족의 통치로 태산 일대의 벽하원군 신앙이 타격을 받았지만, 이미 토착화된 민간신앙은 지배층의 제약에도 불구하고 신도의 수나 분포지역이 더욱 방대해지게 되었다. 명대 성화(成化) 4년(1468) 옥녀사를 중수한 내용을 담은 유정지(劉定之)의 『벽하원군사기(碧霞元君祠記)』에는 "태산 꼭대기에 예로부터 사당이 있는데, 벽하원군을 제사 지낸다. 천선

---

13) 田承軍, 「碧霞元君與碧霞元君廟」, 『史學月刊』(4), 2004, 81~82쪽.

옥녀 신이라고 전해진다."[14]라고 하였는데, 명대 이전부터 대중들 사이에서 태산옥녀를 "天仙玉女碧霞元君"로 인식하고 있었음을 알 수 있다.

송대 원우(元祐) 원년 태산에 옥녀사(玉女祠)가 지어진 이후로 원나라 중통(中統, 1264)에 이르기까지 옥녀사는 소진사(昭眞祠)라는 이름으로 불리다가[15] 명대 성화 19년(1483)에 소진사 증수를 마치고 "벽하영응궁(碧霞靈應宮)"이라는 편액을 하사 받았다.[16] 이후 벽하라는 이름이 널리 알려지게 되었는데, 명 헌종이 특별히 벽하보광(碧霞寶光)의 운무에 휩싸인 기이한 경치와 옥녀신전이 마치 선경인 듯한 기묘한 감정을 일어나게 한다하여 '벽하'라는 이름을 명확히 밝혀 편액을 내린 것이다. 진기한 경치로 인해 옥녀의 신비로움과 영험함이 더욱 부각된 것이다.[17]

명 헌종의 사액은 벽하원군 신앙의 전국적 전파에 매우 큰 영향을 미쳤다. 이때부터 북경을 비롯한 전국 각지에 크고 작은 벽하원군 사당이 생겨나기 시작하였고, 제사의 규모도 이전보다 훨씬 성대해졌다. 명 만역(萬曆) 21년(1593) 옥석작(王錫爵)은 『동악벽하궁비기(東岳碧霞宮碑記)』에서 벽하궁의 흥성을 회고하며 말하기를 "벽하궁이 흥건되자, 동악에 제사지내로 온 세상 사람들이 벽하원군에게로 몰려들기 시작했는데 가깝게는 수 백리, 멀게는 수 천리에서 찾아오는 사람도 있었다. 매년 꽃과 향을 들고 태산 꼭대기에 모인 대중들이 십만이나 되었고, 보시한 금전과 패물 또한 십만 냥이나 되었다. 벽하원군의 제사가 다른 산보다 성대했음을 알 수 있다."[18]라고 하였다.

전쟁과 왕조 교체기 등을 겪으면서 민간 종교에서는 여산신에 대한 숭

---

14) 泰山絶頂舊有祠 祀碧霞元君 相傳爲天仙玉女之神

15) 山東省地方史志編纂委員會, 『山東省志·泰山志』, 中華書局, 1993, 328쪽.

16) 周郢, 泰山通鑒(先秦-淸), 齊魯書社, 2005, 130쪽.

17) 鄧東, 「論述泰山碧霞元君演進的三个階段」, 『泰山學院學報』第28卷 第2期, 2006, 9쪽.

18) 碧霞宮興宮 而世之香火東岳者咸奔走元君 近數百里 遠卽數千里 每年瓣香岳頂數十萬衆 施舍金錢幣亦數十萬 而碧霞香火視他岳盛矣.

배가 더욱 유행하였다. 민중을 기반으로 신흥 민간종교와 학설들이 유행하면서 민간 종교들도 조직화 되어 사회적 영향력을 가진 세력으로 발전하였다.

벽하원군 신앙은 중화민족의 정신세계와 민중의 생활 속에서 잉태된 민족문화로 만주족인 청대 통치자들이 이용한 문화적 자원이기도 하였다. 비록 벽하원군이 줄곧 국사(國祠)로 지정되진 않았지만, 청대 황제들도 이를 지지하여 벽하원군 사당 건립을 허락하였고, 편액을 내리기도 하였다. 1936년 9월 출판된『북평조우통검(北平廟宇通檢)』의 통계에 따르면 당시 북경지역에 벽하원군 사당은 27곳이나 되었고,『건륭영성전도색인(乾隆硬性全圖索引)』의 통계에 따르면 벽하원군을 제사 지낸 사당은 30여 곳이 넘었다고 한다.[19]

벽하원군 사당과 행궁은 관청 사신들이 창건하기도 하고, 국민들의 성금으로 증수하기도 하였으며, 황제나 태감의 명령에 의해 흥건 되기도 하였는데, 당시 벽하원군 신앙은 전 국민적 신앙으로, 거의 모든 사회 계층이 벽하원군 사당 창건에 참여 하였다.[20] 북경 지역에서 이처럼 벽하원군 사당이 많이 건립되었던 것은 곧 청대 왕조가 벽하원군 신앙을 민간신앙으로서 긍정적으로 받아들였기 때문이다. 청대의 민간신앙 포섭은 절대 다수인 한족의 신앙을 인정함으로써, 정치적 안정과 민중과의 화합을 도모하고자 했던 노력의 일환이었다.

벽하원군 사당이 생기면서 전국 각지에서 신도들이 천리를 멀다 하지 않고 벽하원군을 찾아 몰려들었다. 황제와 귀족이 숭상하는 동악대제보다 벽하원군은 더욱 민중에게 가깝고, 무엇이든 포용하고 관용을 베풀 듯한 어머니 신의 형상으로 신분과 직위를 떠나 누구나 참배할 수 있는 대상이었다. 이처럼 자연발생적으로 흥성하게 된 여산신 신앙은 계획된 제

---

19) 吳效群,「歷史上北京市區的碧霞元君信仰」,『北京檔案』第3期, 2005, 49쪽.
20) 田承軍,「碧霞元君與碧霞元君廟」,『史學月刊』(4), 2004, 85쪽.

도나 규범에서 의해 발전 한 것이 아니라 일반 민중들의 감성과 심리에서 생겨난 것이다.

벽하원군 신앙이 성행하자, 벽하원군 묘회(廟會)가 열리기 시작하였다. 묘회는 불교와 도교의 주요 행사 일에 도관이나 사찰주위에 사람들이 모여들어 집시(集市)를 이룬 것에서 유래하였다. 민간 종교에서도 규모나 영향력이 큰 사묘(祠廟)에는 매년 지정된 기간에 묘회가 열린다. 벽하원군의 전신인 옥엽이 4월 18일에 태어났다는 유래에서 이날을 벽하원군의 탄생일로 경축하며 매년 벽하원군 묘회가 열리는 곳이 많은데, 전국적으로 규모가 큰 묘회에 속한다.

묘회는 벽하원군에게 제사를 지내고 거리 행진을 하며, 성 안의 크고 작은 시장들이 벽하원군 사당 주위로 옮겨와 물건을 팔고, 다양한 공연을 펼친다. 이때는 전국 각지에서 많은 인파들이 모이기 때문에, 경제활동과 문화적 교류가 활발해진다. 또한 각지에 흩어진 친척 친구들이 모여 회포를 풀며 타 지역에서 몰려온 사람들과 교류하는 소통의 장이 되기도 한다.

묘회에 사용되는 비용은 지방 유지나 상인들의 성금 등으로 충당되는데, 이런 소비는 일반 백성들에게 과중한 경제 부담을 주기도하여 어떤 사람은 가산을 탕진하기도 한다. 하지만 대부분의 사람들이 자신의 성의를 표하고 벽하원군 신령을 맞이하는 즐거움과 공연에 인색하지 않다.

현재 벽하원군 사당은 대부분이 도사들이 주지를 맡고 있고, 승려가 관리하는 곳도 적지 않다. 여러 세기동안 수많은 사람들이 매년 벽하사를 찾아 벽하원군에게 참배하고, 자손을 빌거나 질병과 재해를 멸해 줄 것을 빈다. 민중에게는 그곳은 도교의 사당도, 불교의 사당도 아니다. 벽하원군에게 참배할 때에도 그가 신선인지 부처인지를 따지지 않는다. 단지 사람들은 옛 신화나 전설 속에 나오는 신통광대하고, 자비로우며 자신과 가족을 보우해주는 선량한 보호신으로 숭배하고 제사를 지낼 뿐이다. 이러한 중국의 전형적인 여산신 숭배는 민중적 정서 속에 깊이 뿌리 내렸고, 자신들과 더욱 가까운 존재이기를 바랐다. 그래서 민중 사이에서는 벽하원군이라는 법호보다 더욱 민속화, 대중화 된 태산내내(泰山奶奶), 태산낭낭(泰山娘娘) 등의 이름으로 불린다. 벽하원군이 태산 할머니, 태산마마님이라는 가족 계열의 조모 명칭으로 남게 된 것은 사람과 자연이 화합되고, 사람과 사회가 평화로워짐을 추구한 것이다.[21]

벽하원군의 신앙은 이런 화합과 평화를 추구했던 것을 묘회의 형식으로 계승되고 있는 것은 오랜 시간 벽하원군의 신앙이 축적한 자연과 사람의 화합과 사람과 사회의 평화라는 정신문화를 이어가고 있는 것이다. 벽하원군은 원시 사회에서 생겨나서, 오랜 시간동안 숭배되었으며, 지금까지도 태산 꼭대기에 자리하고서 수많은 사람들의 참배를 받고, 고향을 떠나고 나라를 떠난 이들을 다시 불러 모이게 한다.[22] 벽하원군 묘회 행사의 일환으로 진행되는 태산 마라톤에서 보여주는 중국인들의 열정은 화합과 평화를 도모했던 벽하원군 신앙의 전통이 민족적 지역 축제에 그대로 계승되고 있음을 보여준다.

V. 맺음말

태산 벽하원군은 중국 역사상 중국인들의 수난과 영화(榮華)의 시대를 함께 누려온 여산신이었다. 태산 벽하원군이라는 봉호를 받기 전부터 수많은 문인들은 태산 옥녀를 태산의 자연경관에 비유한 신선이나 선녀의 형상으로 창작의 대상으로 삼았다.

아름다운 천신 모습의 태산옥녀는 인격화된 여산신으로서, 인간 세상

---

21) 鄧東, 「論述泰山碧霞元君演進的三个階段」, 『泰山學院學報』 第28卷 第2期, 2006, 9쪽.
22) 車錫倫, 「泰山女神的神話,信仰與宗敎」, 『岱宗學刊』 第1期, 2001, 6쪽.

에 정착하게 되면서 태산이 가진 자연적, 역사적, 문화적, 민족적 특수성에 의해 더욱 영험한 여산신으로 승격되었으며, 그 지위와 권위가 태산의 남성 주신인 동악대제를 능가할 정도였다.

새로운 왕조 건국에 있어서 여산신이 가진 능력은 왕조의 정통성과 동일시되기도 하는데, 벽하원군 또한 새로운 왕조의 건국과 황제의 즉위에 큰 영향력을 발휘하였다. 송진종의 즉위와 옥녀상의 관계에서 여산신이 새 왕조의 건국에 대해 윤허나 동의를 표하였다는 것으로써 왕조 교체의 명분을 공고히 하기도 한다. 또한 여산신은 종교의 시조를 탄생시키기도 하며, 성인(聖人)을 잉태하게 하는 신통력을 발휘하기도 한다. 이러한 여산신의 다양한 기능은 민중에게 있어서, 모든 인간사와 직결되는 생사병로의 문제를 해결해 주는 만신의 역할을 하며, 현재까지도 존숭되고 있다.

도교에서는 벽하원군을 동악대제의 부신(婦神)으로서 그 영향력이 동악대제에 못 미친다며 벽하원군의 신능을 격하시켰지만, 명·청시기에는 오히려 동악대제를 능가하는 신앙으로 성행하였다. 이는 여산신 신앙의 민중 친화적인 요소들이 민중에게 어떤 영향력을 발휘하였는지를 보여준다. 오늘날 벽하원군 신앙은 그에 대한 제사와 그를 경축하는 행사로 이루어지는 묘회의 형식으로 발전하여 민중 축제로서 자연과 신과 사람의 화합과 평화의 정신을 그대로 계승하고 있다.

이 글은 『남도문화연구』 제19집(2010)에 수록된 「중국의 여산신 신앙 연구- 태산 벽하원군 신앙을 중심으로」를 수정해 실은 것이다.

—

중국 태산과 여산의 유교문화

김지영

—

Ⅰ. 머리말

　세상에는 수많은 산이 존재하고, 그 중에서도 명산(名山)으로 불리는 산이 존재한다. 명산은 단순히 이름난 산을 지칭하는 것이 아니라, '산'이라는 천연 자연경관과 인류의 다양한 산악활동과 창조활동으로 형성된 문화경관이 결합되어 인류의 역사와 문화사에 특정한 의미를 지닌 산을 의미한다.

　서양에서 명산은 대개 자연경관이 강조된 높은 해발과 험난한 자연환경과 견디기 힘든 추운 기후 등으로 인간이 정복하기 힘든 산을 지칭하곤 하는데, 동양 전통 관념에서의 명산은 정복의 대상이 아닌, 경외와 숭배의 대상이자 인간과 자연이 조화를 이뤄 공존해야 하는 천인합일의 대상이다. 그렇기 때문에, 동양에서 지칭하는 명산은 종종 자연 경관보다는 인문경관의 의미를 더욱 중시하는 경향이 있다.

중국에서는 각 시대에 따라 명산의 의미가 다양하게 등장하였다. 중국 원시시대에는 인간이 근접하기 힘든 고산인 악(嶽)을 봉우리가 하늘과 맞닿아 천상과 통하고 비와 바람을 부리는 영험함을 가진 신이 산다고 하여 숭배하였는데, 춘추전국시대부터 '4악'을 지정해 천자가 직접 제를 지내고(封禪大典), '성스러운 산(聖山)'으로 널리 숭배하였다.

위진·남북조 이후 청대에 이르는 중국의 봉건 사회는 사회 경제와 교통이 발달하여 산천 유람과 문화 교류가 번성하고 불교와 도교가 수용되어 전파되었다. 이 시기는 명승지 유람문화, 산수문학, 종교문화 등의 역사문화경관이 뛰어난 산들이 정치명산, 종교명산, 문화명산 등으로 등장하였다.

현대적 의미의 명산은 경제적 이익과 평균 탐방객 수에 따라 그 가치가 평가되는 경향이 있다. 이에 따라 새롭게 등장하는 관광 코스나 관광의 편의성에 따라 증가하는 관광객 수에 따라 새로운 명산들이 생겨나기도 한다.

최근 "명산"의 새로운 척도로 등장한 것이 세계유산 등재 여부이다. 이는 세계적으로 권위 있는 전문가들에게 자연경관 및 문화 경관의 객관적인 가치를 인정받는 것이므로, 세계 각지로부터 세계적 명산으로 인정받게 된다. 또한 세계유산 등재로 인한 관람객 증가와 경제 이윤에 대한 부수적인 효과가 발생하기 때문에 세계 각국에서 자국의 산을 세계유산으로 등재 시키고자 하는 움직임도 있다.

중국의 경우, 1987년 태산이 세계 최초의 복합유산으로 등재된 이후, 2014년 현재까지 산악형 세계유산을 10개[1] 보유하고 있으며, 각 지역의

---

[1] 태산(泰山-복합유산, 1987), 황산(黃山-복합유산, 1990), 무당산(武當山-문화유산, 1994)의 고대 건축물군, 루산국립공원(廬山-문화유산, 1996), 아미산(峨眉山-복합유산, 1996)과 낙산대불(樂山大佛), 무이산(武夷山-복합유산, 1999), 청성산(靑城山-문화유산, 2000)과 도강언(都江堰) 수리 시설, 산청산국립공원(三淸山-자연유산, 2008), 오대산(五臺山-문화유산, 2009), 신강(新疆) 천산(天山-자연유산, 2013).

명산을 세계유산으로 등재하기 위해 다양한 연구과제와 전문 연구진을 구성하고 자연경관 및 문화경관의 가치를 규명하는 작업들을 하고 있다.

중국의 산악형 세계유산 등재 과정을 살펴보았을 때, 국내 "명산"을 세계유산으로 등재하기 위해서는 세계적인 인지도 형성을 위한 "명산화"가 필요한데, 이를 위해 선행되는 것이 자연경관 및 인문경관에 대한 세밀한 연구이며, 이를 통해 그 산의 특징을 축약할 수 있는 키워드를 지정하는 것이 아주 중요한 일이다. 1987년 중국은 태산을 세계자연유산 항목으로 등재 신청하였다. 하지만, 유네스코에서 태산의 역사 문화적 가치를 높게 평가하여 최종적으로 자연·문화 양쪽의 가치를 인정하는 복합유산으로 등재하였다. 세계유산등재 신청서에서 '태산은 황제의 산'이라는 문구로서 태산의 역사성, 문화성, 신앙성에 대한 역사 문화적 가치를 설명하였다. 이처럼 다양한 문화가 복합적으로 나타날 수밖에 없는 명산문화의 보편성에서 특수성을 추출해내는 것은 매우 중요하며, 이러한 특수성을 규명하기 위해서는 각 분야별 특징을 먼저 파악하여야만 한다.

태산은 우리나라 사람들에게 생활언어로도 매우 익숙한 산이지만, 중국 관광서적에서 단편적으로 소개되는 것 외에 태산에 대한 인문학적 연구는 국내에서 많이 이루어지지 않은 편이다. 저서로는 심우영의 『태산, 시의 숲을 거닐다』(2010)와 『태산, 그 문화를 만나다』(최원석 외, 2011)가 있다. 태산에 대한 연구논문으로는 심우영의 「태산시에 나타난 인문경관 연구」(『중국문학연구』 33호, 2006), 진위군의 「중국문화속에서의 태산문화 (『경남문화연구』 31호, 2010)」, 최원석의 「중국의 태산문화 전개와 한국의 수용 양상」(『문화역사지리』 24호, 2012) 등이 있으며, 학위논문으로는 동한림의 「한국과 중국의 국립공원 관리방안 비교 연구 : 한국 지리산 국립공원과 중국 태산 국가공원 비교」(2014)가 있다. 이 중 저서『태산, 그 문화를 만나다』는 태산의 문학·종교·사상·석각 등을 종합적으로 정리하여 소개하고 있다는 점에서 매우 가치 있는 저서이며, 동한림의 학위 논문은 지리산과 태산을 일반적인 상황과 관리 방안을 비교하고 있다는 점에서 주목할 만하다. 하지만, 위의 논문은 태산의 구조적 특징을 분석하거나 문화적 특징을 고찰하여 유형화하고 있지는 않다.

여산에 대한 연구는 여산 동림사 주지 혜원과 관련된 논문이나, 여산회의 관련된 논문이 몇 편 보이기는 하나, 여산문화 전반에 대한 연구는 아직까지 이루어지지 않고 있다.

본고에서는 우선 태산과 여산이 문화경관 면에서 타 명산과 차별화 될 수 있는 어떠한 특징이 있는지를 분석하고, 유학의 근원지로서의 태산과 유학교육과 사상의 전파지 여산의 유교문화적 특징을 추출하여 "큰 산(一山), 큰 인물(一人), 유교문화"로 규정되는 두 가지 유형의 유교문화를 고찰해 봄으로써, 명산문화의 한 특징을 규정해 보고자 한다.

II. 유학의 근원지, 태산

1. 이상지향적 태산 문화경관

태산은 남악 형산, 서악 화산, 북악 항산, 중악 숭산과 함께 오악으로 불리었으며, 그 중에서도 태산은 오악중의 으뜸(五嶽之秀), 천하제일산(天下第一山), 오악독존(五嶽獨尊) 등의 명성으로 명실상부 중국 명산 중의 명산으로 자리하고 있다.

태산은 중국 동부 산동성 태안시를 중심으로 우뚝 솟아 있는데 남쪽으로는 곡부(曲阜), 북쪽으로는 제남(濟南)에 접해 있다. 태산의 주봉인 옥황정(玉皇頂)은 해발 1,545미터로 중국 타 지역의 고산에 비하면 높은 산은 아니다. 하지만 화북평원 동부의 대부분 지형이 평원과 나지막한 산지가 주를 이루고 있고, 대부분의 산들이 태산보다 300~400미터 낮기 때문에, 태산이 유독 우뚝 솟아나 있는 것처럼 보인다. 고대 사람들은 산천의 높이에 대한 인식을 직관에 근거하여 결정하였는데[2], 낮은 구릉들 속에 태산이 유독 돌출되어 보이는 시각적 효과로 인해 태산의 주봉이 하늘로 오르는 사다리처럼 구름을 뚫고 우뚝 솟아 있는 것처럼 느꼈다. 고대 사람들은 태산과 하늘을 연계하여 '땅에서 솟아 하늘과 통한다(拔地通天)', '동쪽하늘을 바치고 있는 큰 기둥(東天一柱)'이라고 하였다.

수려한 자연경관과 오묘한 안개와 구름이 일으키는 절대 풍경으로서의 명소적 명산에 앞서, 태산은 황제가 직접 태산에 올라 제를 올린 봉선(封禪)으로 그 문화적 가치가 매우 높다. 태산의 봉선 활동은 원시사회 때부터 시작되었는데, 중국 고대 사람들은 태산의 변고가 사회의 치안을 어지럽힐 징조로 여겼다. 이러한 태산의 기능은 통치자들이 쉽게 간과할 수 있는 것이 아니었기 때문에, 원시 사회에서부터 청대까지 역대 통치자들은 모두 태산에 와서 제사활동을 행하였다.

봉선의식은 봉건 제왕이 '하늘의 뜻을 받듦(受命於天)'과 '공덕의 탁월함' 등의 이념을 선양하던 형식이었다. 원시시대의 촌장이나 제왕이 봉선의식을 행함으로써 태산 숭배에 정치 신학의 색채를 더하면서 태산의 숭배와 신앙이 강화되었고, 태산의 성산(聖山)으로서의 지위도 점차 공고해졌다. 통일 황제의 권위를 상징했던 태산은 민간 백성들도 동경하는 인간 세상에 존재하는 이상향인 천상 세계가 되었다.[3]

중화민족의 의식 속에는 '태산이 평안하면 천하가 평안하다(泰山安則天下安)'라는 관념이 자리하고 있으며, 태산은 중화민족이 꿈꾸는 이상사회의 구체적인 상징이 되었다. 이러한 의식은 특히 위로는 제왕, 아래로는 평민에게 오랫동안 태산신인 동악대제와 벽하원군 숭배로 나타났는데, 수많은 제왕들은 모두 동악대제가 국태민안을 보우하고, 국가 정치에 대

---

2) 湯貴仁, 「泰安區域文化特色論述」, 『泰山學院學報』 第33卷, 2011, 5쪽.

3) 董翰林, 「한국과 중국의 국립공원 관리방안 비교 연구-한국 지리산 국립공원과 중국 태산 국가공원 비교」, 목포대 석사학위논문, 2014, 37쪽.

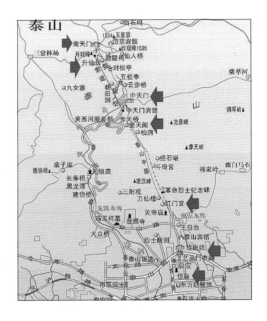

해서 중대한 영향력을 발휘한다고 여겼다.

태산은 중화민족의 신산이자, 명산 중의 명산이다. 사람들은 자신의 정치, 문화 정신적 요구를 충족시키기 위해 태산의 자연경관과 융합 일체되는 태산의 인문경관을 창조하였는데, '동방 문물의 보고(寶庫)'라는 말로써 태산의 유구한 역사문화를 형용하였다.[4] 태산은 역대 제왕, 문인 묵객의 왕래 명소이자 불교·도교·유교 각 교파의 번성지역으로 풍부하고 다채로운 문물 고적이 산재되어 있다.

태산은 전형적인 동양의 성산(聖山)이다. 태산은 중화 오악 중 동악으로 인간세상에서 천당으로 통하는 7,412개의 돌계단 위에 11개의 산문(山門), 14개의 아치, 14개의 정자와 4개의 누각을 이루고 있는 인류 최대의 걸작 중 하나이다.

태산은 수행하는 은사(隱士), 왕공 대신, 철학가, 시인과 화가들의 영감의 원천지일 뿐만 아니라, 자연 속에 개방된 박물관으로, 수많은 문학작품과 예술작품은 사람들에게 순례자들이 걸어온 길을 고스란히 전하고 있다.

태산은 인간의 천상에 대한 이상지향적 심원(心願)을 그대로 구조화하

---

4) 尹桂角, 「"一山一水一聖人": 文化與文化産業之開發研究」, 山東大學校 博士學位論文, 2006, 13쪽.

였다. 태산의 주 등산로는 속세에서 천상으로, 인간에서 신선으로의 이상
향 추구의 길이라고 할 수 있다. 등산로를 간추려 본다면, 대묘-대종방-
홍문(일천문)-보천교-중천문-승선방-남천문-천가로 이루어져 있다.

태산에 오르기 전에 경건한 마음으로 의식을 행했던 대묘는 자연에 대
한 존중과 경외심에서 발현하는 동양적 산악관의 발로라고 할 수 있다.
대묘를 지나 걸으면 대종방(岱宗坊)이 나타나는데, 태산 동로(東路) 등산
의 첫 산문으로 이 길을 따라 태산을 오르는 것이 과거 황제들의 길이다.
대종방이 태산의 산문이라면 일천문은 하늘에 오르는 첫 대문이다. 천상
으로 오르는 본격적인 관문인 보천교(步天橋)를 지나면 두 번째 하늘 대
문인 중천문(中天門)에 이르게 된다. 중천문 이후로부터 깎아지른 듯 경
사가 심한 계단들이 이어지고, 태산의 선경에 신선이 되는 경지에 오르는
승선방(升仙坊)에 도달하게 된다. 천궁의 대문인 남천문(南天門)을 지나면
천국의 거리를 상징하는 천가(天街)가 펼쳐진다.

태산의 동쪽 등산로는 단순한 등산을 위한 것이 아닌 이상향, 고난한
인간 세상에 사는 일반 사람들이 꿈꾸던 천상세계를 향한 희망이 곳곳에
반영되어 있다. 험난한 태산 산행을 강행할 수 있는 것은 바로 태산 정상
에 있는 천상 세계, 즉 이상세계에 대한 동경 때문이다. 이런 이상향은 곧
장수와 안녕에 대한 기원으로 구체화 되었는데, 태산 정상에는 인간사를
주관하는 옥황상제를 모신 옥황사, 아이 점지를 주관하는 벽하원군(碧霞
元君)을 모신 벽하사(碧霞寺)가 있어서 현재까지도 수많은 사람들이 한
달을 넘게 탄다는 초대형 향초를 짊어지고 태산을 오르고 있다.

2. 태산과 공자

태산의 유교문화를 대표하는 인물은 공자이며, 태산 곳곳에 공자와 관
련된 유적지들이 있어서 태산을 오를 때면 자연스레 공자와 공자의 학문
과 정신을 떠올리게 된다. 유교의 창시자이자 동양 사상 철학의 초석을

다진 명인으로서 공자가 태산을 오르며 남긴 유적지들은 태산의 문화유산을 더욱 풍부하게 하였다.

　공자의 어머니 안징재는 니구산에서 기도를 하여 공자를 낳았다고 전해지는데, 이 니구산은 태산의 지맥으로 태산에서 동남쪽 30킬로미터 지점에 위치해 있다. 공자의 탄생지인 곡부도 태산에서 1시간 30분 정도 거리에 위치해 있기 때문에, 곡부·제남·태안 등을 포괄한 산동성 일대를 '공자의 고향(孔子之鄕)'이라 부른다. 그만큼 태산은 공자의 주 활동지에 속하며, 공자와 관련된 유적지와 일화들이 태산 곳곳에 많이 남아 있다.

　공자는 태산을 어떻게 인식하였을까?

　『예기(禮記)·단궁(檀弓)』에는 공자가 만년에 탄식하며 말하길 "태산이 무너지려나, 대들보가 꺾이려나, 철인이 시들려나!(泰山其頹乎, 梁木其壞乎, 哲人其萎乎!)"라고 하였는데, 공자는 자신을 '태산', '대들보', '철인'으로 이야기하고 있다. 공자의 제자였던 자공(子貢)이 이어 말하길 "태산이 무너진다면, 내 장차 어디를 우러러 보며, 대들보가 쓰러지고, 철인이 시들어 병들면, 내 장차 어디를 모방할 것인가? (泰山其頹, 則吾將安仰, 梁木其壞, 哲人其萎, 則吾將安放?)"라고 하였는데, 공자가 병들고 돌아가시려는 것을 태산이 무너지는 것으로 보고 있다. 태산의 육중한 산체(山體)로서의 무게감은 곧 정신적 의탁처로서의 무게감으로 비유되기도 하고, 화북평원에 홀로 우뚝 솟아 하늘을 받치고 있는 듯한 태산의 지형적 모습은 학문과 사상의 대들보처럼 비유되기도 하였다.

　『예기·단궁하』에는 공자가 태산을 지나칠 때 한 부인이 시아버지와 남편, 아들을 모두 호랑이에게 잃고 묘 앞에서 울고 있는 일화가 실려 있다. 왜 태산을 떠나지 않느냐는 질문에, 그녀는 이곳에는 가정(苛政)이 없기 때문이라고 하였으며, 이에 대해 공자는 "가혹한 정치는 호랑이보다 무섭다(苛政猛於虎也)."라며 탄식하였다. 공자에게 태산은 단순한 자연물로서의 산의 의미를 넘어 인간세상의 가혹한 정치에서 도피할 수 있는 이상의 장소로 인식되었다.

위에서 보듯이 태산은 웅대하고 높으며 후중함의 상징적 공간으로, 가혹하고 척박한 현실에서 도피할 수 있는 이상적 장소이다.

『맹자·진심(盡心)상』에는 "공자께서 동산에 올라가 노나라가 작다고 여기셨고, 태산에 올라서는 천하를 작다고 여기셨다. 그러므로 바다를 보는 자에겐 물이 되기를 어려워하고, 성인의 문에 노니는 자는 말하기를 어려워 하느니라. (孔子登東山而小魯 登泰山而小天下. 故觀於海者 難爲水 遊於聖人之門者 難爲言.)"라고 하였다. 맹자는 공자문하에 입문하여 공부하는 것을 마치 태산 꼭대기에 이르는 것처럼 여겼는데, 태산은 숭고한 정신적 의미이자 성인 공자의 표식으로, 공자의 해박하고 깊이 있는 사상과 학문을 상징한다.

역대 지배층이 권력 강화와 정권의 선양을 위해 유교 사상을 적극적으로 수용함으로써 공자와 유교사상은 중국 봉건사회에서 정통의 지위를 가지게 되었고, 중국 전통문화의 주류이자 초석이 되었다.

공자에 대한 존경을 표하기 위해 봉건 통치자들은 봉선과 함께 태산에서 "제공(祭孔)"의식을 행하며 태산제사 의식을 특히 신성한 것으로 여겼는데, 이는 유교의 전파에 따라 태산이 끊임없이 공자와 관련되어지고 심지어 공자를 상징하는 대명사가 됨에 따른 것으로, 태산은 공자 유학의 기념비적인 상징물[5]이 되었다. 이로써 태산과 공자에게는 '지고(至高)' '지존(至尊)'의 위엄과 지위가 부여되었고,[6] 태산은 곧 유교의 성산이 되었다.

태산에 남아 있는 공자 관련 대표 유적지로는 공자등림처(孔子登臨處) 패방(牌坊), 망오성적(望吳聖跡) 석방(石坊), 공자묘(孔子廟), 첨로대(瞻魯臺), 공자소천하처(孔子小天下處), 공자묘(孔子廟) 등이 있다.

공자등림처 패방은 태산의 동쪽 등산로 입구 홍문궁(紅門宮) 앞에 세워

---

5) 申宗杰,「先秦時期儒家學派的泰山觀」,『文史月刊』11卷, 2012, 1쪽.
6) 劉淵,劉平,「孔子與泰山」,『泰山學院學報』第29卷, 2007, 13쪽.

져 있는데, 이곳을 통해 태산을 오르면, 자연스레 공자가 지나간 길을 오른다는 감화를 받게 된다. 이 패방은 명나라 가정(嘉靖) 39년에 만들어진 것으로 전해지고 있으나, 공자나 공자 일행이 이곳으로 태산을 등반하였다는 기록은 없다. 명대에 이곳에 공자등림처 패방을 세운 것은 공자를 하나의 태산으로 보던 인식에서 이곳을 지나 태산을 오르는 사람들에게 공자와 유가의 학문을 일깨워 주기 위한 것이었다.[7] 망오성적 석방은 공자묘 앞에 세워져 있는데, 공자와 제자 안회가 함께 태산에 올라 오나라 도성 밖의 백마를 바라보았다는 일화에서 이름 지은 곳으로, 공자와 제자들의 태산 유람을 의미하는 장소이기도 하다. 첨로대는 공자가 고향인 곡부 노나라가 바라보이는 곳이라는 뜻이다. 공자소천하처는 명나라 숭정(崇禎) 18년(1637)에 산동 어사(御史) 안계조(顔継祖)가 맹자의 "공자가 태산에 올라 천하를 작게 여겼다."라는 명언을 근거로 태산 정상에 세운 비석인데, 1967년 훼철되었다가 2007년 9월 28일 공자 탄신 2558년 기념일을 맞아 태산 관리 위원회에서 공자소천하처라 새겨진 비석을 새롭게 세웠다. 공자묘에는 공자 외에 안회 증자, 자사, 맹자를 함께 배향하고, 12현처에게 제사를 지내고 있다.

계선림(季羨林)은 태산을 "나라의 혼백(國之魂魄)"이라고 하였고, 양신(楊辛)은 "화하의 혼(華夏之魂)"이라고 하였다. 이는 태산이 이미 중화 민족의 정신적 상징으로, 중화 민족 내면에 깊이 새겨진 정신적 혼백임을 밝힌 것이다.[8] 공자는 또 하나의 태산으로 중화 민족의 정신적 스승으로 후대에도 많은 영향을 주었다. 특히 중국 문인 명사(名士)에게 있어서 "등태산이소천하"는 역대 문인 명사의 절대적인 생활 덕목이 되었는데, 그들에게 태산은 단순한 자연물의 산이 아니라, 공자를 표상하는 정신적 산으로 강한 정신적 귀속감을 주는 곳이었다.

---

[7] 최원석 외, 『태산, 그 문화를 만나다』, 민속원, 2011, 316쪽.
[8] 袁愛國, 「人文泰山-泰山與中國名人文化」, 『泰山學院學報』 第31卷, 2009, 6쪽.

III. 송대 유학 교육의 발원지, 여산

1. 화이부동(和而不同)의 여산 문화경관

여산은 강서성(江西城) 북부의 파양호(鄱陽湖) 분지, 구강시(九江市) 여산구(廬山區) 경계에 위치해 있으며, 주봉인 한양봉(漢陽峰)의 해발은 1,474미터이다. 여산은 고산(高山)에 해당하지는 않지만, 장강과 더불어 중국 최대 담수호인 파양호와 인접해 있어 산과 물이 어우러진 독특한 자연경관을 지니고 있다. '하나의 산(一山), 하나의 강(一江), 하나의 호수(一湖)'로 이루어진 여산의 독특한 지역적 우세는 중국의 오악이나 타 명산과의 비교에도 여산을 더욱 돋보이게 하는 이유 중 하나이다.

여산문화구의 범위는 여산 풍경명승구 지역뿐만 아니라, 여산 그 자체와 그 주변 일대를 포괄하는데, 구강시(九江市)의 심양구(潯陽區)와 여산구, 산 남쪽의 성자현(星子縣), 산 북쪽의 구강현(九江縣)이 포함된다.

여산은 독특한 자연경관, 식생, 기후를 가지고 있으며 다양한 역사문화유산이 풍부하여 교육명산 · 문화명산 · 종교명산 · 정치명산 등으로 이름나 있다.[9] 1996년 12월 유네스코는 문화유산 선정 기준에 의거하여 여산 풍경명승구를 인간과 자연이 조화롭게 어우러져 창조한 역사문화경관으로서의 가치를 인정하여 세계유산 목록에 등재하였다. 세계문화경관으로 세계유산에 등재된 여산은 중국 최초의 세계문화경관으로, 여산의 역사문화유산에 더 많은 관심과 중요성이 인정되었다.

1928년 호적(胡適)이 처음으로 여산을 여행했을 때, "여산에는 사적(事迹)이 세 곳 있는데, 3대 경향을 상징한다. 혜원(慧遠)의 동림사(東林寺)는 중국 불교화와 불교의 중국화 경향을 대표하고, 백록동은 중국 근세 700년의 송학(宋學)을 상징하고, 고령(牯嶺)은 서양문화의 중국 전파를 상징

---

9) 余悅, 「廬山歷史文化遺産的生態考察-兼論廬山文化景觀與自然風物的完美結合」 第2卷, 2009, 31쪽.

한다."10)라고 하며, 동서 종교문화가 공존하는 여산문화의 '화이부동' 적 특징을 잘 밝혀냈다.

여산 전 지역으로 도교, 천주교, 기독교, 동정교(東正敎), 이슬람교가 '화이부동'으로 공존하고 있으며, 도처에 서당, 불교 사원, 도관, 교회가 즐비해 있다.

여산은 불교문화의 정토낙원이다. 당송시기 여산에는 4~500개의 사원이 밀집되어 있었는데, 여산에서 가장 명망 있고, 중국 불교에 대해 영향력이 가장 큰 불교사원은 혜원(慧遠)이 창건한 동림사(東林寺)이다. 혜원은 동림사에서 강학, 포교 등의 활동으로 인도에서 전파된 불교사상을 중국의 유교와 도교 사상과 융합 하여 중국화·사회화·대중화 하였다는 평가를 받고 있다.

동림사 불교가 흥성하던 때 도교 역시 점차 성행하기 시작하였는데, 여산에 거주하던 육수정(陸修靜)은 도교에서 중요한 인물이다. 불교와 도교 양교는 여산에서 융합적인 관계를 유지하면서 서로 영향을 주었다.

이후, 당대에 점차 흥기하여 남당에 계승된 서원교육이 여산에 출현하기 시작하였다. 송대에 이르러 주돈이(周敦頤)의 염계서원(濂溪書院)과 주희(朱熹)가 부흥시킨 백록동서원(白鹿洞書院) 등의 흥기는 여산에 유불도의 삼족정립(三足鼎立)의 형세를 만들었다. 백록동서원의 중건은 비록 여산 불교와 도교에 맞서는 의도가 있기는 했지만, 삼교 간의 뚜렷한 갈등이나 충돌은 없었다.

근대 이래, 기독교 문화를 포함한 서양문화가 여산에 전파되어 동서 종교문화 간의 충돌과 교류 및 융합의 추세가 나타났다. 1880년대 초부터 1920년대까지 여산에는 영국, 미국, 독일, 스웨덴, 이탈리아, 노르웨이, 오스트리아, 네덜란드, 캐나다, 스위스 등 20여 개 국의 기독교 교회 30여

---

10) 胡適, 『廬山遊記』, 商务印书馆, 1937, 248쪽.

개가 설립되었다.[11) 서양인들이 여산 곳곳에 별장을 지어 요양원이나 휴양시설로 사용하였는데, 별장을 건설하는 과정에서 서양 사람들과 현지인 간에 작은 충돌은 있었지만, 서방 종교와 여산 본래의 유불도 간에는 충돌이 발생하지 않았다. 여산에 이런 다양한 문화가 끊임없이 이식되었던 것은 여산문화가 보통의 지역문화가 가진 폐쇄적이고 배타적인 경향보다는 화합과 공존을 추구하였음을 보여준다. 그렇기 때문에 외부에서 유입된 다양한 문화와의 관계에서도 충돌과 대립보다는 수용의 경향을 보인다. 이러한 너그러운 문화 융합은 여산문화의 가장 큰 특징으로 다원문화를 수용하면서 "화(和)"를 추구하는 여산의 독특한 문화적 속성[12)을 대변한다.

여산은 수많은 선현과 문인이 은거하여 독서하고 강학하며, 유람하고 휴식을 취한 곳이다. 또한 중국 전원시, 산수시, 산수화의 발원지로서 도연명은 이곳에서 전원시의 창작에 힘쓰며 은일문화의 종주(宗主)로 추앙되었고, 사령운(謝靈運)은 중국 산수시의 비조(鼻祖)로 존숭되었다. 백거이(白居易)의 「여산초당기(廬山草堂記)」는 중국 정원 예술의 창시작으로 불린다. 당송시기 여산을 왕래한 시인은 170여 명에 달하고, 역대 여산 관련 시는 4,200여 수에 달한다. 이처럼 여산은 문학과 예술에 있어서도 창작의 원천을 제공한 곳이었다.

또한 여산은 정치명산이기도 한데 동오(東吳), 동진(東晉), 남조(南朝), 남송(南宋), 태평천국 시기에 모두 여기에서 중대한 정치 군사사건들이 발생하였으며, 민국시기에는 국민당의 하도(夏都)였고, 신중국 성립이후에는 공산당 중앙 정치국 회의가 열리기도 하였다. 주유, 악비, 주원장 등과 같은 제왕 장군과 장개석, 모택동 등 근 현대 정치 인물들이 천하를

---

11) 江臘生, 歐陽毛榮,「論廬山文化的精神內核及其價體系」, 『江西社會科學』, 第10卷, 2009, 233쪽.

12) 李寧寧 · 吳國富,「廬山文化論略」, 『鄱陽湖學刊』, 弟2卷, 2011, 18쪽.

호령하던 곳이다.

2. 주희와 백록동서원

당대에 이르러 사회가 안정되고, 경제가 번영하면서 교통이 발달함에 따라 여산을 유람하거나 은거하는 사람들이 증가하였다. 특히 수많은 문인 인사들이 여산을 유람하고 은거하였는데 이백, 이발, 백거이, 주돈이 (周敦頤) 등은 여산에 직접 초당이나 서당을 짓고 생활하며 문학 창작과 철학 사상 등에 영향을 주었다.

이러한 문인 명사들이 은거하며 공부한 전통이 곳곳에 남아 있는 여산의 유교문화를 대표하는 인물은 주희(朱熹)이며, 대표 유적지는 백록동서원이다.

주희는 남송 시대 저명한 사상가이자, 철학가이며 교육가로서 공자의 뒤를 이어 중국 유교문화의 발전과 전파에서 있어서 크게 공헌한 인물이다. 그는 주돈이(周敦頤), 소옹(邵雍), 장재(張載), 정이(程頤), 정호(程顥) 등의 학설을 종합하고, 불교와 도교 사상의 정수(精髓)를 수용하여 이학을 집대성하는 등 이학 사상의 체계를 정립하였다.

백록동은 당대(唐代) 정원(貞元) 연간(785~805)에 이발(李渤)과 그의 형 이섭(李涉)이 여산의 깊은 골짜기의 고요함을 좋아하여 은거해 독서하던 곳이다. 그들은 산속에서 백록 한 마리를 길렀는데, 사람들이 이를 신기하게 여겨 이발을 백록산인(白鹿山人) 혹은 백록선생이라고 불렀다. 이후 이발이 현 구강시(九江市)인 강주(江州)에 자사(刺史)로 부임하였을 때, 백록동에 나무를 심어 확장하고, 누대를 지어 명승으로 만들었다. 오대(五代) 남당(南唐) 승원(升元) 4년(940), 이곳에 학관(學館)을 건립하고 여산국학(廬山國學)이라 명하였는데, 백록국학(白鹿國學)이라고도 불리었다.

남송 순희(淳熙) 6년(1179), 주희가 남강군(南康軍) 지사(知事)로 부임하였을 때, 이미 폐허가 된 백록동 유적지에 백록동서원을 중건하였다. 그는 백록동서원을 부흥하는데 그치지 않고, 스스로 동주(洞主)로 부임하여 직접 강학활동을 하면서, 수업과목을 새롭게 편성하고, 학전(學田)을 마련하여 원생들의 경제적 부담을 들어주었다. 서원의 목적에 맞게 학규를 제정하고, 교육방침을 확정하는 등 제도를 완비하여 백록동서원의 명성을 널리 알리며 백록동서원의 전성기를 맞이하게 되었다.[13]

주희가 백록동서원을 부흥한 것은 중국교육사상 매우 중요한 사건이다. 백록동서원의 부흥에 물질적 지원과 사상적 토대를 마련한 주희는 중국 철학사와 전통문화, 교육문화에 유교 사상의 전파와 발전이라는 새로운 이정표를 세웠다.

백록동서원은 중국 최초의 서원도 아니고, 최초로 규약제도를 정비한 서원도 아니다. 하지만, 수많은 서원 중에서 제도 및 교육 방침, 학습방법 등이 가장 완비된 서원으로 그의 교학전통과 교육 법규는 향후 역대 서원들이 모범으로 삼는 준칙이 되었다.

유교문화 이론에 바탕한 주희의 교육사상은 격물(格物), 치지(致知), 성의(誠意), 정심(正心), 수신(修身), 제가(齊家), 치국(治國), 평천하(平天下) 등을 기초로, 이학사상의 현실적 실천을 목표로 하였다. 주희는 특히 교육과 학문의 관계를 중시하였는데, "학문을 하는 도는 사물의 이치를 궁리하고 사색하는 것보다 앞서는 것이 없고, 사물의 이치를 궁리하고 사색하는 일의 요체는 독서보다 앞서는 것이 없다(爲學之道, 莫先於窮理, 窮理之要, 必在於讀書)"라며 배움으로써 기질을 변화시키고(學以變化氣質), 인륜을 밝히는 것으로써 근본을 삼는 것(以明人倫爲本)을 교육사업의 근본 목표로 삼아 『백록동서원학규(白鹿洞書院揭學規)』[14]를 제정하였다.

『백록동서원학규』가 제정된 이후, 남송 서원의 학규는 통일되었고

---

13) 詹建志, 「白鹿洞書院:中國書院文化的典範」, 『九江學院學報』 第26卷, 2007, 24쪽.
14) 『백록동서원게시(白鹿洞書院揭示)』, 『백록동서원교조(白鹿洞書院敎條)』 등으로도 불린다.

원·명·청 각 왕조 서원 학규의 모범으로 대학교육의 이론 및 모델을 제시하였다. 또한 봉건사회 교육 기관 설립의 준칙으로서 각급 관학에 영향을 주었다.

백록동서원은 인재양성의 목표를 '의리와 도리를 아는 사람으로의 육성'에 중점을 두었다. 관학의 직접적인 목적이 관리 양성이었다면 서원은 과거와 관직을 위한 공부가 아닌, 올바른 도리를 다하고, 개인적 인격을 다듬는 것을 목적으로 삼강오륜(三綱五倫)의 실천을 강조하였다. 서원 교육의 핵심은 사서오경(四書五經)을 통해 몸을 닦고 성품을 길러 자신을 완비하고 인격을 다듬는 것이었으며, 특히 원생들의 전방위 인성교육을 중시하였다.

주희는 백록동서원에서 강학할 때, 회강(會講)형식을 제창하였는데, 이러한 형식은 원생들의 주동성, 사제지간의 상호 소통과 교학상장을 중시한 것이었다. 이뿐만 아니라, 이러한 회강 형식은 문파간의 비난과 비판을 타파하고 각기 다른 학파 간의 적극적인 교류와 격려를 통해 장점은 취하고, 단점은 보완하는 학풍을 추앙하게 하였다. 송 순희 2년(1175) 주희와 육구연(陸九淵)은 학술적 관점의 차이로 인해 격렬한 논변을 일으켰다. 그러나 주희는 문파간의 견해를 들어 상대를 비난하지 않고, 오히려 육구연을 백록동서원으로 초청하여 강학을 하게 함으로써, 타 문파와의 교류를 증진시켰다.

학습 방법에서 있어서는 개인 독학과 개별 지도를 병행하였는데, 주희는 원생들에게 반나절은 정좌하고 반나절은 독서하는 것을 규정하여 대량의 시간을 원생 스스로 공부하도록 하였다. 원생들에게 "많은 것을 널리 배우고(博學之), 의심이 일어나면 꼭 묻고(審問之), 깊이깊이 생각해보고(愼思之), 분명하게 구별을 하고(明辨之), 철저히 실천하기(篤行之)"의 5단계 절차를 거치도록 요구하였으며, 불명확한 부분이 있으면 거듭 고민해보도록 하였다. 원생이 스스로 공부하여 기초를 다지게 하고, 교사가

적당한 해설과 지도를 하도록 하였으며, 토론 질의 시 어렵거나 전문 연구가 필요한 부분에 있어서는 교사에게 개인적으로 가르침을 청할 수 있었다. 교사와 원생은 강독 및 지도에 대해 모두 필기를 하여 이를 모아 책으로 엮기도 하였는데, 향후 서원 학습의 중요한 자료가 되었다.[15] 이러한 형식은 원생들의 주동적인 참여와 사제 간의 연구 및 토론을 위주로 한 상호 개발과 교학 상장을 강조한 점이다. 이런 학습방법의 의미를 살펴보면, 현대 교육에서 추구하고 있는 인성 교육, 자기주도 학습, 창의력 개발 및 다양한 지식습득 등의 교육방침이 백록동서원의 전통과 무관하지 않을 것이다.

『백록동서원학규』는 대학 교육의 규범으로, 완벽한 교육이론을 제시하였다. 이후 중국 서원뿐만 아니라, 한국과 일본의 서원에서도 백록동서원학규를 모방하여 원규(院規)를 제정하였다. 한국의 서원에서도 백록동서원을 초안으로 한 원규들이 대부분이고, 일본 강산현(崗山縣) 정원시(井原市) 흥양관(興讓館)은 1852년에 창설된 이래로 줄곧 『백록동서원학규』를 학교 설립의 기본 교조로 삼고, 매일 스승과 원생이 학규를 경건하게 암송한 후 수업을 시작한다. 백록동서원은 유교문화 전파, 교육발전, 인재양성에 크게 공헌함으로써, 천하서원의 으뜸(天下書院之首), 천하서원의 제일(海內書院第一)이라는 영예를 얻게 되었다.

Ⅳ. 중국 명산 관련 유교문화의 두 유형, 태산과 여산

중국의 유교문화를 논할 때, "북쪽에 공자가 있다면, 남쪽에는 주희가 있고, 북쪽에 곡부가 있다면 남쪽에는 여산이 있다(北有孔子, 南有朱熹, 北有曲阜, 南有廬山)"[16]라는 말을 거론하곤 하는데, 이는 장강 이북과 이남

---

15) 詹建志, 「白鹿洞書院:中國書院文化的典範」, 『九江學院學報』 第26卷, 2007, 24쪽.

의 유교문화 유형을 나타내는 말이기도 하다.

장강 이북은 유교의 창시자인 공자를, 장강 이남은 유교 전파의 최대 공신자인 주희를 대표 인물로 그들의 행적과 유교 전파의 공헌에 대한 특징이 나타나는데, 북쪽의 곡부는 공자의 탄생지로서 공자와 직접 관련된 유적지들이 많이 분포되어 있으며, 태산 또한 중요한 공자 관련 유적지에 포함된다. 남쪽의 여산은 주희가 유교사상과 철학을 집대성하여 새로운 서원교육의 체재를 정비한 곳으로 중국 교육사상 중요한 의미를 가지고 있다.

태산문화와 여산문화는 중국의 명산이면서도 문화적 의미에서 크게 구분되는 면이 있는데, 이는 태산이 황제의 산으로 분류되기 때문이다. 태산은 제왕이 봉선을 행하던 곳으로, 최초의 봉선은 진 시황 28년(기원전 219)에 행해졌으며, 이후 한 무제·광무제, 당 고종·현종, 송 진종, 청 건륭제·옹정제 등 역대로 많은 황제들이 봉선대전을 행하고 태산을 등반하였다. 이처럼 태산에 대한 참배는 제왕의 정치와 종교적 행사였으며, 태산은 왕권과 신권이 밀접하게 결합된 관산(官山)과 신산(神山)으로서 태산문화의 전반적인 특징은 '등태산이소천하'의 '황실기상'을 가지며, '정복' '천하' '숭고'함이 충만한 장황한 상징적 의미를 지닌다. 그렇기 때문에 태산문화는 선양과 용맹한 강건미가 있다. 이와 상대적으로 여산문화의 정신적 의미와 표현 형태는 강남지역 문화다운 포용력과 부드러움으로 사람과 자연, 사람과 사회, 사람과 심령(心靈)이 서로 조화되고 화합되는 문화적 특색을 지니고 있다.[17]

이처럼 태산문화와 여산문화가 전반적으로 다른 차이점을 가지고 있지만 태산과 여산의 유교문화는 공자의 유교 철학을 근간으로 발전하였기

---

16) 李文明, 「盧山儒家文化的內涵, 旅行價値及深度開發策略」, 『江西財經大學學報』 第6卷, 2004, 65쪽.
17) 李寧寧·吳國富, 「盧山文化論略」, 『鄱陽湖學刊』 弟2卷, 2011, 21~22쪽.

때문에, 이 둘을 극명한 비교의 대상으로 볼 수는 없다. 주희는 공자의 유교사상을 계승하였으며, 유교 이론의 정수를 모아 자신의 교육철학을 정리하여 여산의 서원 교육의 체재를 완비하였다.

주희는 교육기관을 설립하면서 주위 환경 선정에 심의를 기울였는데, 주희가 이미 폐허가 된 백록동서원을 중건하려고 했던 동기를 엄밀히 살펴보면, "지혜로운 사람은 물을 좋아하고, 어진 사람은 산을 좋아한다(知者樂水, 仁者樂山)"는 공자의 자연 산수관에서 영향을 받은 것임을 알 수 있다. 백록동은 여산 오로봉(五老峰) 아래 나무가 울창하게 뒤덮고 있는 작은 분지에 자리하고 있었는데, 이곳은 도시와 멀리 떨어져 있어 평온하고 고요한 환경을 갖추고 있었다. 주위에 높은 산이나, 절벽이 앞을 막고 있지 않아 경외심이나 공포심보다는 친밀하고 평화로운 감정이 일어나는 곳으로, 속세생활의 소란스러움이나 긴장하는 마음이 없어지는 곳이다. 수려하고 고요한 백록동은 자연히 은거하여 독서하기에는 더없이 좋은 공간이었다. 백록동서원 외에 주희가 복원한 악록서원(嶽麓書院)은 경치가 수려한 포황동(抱黃洞) 아래에 위치해 있고, 무이정사(武夷精舍)와 죽림정사(竹林精舍)(훗날 창주정사(滄州精舍)로 개명함) 또한 풍경이 수려하고 고요한 곳에 위치해 있다. 자연을 가까이 하고, 경치가 아름다운 곳을 독서하기 가장 좋은 곳(讀書佳處)으로 여겼던 관념은 산수의 자연미와 사람의 정신과 정서를 함께 이야기하는데, 산수 자연미를 사람의 사회 속성으로 부여한 공자의 '지자요수, 인자요산'에서 영향을 받은 것이다.

이러한 영향관계를 전제로 태산과 여산은 다음과 같은 두 가지 유형의 유교문화로 정리된다.

항목	태산	여산
규모	높이 : 1,545m 면적 : 426㎢	높이 : 1,474m 면적 : 302㎢
대표인물	공자	주희

대표 유적지	공자 관련 유적지	백록동서원
학파형성유무	태산학파	
서원의 존재여부	태산서원, 명나라 이후로 서원이 없어지고 사당만 남게 됨. 현재는 세 명의 선생과 함께 태안 출신의 명대인 송도(宋燾, 1572-1614)와 청대인 조국린(趙國麟, 1673-1751)을 추가로 모셔 오현사(五賢祠)라는 이름의 사당이 보존되고 있음.	백록동서원
유교문화의 특징	공자의 고향 (孔子之鄕) 유교문화의 정수(儒敎文化之精髓)	이학 성지 (理學聖地) 북공남주 – 유교문화의 원류 (北孔南朱 –儒敎文化之源流)

태산과 여산은 명산이라 불리는 고산에 비해 높이가 그다지 높지 않다. 하지만 화북평원에 우뚝 솟아 있는 형세인 태산과, 물에 둘러싸여 우뚝 솟아 있는 형세의 여산은 그 높이를 떠나 다른 명산들과 차별화 되는 지형적 우세를 지니고 있다.

태산은 공자의 고향 곡부가 가까이 위치해 있기 때문에, 인근 공자 관련 유적지와 함께 중국 유학의 근원지로서 유교문화의 정수가 모여 있는 곳으로 태산이 곧 공자이며, 공자가 곧 태산인 유교문화를 가지고 있다. 하지만 태산과 직접 관련된 유교문화인 태산학파나 태산서원이 현재까지 그 명맥을 잇지 못하고 쇠약해진 것은 태산지역의 정통 유교문화의 전파력이나 영향력이 견고하지 못했다는 것을 의미한다.

여산은 백록동서원 하나만으로 송학 유학 교육의 발원지이자 이학의 성지로 추앙받고 있으며, 주희가 서원교육의 형식으로 유교사상을 널리 전파하였기 때문에 공자와 더불어 유교문화의 원류로서 북공남주(北孔南朱)라는 명성을 얻게 되었다. 이처럼 여산의 유교문화가 공자의 영향권 안에 있으면서도 그만의 독특한 유형으로 인정받는 것은, 주희의 교육철학과 교육방침과 교육준칙 등이 현재까지도 사람들의 생활과 문화 속에 크게 영향을 미치고 있기 때문이다.

V. 맺음말

중국 태산과 여산은 각각 장강(長江) 이북(以北)과 장강 이남에 위치하면서 장강 이남 이북의 문화와 역사를 대표하는 명산이다.

태산은 역대 황제들이 직접 찾아와 하늘에 제사를 지냄으로써, 황제의 산으로 불리었다. 또한 국가적으로 중요한 다섯 산을 지정하였던 오악(五嶽) 중 으뜸으로 오악독존(五嶽獨尊)으로 불리기도 하였다.

중화민족의 의식 속에는 '태산이 평안하면 천하가 평안하다(泰山安則天下安)'라는 관념이 자리하고 있으며, 이상사회의 구체적인 상징이 되었다. 태산은 중화민족의 신산이자, 명산 중의 명산이다. 사람들은 자신의 정치, 문화 정신적 욕구를 충족시키기 위해 태산의 자연경관과 융합 일체되는 태산의 인문 경관을 창조하였다.

태산은 전형적인 동양의 성산으로, 대묘에서부터 최정상인 천가에 이르는 건축 구조는 천인합일의 사상을 완벽하게 해석하여 구체화 하였는데, 인간의 천상에 대한 이상지향적 심원을 그대로 구조화 하였다. 태산의 주 등산로는 속세에서 천상으로, 인간에서 신선으로의 이상향 추구의 길이라고 할 수 있다.

태산을 중심으로 한 지역은 중국 유학의 근원지로써 곳곳에 공자와 관련된 고사와 유적지가 많이 남아 있다. 태산의 주 등반로에는 공자 관련한 흔적과 일화들이 많이 남아 있어, 등산객들은 공자와 함께 등산을 하는듯한 느낌을 받기도 한다. 후인들은 태산을 공자처럼, 혹은 공자를 태산처럼 여겼기 때문에 항상 태산을 찾으려는 염원을 가졌다.

공자는 또 하나의 태산으로 중화 민족의 정신적 스승으로 후대에도 많은 영향을 주었다. 특히 중국 문인 명사에게 있어서 '등태산이소천하'는 역대 문인 명사의 절대적인 생활 덕목이 되었는데, 그들에게 태산은 단순한 자연물의 산이 아니라, 공자를 표상하는 정신적 산으로 강한 정신적 귀속감을 주는 곳이었다.

여산은 예로부터 기이하고 수려함이 천하제일이라는 명성을 가지고 있으며 고산에 해당하지는 않지만, 장강과 더불어 중국 최대 담수호인 파양호와 인접해 있어 산과 물이 어우러진 독특한 자연경관을 지니고 있다. '하나의 산(一山), 하나의 강(一江), 하나의 호수(一湖)'가 어우러져 험준함과 온유함이 서로 조화를 이루고 있으며, 다양한 종교와 문화가 공존하는 화이부동의 문화 경관을 가지고 있다. 여산에 이런 다양한 문화가 끊임없이 이식되었던 것은 여산문화가 보통의 지역문화가 가진 폐쇄적이고 배타적인 경향보다는 화합과 공존을 추구하였음을 보여준다. 그렇기 때문에, 외부에서 유입된 다양한 문화와의 관계에서도 충돌과 대립보다는 수용의 경향을 보인다.

여산은 송대 유학 교육의 발원지로서, 중국 유교 사상의 제2 전성기를 이끈 주희가 세운 백록동서원이 자리하고 있다. 백록동 서원은 유교문화 전파의 선봉 역할을 하면서 동아시아권의 유교 교육과 인재 양성에 크게 공헌하였다.

"북쪽에 공자가 있다면, 남쪽에는 주희가 있고, 북쪽에 곡부가 있다면 남쪽에는 여산이 있다(北有孔子, 南有朱熹, 北有曲阜, 南有廬山)"[18]라는 말은 장강 이북과 이남의 명산관련 유교문화의 두 유형을 나타내는 말이기도 하다.

장강 이북은 유교의 창시자인 공자를, 장강 이남은 유교 전파의 최대 공신자인 주희를 대표 인물로 그들의 행적과 유교 전파의 공헌에 대한 특징이 나타나는데, 북쪽의 곡부는 공자의 탄생지로서 공자와 직접 관련된 유적지들이 많이 분포되어 있으며, 태산 또한 중요한 공자 관련 유적지에 포함된다. 남쪽의 여산은 주희가 유교사상과 철학을 집대성하여 새

---

18) 李文明, 「廬山儒家文化的內涵, 旅行價值及深度開發策略」, 『江西財經大學學報』 第6卷, 2004, 65쪽.

로운 서원교육의 체재를 정비한 곳으로 중국 교육사상 중요한 의미를 가지고 있다.

태산과 여산은 공자와 주자라는 유교인물이 명산과 연관되어 유적지를 남기고, 학파를 형성하거나, 서원을 설립하면서 독특한 명산의 유교문화를 형성하였다.

이 글은 『남도문화연구』 제27집(2014)에 수록된 「중국 태산과 여산의 유교문화」를 수정해 실은 것이다.

—

중국의 태산문화 전개와
한국의 수용 양상

최원석

—

I. 머리말

　동아시아의 삶의 터전에서 산악이 차지하는 공간적 범위에 상응하여 산악문화는 역사, 종교, 생활사, 사상 등의 다방면에서 큰 문화적 비중을 차지한다.[1]

　한국에서도 산악은 국토의 70%를 차지하고, 역사적 비중이나 문화적 정체성에 큰 영향을 주었음에도 불구하고 학계에서 산악문화에 대한 체

---

[1] 동아시아에서 산악문화가 차지하는 상대적 중요성과 비중은 유네스코 세계유산의 등재양상에서도 방증된다. 2012년 3월 현재 산 혹은 산맥 명칭의 세계유산은 15점 가량이 등재되어 있는데, 그 중에서 동아시아가 10점으로 2/3의 다수를 차지하고 있다. 이것은 산이 가지는 문화적 가치와 역사적 비중이 반영된 것으로 보인다.

계적인 연구는 부족한 실정이다. 기존의 산악문화 연구 성과를 보면, 산악문화를 이루는 요소에 대한 세부 연구물은 여럿 있지만, 동아시아적 범주로 연구된 것은 드물고, 있더라도 연구 영역이 한정되어 있다. 아직 학계에서는 산악문화의 개념정의나 구성체계, 그리고 연구방법에 대해서도 보편적인 연구틀을 마련하지 못한 상태에 있다.

동아시아 산악문화의 주요 연구 주제로는 오악문화와 태산문화 등의 명산문화, 오대산신앙 등의 산악불교신앙과 산신 신앙, 지명(산이름), 산 연구전통과 지식체계, 산지생활사 등 여러 가지의 범주로 나열될 수 있다. 그 중에 태산문화는 중국의 산악문화에서 가장 중요한 논의의 자리를 차지한다.

동아시아 산악문화 연구에서 태산문화는 중국문화에서 지대한 비중을 차지할 뿐만 아니라, 태산문화의 민속화 양상, 특히 불교 및 영석(靈石) 신앙의 결합과 동아시아로의 공간적 확산, 태산문화의 한국 수용양상에 나타나는 특성 등의 측면에 있어 충분히 연구될 가치와 의의가 있다.

중국의 산악문화가 인접한 나라로 전파되면서 각국의 문화·사회·역사적 코드에 따라 어떻게 투영되고 변용되었는지, 그 과정에서 각국의 산악문화 수용 방식과 그 특색은 어떻게 나타나는지에 관한 연구는 동아시아 산악문화의 실체를 비교문화적으로 규명하는 기초적 접근방법이자 이해방식이 된다. 중국의 산악문화는 일방적으로 전파되기보다는 역사적 교류과정에서 각국의 문화주체와 문화코드에 따라 선택적으로 수용·변용되는 것이 일반적인 경향이었다.

이러한 문제의식으로 이 글은 동아시아 산악문화를 시론적으로 논구하는데 목적을 두며, 동아시아 산악문화를 구성하는 한 요소인 태산문화를 중심으로 역사적 전개와 문화적 수용 양상이라는 측면으로 살핀 것이다. 중국의 태산담론은 어떻게 전개되었고, 한국의 태산문화 수용 방식과 양상은 어떠했는지 조명될 것이다.

이 글의 구성순서는 다음과 같다. 첫째, 동아시아 범주의 산악문화 연구 동향과 성과를 검토한 후에, 동아시아 산악문화에서 태산문화가 갖는 위상과 연구의의를 밝힌다. 둘째, 중국의 태산문화 전개와 영향에 관해, 태산을 둘러싼 정치권력의 담론과 태산문화의 민속화·민간화 양상을 초점으로 살펴볼 것이다. 셋째, 한국의 태산문화 수용양상과 방식에 관해, 우리말에 나타난 태산의 장소이미지와 기호, 조선시대 태산의 공간적 재현을 중심으로 살펴보았다.

II. 동아시아의 산악문화와 태산문화

1. 동아시아 범주의 산악문화 연구

산악문화는 산악이라는 자연환경과 관계하여 사회문화집단이 맺은 상호관계의 총합이라고 할 수 있다. 산악문화라는 개념 속에는 산악 지형, 산지 생태 등의 자연적 요소는 물론이고 산악과 관련된 인간의 역사, 사회, 경제, 생활양식, 경관, 예술, 문학, 종교, 철학사상 등의 인문적 요소가 모두 포함되어 있다.[2] 산악문화는 특정 사회집단이 역사과정 속에서 산악을 생존과 발전의 자연적 매개로 생성하고 창조한 문화로서, 전승성과 공공성을 갖추어야 한다.[3] 동아시아 각국의 학계에 자국의 산악문화에

---

[2] 동아시아에서 산악에 대한 일반적 정의는 고도, 경사, 기복 등에 따라 지역마다 달라서 공간적 범주를 정하는 데에 어려움이 있다. 예컨대 일본인이 가지는 '산'의 이미지는 마을의 뒷산이나 그보다 약간 높은 지형까지를 포함하는 데 비해, 산악이라는 표현은 특히 험준한 산을 말한다(笹本正治, 「일본 산악문화 연구 총론」, 『2011년 동아시아 산악문화연구회 결성기념 국제학술대회 논문집』, 화인, 2012, 41쪽). 이는 한국도 마찬가지다. 형식적 범주로 볼 때 산은 광의적인 대분류에 해당하고 산악은 협의적인 소분류의 지위를 갖는다. 이 논고에서 산악문화라고 할 때의 산악은 광의적인 범주의 산을 지칭하는 것이다.

[3] 何明, 「동아시아의 산악문화연구 패러다임을 위한 구상」, 『2011년 동아시아

대한 연구는 학문분야별로 어느 정도 있지만 동아시아 범주의 비교 연구물은 희소한 실정이다. 현재 동아시아 산악문화의 연구수준은 각국의 산악문화 연구전통을 총론적으로 정리하는 한편 타국과의 비교를 통해서 동아시아 범주로 산악문화 연구 틀의 구축을 시도하는 초보적인 단계에 와있다.[4)]

산악문화의 연구는 다양한 방면과 방대한 영역을 지니기에 상징과 가치관념, 지식체계, 생활양식 등의 세부분야로 구성될 수 있다. 동아시아 산악문화의 구체적인 연구주제로는 공간 인식, 산을 둘러싼 정치권력의 담론, 산악신앙 및 주요 종교와의 결합, 명산문화, 산 이름, 산 연구전통과 지식체계, 산지생활사 등으로 나열될 수 있다. 동아시아 산악문화 요소의 상호비교 및 전파양상에 초점을 두고 주제별 선행연구물을 정리해보자.

고대의 중국인은 산이 이루어내는 질서를 통해서 세계를 인식하였다. 중국 고대의 산악문화와 산과 관련된 신화·상징의 원형은『산해경(山海經)』에 집약되어 있다고 할만하다.『산해경』은 바다를 경계로 해서 나누어지는 각 지역의 산에 대한 기록이다.[5)] 이 책은 고대 중국인들의 산을 중심으로 한 공간적 인식과 지리지식 체계를 잘 보여준다.[6)]『산해경』에

산악문화연구회 결성기념 국제학술대회 논문집』, 화인, 2012, 7쪽.

4) 동아시아 산악문화연구회 국제학술심포지엄에서 최원석은 한국의 산 연구전통을 지리지, 유람기, 백과전서, 山譜, 지도, 풍수록 등의 유형으로 고찰하였다. 何明은 동아시아 산악문화 연구의 기본 모형이 되는 이론적 구조를 생활방식, 가치관념, 상징체계 3가지 방면으로 설정하고, 중국 운남의 소수민족문화를 중심으로 탐구하였다. 笹本正治는 일본의 산악문화 연구를 신앙, 의식, 수험도, 생활의 측면에서 총론적으로 개괄하고 나가노현(長野県)을 사례로 기술하였다.

5) 서경호,「山海經·五藏山經에 나타난 山의 개념」,『東亞文化』26, 1981, 71~98쪽.

6) '五藏山經'에는「南山經」,「西山經」,「北山經」,「東山經」,「中山經」의 다섯 편목으로 구성되었다.

투영된 지리적 인식은 한국의 조선조에도 큰 영향을 주었으며, 조선후기에 널리 퍼졌던 원형 천하도(天下圖)에서도 『산해경』 세계관의 투영 사실을 여실히 확인할 수 있다.[7]

중국 오악의 정치지리적 관념은 한국에 영향을 주어 신라와 조선에서는 오악을 지정하고 제의하였다. 중국이 수도를 중심으로 오악을 배치하였던 것처럼, 신라에서도 경주 둘레로 오악을 지정하고 의례를 행하여[8] 국토 영역의 수호 관념이 나타나 있는 것이다. 베트남에도 중국의 오악관념과 오악신앙이 도교의 전래와 함께 10세기 이후에 전파되기도 하였다.[9] 그러나 일본에 오악(신앙) 관념은 나타나지 않는 것 같다.[10] 오악의 사례는 후술하는 삼산(三山)과 함께 동아시아 각국의 산악문화의 수용과 양상을 잘 보여주는 단면이 된다.

오악과 대비되는 삼산(신앙)은 중국에서는 두드러지지 않지만, 한·일 간에는 문화적 유사성이 뚜렷이 보인다. 한국의 백제와 신라[11]에는 수도를 중심으로 삼산이 배정되어 있었고, 한국의 삼산신앙은 일본에도 영향을 주어 나라의 도읍을 중심으로 삼산(日山·鳥山·浮山)이 지정되었다.[12] 베트남에는 삼산 신앙이 나타나지 않는 것으로 보인다.[13]

---

7) 원형 천하도의 『산해경』과 관련된 자세한 사실은 오상학, 『조선시대 세계지도와 세계인식』, 창비, 229~298쪽을 참조할 것.

8) 『삼국사기』 권32, 잡지 제1 「제사」.

9) 응우엔꾸억뚜언(阮國俊)(베트남 국가사회과학연구소 종교연구원 원장은 2012년 5월 '동아시아산악문화연구회' 토론회에서 베트남에도 중국의 오악신앙이 도교와 함께 전파되었음을 밝힌 바 있다.

10) 笹本正治(일본 信州大學)는 2012년 같은 토론회에서 일본에는 오악신앙이 나타나지 않는다고 하였다.

11) 『삼국사기』 권32, 잡지 제1 「제사」.

12) 허남춘, 「한일 고대신화의 산악숭배와 삼산신앙」, 『일본근대학연구』 23, 2009, 113, 119쪽.

13) 응우엔꾸억뚜언(阮國俊)은, 베트남 전통인형극에서 三山이라고 적은 황금산이 물속에서 올라오는 사례는 있다고는 하였지만, 한국과 일본의 삼산과는 다르다.

산악신앙의 면모를 보면, 동아시아에서 산에 신이 머문다는 관념이나 산악숭배사상은 산악 주거지역이라면 고대로부터 생겨나 전승되는 보편적인 신앙이라고 할 수 있겠다. 일본인들도 산속에 신이 존재한다고 믿어 산 자체를 신체(神体)로 오랫동안 숭배해 왔다.[14] 여산신 관념의 동아시아적 보편성과 지역적 변용 양상도 드러나는데, 중국 태산에 성모신앙(벽하원군)이 있듯이 한국 지리산에는 천왕성모가 있었다. 중국의 고대 곤륜산의 西王母 신앙은 동아시아로 전파되었고 신라의 선도산 성모 신앙은 그 변용이라는 연구도 있다.[15] 그리고 한국의 백산(白山, 백두산·태백산·소백산 등)이 신성한 산으로 숭배된 바 있듯이, 일본에도 하쿠산(白山)이라는 산이 이시카와·후쿠이·기후현에 걸쳐있어 고대로부터 신이 사는 영산으로 숭배 받았으며, 이 백산 신앙의 성립에는 고대 한반도의 산악신앙이 직접적인 영향을 끼친 것으로 알려졌다.[16] 지역 간의 문화적 교류가 활발해지면서 외래의 산악문화가 전파되고, 그 과정에서 산악문화 요소가 복합되거나 지역적인 코드에 맞게 개성과 특색도 형성되었던 것이다.

산악신앙과 주요 종교 간의 결합 및 전파 양상은 동아시아 산악문화의 주요한 연구주제가 된다. 중국의 선도(仙道) 및 불교신앙과 결합된 신산(神山) 관념은 한국과 일본의 산악관념에 큰 영향을 미쳤다.

산악신앙과 선도와의 결합은 삼신산 관념에도 잘 나타난다. 한국에서는 한라산(혹은 백두산·변산)·금강산·지리산을 각 영주·봉래·방장의 삼신산으로 여겼으며, 지리산의 삼신산(방장산)이라는 명칭은 조선 초

---

[14] 笹本正治, 「일본 산악문화 연구 총론」, 『2011년 동아시아 산악문화연구회 결성기념 국제학술대회 논문집』, 화인, 2012, 61쪽.

[15] 김태식, 「고대 동아시아 서왕모 신앙 속의 신라 선도산성모」, 『문화사학』 27호, 2007, 381~417쪽.

[16] 김현욱, 「하쿠 산 신앙(白山信仰)과 노(能)의 발생」, 『일본문화학보』 49, 2011, 249쪽.

부터 나타나고 있다.[17] 일본에도 이세(伊勢)의 아츠타(熱田), 기이(紀伊)의 쿠마노(熊野), 그리고 후지(富土)를 삼신산으로 여겨왔다.[18]

동아시아에서 산악신앙과 불교가 결합한 양상은 지명, 경관 등에 뚜렷이 드러난다. 중국에서 태산신앙과 민간불교가 결합하여 태산대왕이라는 민간신앙의 대상이 만들어지고 조선에 전파·수용되었다. 베트남 중부 청화성(淸化省)에도 소태산(小泰山)이라는 산이름이 나타나고 명부(冥府)의 입구로 여긴 사실[19]로 보아 중국 태산문화의 전파사실과 불교와의 결합된 흔적을 짐작해 볼 수 있겠다. 중국 산서성의 오대산신앙은 한국과 일본에 영향을 주었고, 각국의 문화적 코드에 맞게 토착화 되었다. 베트남에서도 중국 불교의 영향으로 산악신앙과 비중 있게 결합하였지만 오대산 신앙이 전래·수용된 흔적은 찾기 힘들다.[20] 인도에 기원을 둔 보타낙가산 관음신앙도 중국에서 한국으로의 전파 양상을 보인다.[21] 중국과 한국에서는 산악불교의 결과물인 불산(佛山) 계열의 산이름도 다수 나타난다.

산 이름에도 동아시아적 공통점이 보인다. 예컨대 한국에는 다수의 '용산' 계열의 산 이름(龍山, 龍門山, 盤龍山, 瑞龍山, 龍頭山 등)이 바다나 하천 주위의 산지에 나타난다.[22] 중국에서 나타나는 용산 지명은 용신을

---

17) 최석기, 「조선시대 士人들의 智異山·天王峯 인식」, 『남도문화연구』 21, 2011, 82쪽에 의하면, 지리산이 방장산이라는 인식은 조선전기 이석형, 김종직 등의 문집에서부터 나타나기 시작한다.

18) 김성환, 「삼신산(三神山) 판타지와 동아시아 고대의 문화교류」, 『중국학보』 56, 456쪽.

19) 大西和彦(베트남 사회과학종교연구원)이 2012년 5월 '동아시아산악문화연구회' 토론회에서 토론한 내용이다.

20) 응우엔꾸억뚜언(阮國俊)이 2012년 5월 '동아시아산악문화연구회' 토론회에서 토론한 내용이다.

21) 송화섭, 「동아시아 해양신앙과 제주도의 영등할망, 선문대할망」, 『탐라문화』 37, 183~222쪽.

22) 최원석, 「한국의 水景觀에 대한 전통적 상징 및 지식체계」, 『역사민속학』 제

승상한 곳으로 볼 수 있고, 일본에도 전국적으로 용신앙이 있었으며, 용산(용왕산) 지명은 기우제를 지내던 성지였다.[23] 몽골의 산악신앙에서 산을 지칭하는 어법은 고대 한국의 용어와 유사성이 있다고도 한다.[24]

동아시아 산악문화는 전파와 교섭 과정에서 각국의 역사·문화 코드에 따라 독특한 모습으로 전개되거나 발전되기도 하였다. 중국의 오대산신앙, 서왕모 신앙 등이 한국과 일본에서 특색 있게 변용된 것은 그 예증이라고 하겠다. 한국의 오대산신앙과 일본의 아타고산(愛宕山) 신앙(오대산으로 비정)은 중국에 기원을 두고 있지만, 이식되는 과정에서 변용되어 자국적으로 신앙되었던 특색이 있다.[25] 일본의 대표적 산악종교이자 산악수련문화인 슈겐도(修驗道)도 중국의 문화적 영향을 받고 일본의 지역적 배경에 맞게 형성된 것이다. 중국의 산 연구전통과 지식체계(지리지, 유산기, 백과전서류, 지도류, 풍수서류 등)는 한국에도 큰 영향을 미쳤지만[26] 한국에서 국토지형을 산줄기와 물줄기의 상관적인 구조로 파악하고, 산경(山經) 체계의 산보식(山譜式) 서술방식 및 산줄기에 대한 지도표현 방식 등은 동아시아의 산 연구전통과 지식체계에 비추어 보아서도 한국의 독창적이고 체계화된 성과로서 꼽을 수 있다.[27] 이상의 논의를 바

32호, 2010, 280쪽.

23) 永留久惠, 「東アジアの龍神信仰について」, 『2001년 동북아시아문화학회 국제학술대회 발표자료집』, 2001, 138쪽.

24) 김기선, 「고구려 '온달'과 몽골 산악신앙의 완곡어 'Ondor'와의 작명관 비교 연구」, 『동아시아고대학』 24, 2011, 442~473쪽.

25) 박노준, 「한중일 오대산신앙의 전개과정」, 『영동문화』 6, 1995, 146~147쪽.

26) 조선후기 유학자의 산지생활사를 다룬 『산림경제』나 『증보산림경제』, 그리고 『임원경제지』 등에는 중국의 문헌들이 다수 인용되어 편집되고 있다. 중국의 명산기 혹은 遊山文學 역시 이익(1681-1763)의 『성호사설』에도 인용되고 있는 것으로 보아 조선중후기의 지식인에게 널리 읽히고 영향을 미친 것으로 추정된다.

27) 최원석, 「한국의 산 연구전통에 대한 유형별 고찰」, 『역사민속학』 제36호, 2011, 245쪽.

250 · 지리산의 세계유산적 가치와 한중일 명산문화

탕으로 동아시아 산악문화 요소를 기원지와 수용지로 분류하여 정리하면 〈표 1〉과 같다.

〈표 1〉 동아시아 산악문화요소의 기원지와 수용지 양상

국가 산악문화요소		중국	한국	일본	베트남
오악		◎	○	×	○
삼산			◎	○	×
오대산(신앙)		◎	○	○	×
삼신산		◎	○	○	×
산해경(세계관)		◎	○	미확인	미확인
태산	태산지명	◎	○	×	○
	태산석감당	◎	×	○	○
백산(지명·신앙)			◎	○	미확인
용산(지명)		◎	○	○	미확인

* 주: ◎ 기원지 ○ 수용지 × 미수용지

산악문화를 연구하는 동아시아의 주요 산악연구소의 연구경향과 동향을 개관하면 다음과 같다. 중국의 태산학원(泰山學院)[28]에는 태산문화 연구소를 두고 태산문화 연구를 집대성하고 있으며 '태산학'의 정립에 대한 논의로까지 나아가고 있다. 일본의 신슈대학(信州大學)에서는 2002년에 산악과학총합연구소(山岳科學總合研究所)를 설립하여 일본의 산악문화와 산악환경을 자연과학적 접근방법 위주로 연구하고 있다. 한국에서는 2007년부터 순천대·경상대의 컨소시엄으로 지리산권문화연구단이 구성되어 동아시아적 지평에서 명산문화의 연구와 지리산의 인문학을 구축하는 중이다.

---

[28] 중국 산동성 태안에 있는 대학이다. 태산학 연구를 이끄는 본산지로서 다수의 태산 관련 연구자들이 있으며, 관련 문헌을 편찬한 바 있다.

2. 태산문화의 위상과 연구 의의

태산(1,545m)은 한국의 태백산보다도 조금 낮아 중국의 다른 고산들에 비하면 상대적으로 그리 높은 산은 아니다. 그러나 태산이라는 이름이 갖는 상징적 가치와 역사적 비중으로 치면 중국의 명산에서 첫째가는 산으로 꼽힌다. 곽말약(1892-1978)이 "태산은 중화 문화사의 축소판이다."라고 말한 바도 있지만, 중국의 학계에서 태산문화는 중국문화 중에서 중요한 위치에 있는 것으로 취급된다. 역사적으로 태산은 중국과 중국인을 대표하는 산이었고, 화하문화(華夏文化)의 발상지로 간주되었다. 그래서 태산을 국산(國山)이라 했고,[29] 신산, 성산, 중화민족의 정신적 산 등으로도 일컬어졌다. 큰 산이란 뜻으로 대산(大山), 큰 산의 우두머리라는 뜻으로 대종(岱宗)이라고도 하였다.

태산이 제1의 산으로 인정된 것은 지리적으로도 연유가 있었다. 태산은 중국 산동성의 가운데에 있으며, 동으로는 황해, 서로는 황하를 끼고, 남으로는 곡부, 북으로는 제남과 연결되어 있다. 태산의 총면적은 약 2,000km²에 이르고, 그 중에서 지정된 풍경명승구의 면적은 426km²이다. 태산의 최고봉인 옥황정(玉皇頂)은 해발 1,545m이며, 산줄기 둘레로 112개의 산봉우리, 102개의 계곡, 72개의 골짜기[洞가 있다.[30] 태산은 화북평원 지대에 화강암의 산체로 웅거, 돌출한 지형을 나타내고 있어서 石山의 강렬한 느낌과 함께 유달리 크고 우뚝한 산이라는 시각적인 효과를 낳게 한다. '태산교악(泰山喬嶽)'이라는 호칭은 이러한 자연적 배경을 반영한 표현이기도 하다.

이러한 자연적·문화적 가치를 인정받아 태산은 중국에서 가장 먼저

---

29) 1930년대부터 중화민족의 자존을 위한 상징물로서 國山 태산에 대한 논의가 제기되었다. 자세한 내용은 周郢, 『泰山與中華文化』, 山東友誼出版社, 濟南, 2010, 214~242쪽의 연구를 참고할 것.

30) 李傳旺, 『獨具特色的世界遺産-泰山』, 山東畵報出版社, 濟南, 2006, 1쪽.

1987년에 유네스코 세계복합유산에 등재되기도 하였다. 오늘날 중국정부에서 태산은 중국이 자랑하는 세계유산으로서 정책적 차원에서 문화산업과 관광자원의 가치로 재평가되었다. 태산이 소재하고 있는 태안시 당국은 태산관광업의 진일보한 발전을 추진하기 위해서 태산을 국제관광의 명소를 만들자는 발전 목표를 제의하며, 태산관광문화산업의 위상을 명확하게 하였다.[31]

중국에서 태산과 태산문화가 지니는 위상을 반영하듯이 중국에서는 청대부터 태산과 태산문화에 대한 깊이 있는 연구저술이 나왔으며, 그 양과 질은 괄목상대할 만한 수준에 이른다. 20세기에 태산문화 연구는 중국의 명산연구 혹은 지역문화 연구에서 가장 뛰어난 성과를 거두어 이제 역사, 문학, 예술, 미학, 고고학, 종교, 민속 등을 종합한 학문체계로서 '태산학'으로 까지 성립되기에 이르고 있다.[32]

중국의 태산은 동아시아의 산악문화를 이루는 한 중요한 부문으로서 이른바 '태산문화'를 일으킨 진원지이기도 하다. 중국 산서성의 오대산신앙이 한국과 일본에 전파되어 오대산이라는 지명을 낳고 각국에 오대산신앙을 형성하였듯이, 중국의 태산은 동아시아 각국에서 장소동일성을 갖는 산 이름, 시화(詩畵) 등의 작품, 기호화된 생활의 관용어, 태산석감당 등의 민속신앙과 같은 문화요소를 낳게 한 전파의 기원지이자 인자가 되었다.

중국의 태산은 우리나라에도 적지 않은 영향을 끼쳤다. 한국인에게 태산은 의식이나 언어에 반영된 관용적인 일상용어에서 알 수 있듯이, 세상에서 가장 큰 것의 상징으로 기억되고 천하제일의 명산으로 인식되었다.

---

31) 王雷亭·魏雲剛·李海燕, 「태산 관광문화산업의 발전에 대한 초보적인 연구」, 『2011년 동아시아 산악문화연구회 결성기념 국제학술대회 논문집』, 화인, 238쪽.

32) 周郢, 『泰山與中華文化』, 山東友誼出版社, 濟南, 2010, 379~389쪽.

조선시대 이후 일상생활의 용어에서, 특히 조선시대의 유교문화와 결부되어 곳곳에 나타나는 태산문화의 한국적 수용 양상은 매우 흥미롭고 독특한 문화역사지리적 현상이기도 하다.

태산문화에 관하여 아직 한국의 학계에서는 문학 분야에서만 태산의 시문(詩文)에 대해서 언급하는 실정이며,[33] 중국의 태산문화에 대한 본격적으로 소개한 학술논문은 없다시피 하다.[34] 더욱이 한국에도 태산문화라고 규정할 수 있는 문화요소를 이루고 있기에, 이 연구는 중국의 태산 담론에 대한 개관뿐만 아니라 한국의 태산문화 일면을 처음으로 소개하였다는 점에서도 학술적인 의의를 가진다고 하겠다.

이 글에서 한국의 태산문화를 파악하기 위한 문헌자료로 구비전승, 지명, (고)지도를 활용하였다. 구비전승 자료는 한국학중앙연구원의 장서각 디지털 아카이브에 채록되어 있는 태산의 용례를 민요에서 60여 건, 설화에서 290여 건을 집계·분석하였다. 태산 지명자료는 고려대학교 민족문화연구원에서 구축한 조선시대 전자문화지도 시스템의 지명검색을 통해 10여 건의 '태산' 지명을 확보하였다. 태산 관련 지도 자료는 서울대 규장각 한국학연구원의 고지도 검색시스템을 활용하여 조선후기의 지도에서 다수의 태산 재현을 확인할 수 있었다.

이상과 같은 논의를 바탕으로 동아시아 산악문화의 중요한 사례로서 태산문화에 대해서 중국의 역사적 전개와 한국에 미친 영향력, 그리고 태산문화의 수용 양상의 측면으로 조명해보기로 하자.

---

33) 심우영, 「태산 시에 나타난 인문경관 연구」, 『중국문학연구』 33, 2006; 심우영, 『태산, 시의 숲을 거닐다』, 차이나하우스, 서울, 2010.
34) 2011년에 발간된, 최석기 외 12인의 『태산, 그 문화를 만나다』(민속원)은 한국에서 태산문화를 처음으로 종합적으로 소개하고 연구한 책으로서 평가될 수 있다.

III. 중국의 태산문화 전개와 영향

1. 황제가 봉선한 오악의 으뜸

태산은 자연지형으로서의 산 이상으로 중국의 역사와 문화, 정치에 있어 매우 중요한 의미를 담고 있다. 중국의 태산문화는 정치와 종교가 가장 중요한 역할을 하였다.[35] 중국의 역사에서 태산이라는 공간은 그 지정학적인 위치와 형용으로 말미암아 왕조 권력과 밀접하게 결합되었으며 정치 담론을 이끄는 주요 대상이 되기도 하였다. 중국사에서 태산을 둘러싼 정치·문화적 담론은 황제의 태산 봉선(封禪),[36] 오악의 으뜸으로서 동악 태산, 태산의 장백산 조종설(祖宗說), 민간신앙의 태산 등으로 키워드를 나열할 수 있다.

태산이라는 장소가 갖는 정치적 담론은 예로부터 태산을 '천자의 산'이라고 일컬었던 데서 단적으로 드러난다. 중국의 황제들은 역사적으로 태산에서의 봉선을 통해 하늘로부터 천명을 받고 天帝로서의 상징적인 지위를 확보하고자 의도하였다. 유교를 통치의 지배이념으로 활용하고자 했던 정치권력 집단은 태산의 장소이미지와 상징성을 공자와 연관하여 이데올로기적인 효과를 배가시키기도 하였다. 공자의 유교는 태산의 권위 및 상징성과 결합함으로써 더 강력한 정치사상적 담론으로 향상되었다.

태산에 대한 숭배는 역사적으로 선진(先秦)과 한·당의 발전시기를 거쳐 북송 시대에 가장 흥성하였다. 송 진종(眞宗)의 1008년에는 정치적 필요에 의해서 대규모의 봉선을 거행한 바 있었다. 북송 대에 이루어진 이러한 태산에 대한 황제의 제의는 태산이 국토에서 제 1산으로서의 지위를 갖는 것을 의미한다.[37] 중국의 정치적 영향 아래에 있었던 한국 역시

---

[35] 진위군, 「중국문화 속에서의 태산문화」, 『경남학』 31, 2010, 243쪽.
[36] 중국의 황제가 천지에 제사를 지내는 의례이다. 진시황제가 태산 정상에서 처음 봉선하였다.

중국 태산의 제의와 봉선은 지배층에서 중요한 의례로 여겨졌던 것 같고, 실제로 신라의 신하가 봉선에 참여한 기록도 나타난다.[38]

〈그림 1〉 대묘 건물군 뒤에 배경을 이룬 태산

〈그림 2〉 태산 정상의 봉선대 비석

권력집단이 행하는 의례는 의례 주체의 정치적 정당성을 공고하게 해 주는 효과적인 수단이다. 의례의 과정은 집단 기억을 창출시키며, 그것이 가시적인 경관에서 장소의 이미지와 결부될 때 강력한 상징성을 더한다. 태산의 의례 장소로서 산 아래의 거대한 대묘(岱廟) 건축물 군이나, 산꼭 대기의 봉선대에서 발아래로 조망되는 스펙터클한 경관 상에서 잘 나타 나듯이(그림 1·2), 권위적인 인공건축물과 조형물, 그리고 압도적인 자연 경관을 배경으로 부여받은 강력한 장소의 상징이미지는 의례 주체들로 하여금 태산과 제왕을 연계하고 동일시(identification)하는 집단 기억을 강 화시킨다.

태산 봉선이 산을 공간적 매개로하여 하늘의 상징성에 권위를 인정받

---

37) 周郢, 『泰山與中華文化』, 山東友誼出版社, 濟南, 2010, 260쪽.
38) 김인문(金仁問. 629~694)은 665년에 숙위(宿衛)하던 김문왕이 죽자, 당나라에 들어가 이듬해 당나라 고종(高宗)을 따라 태산에 가서 봉선을 하였다고 한다.

는 의례이라면, 오악으로서의 태산은 산악의 공간적 편제를 통해 영토의 수호와 왕조의 안위를 보장받고자 하는 이념의 산물이었다. 중국의 왕조는 국토의 영역에서 화산, 숭산, 형산, 항산, 태산을 오악으로 지정하여 편제한 바 있는데, 그 중에서 태산은 오악독존(五嶽獨尊) 혹은 오악의 우두머리(五嶽之長)라 하여 오악 중의 으뜸으로 불렀다.

오악 관념은 주나라 때 싹트기 시작하였으며, 진·한대에 오행설이 성행하면서 영토를 오행의 공간질서의 체계로 재구성하려했던 한대의 사상적 이념이 투영된 것이었다. 정치적으로는 영토의 구획과 방위, 문화적으로는 산악의 숭배 및 진호 의식이 배경이 되었다. 태산이 오악 중에 으뜸으로 여겨진 까닭은 제왕들의 태산 봉선 의식, 하늘과 소통하는 신산으로서의 의미, 오행에서 동방의 목이 가지는 상징성,[39] 태산 산체의 시각적인 위용과 지리적 위치 등이 복합적으로 작용한 결과였다.[40]

중국의 산악 체계 편성은 시대에 따라 구성 내용이 조금씩 달랐다. 하상대에서는 사악만 있었으며, 산 이름은 동악 대종(태산)만 나타난다. 한무제 때에 비로소 오악 제도가 성립되었는데, 그때는 현재 오악의 하나인 남악 형산과는 달리 안휘성의 천주산(天柱山)이 남악이었다. 『한서』 「교사지」에 의하면, 선제 원년(기원전 61)에 태산을 동악으로, 화산을 서악으로, 항산을 북악으로, 숭산을 중악으로 지정하였음을 알 수 있다. 이후 수문제가 남북조를 통일하고 나서 589년에 형산을 남악으로 삼은 이후에 현재까지 오악이 이어져 내려왔다.[41] 역대 황제들은 오악에 대해 봉호(封

---

39) 진위군, 「중국문화 속에서의 태산문화」, 『경남학』 31, 2010, 249쪽에 의하면, "동방은 木에 속하고 사계절에서는 봄에 속하며 天神靑帝가 있는 곳이다. 五常 중에는 仁이며 8괘중에는 震에 속하며 28수에서는 蒼龍 자리에 속한다. 仁은 천지의 큰 덕이며, 봄은 만물의 시작이며, 震과 蒼龍은 제왕이 출행하여 용이 되어 날아오르는 지점이다. 따라서 태산은 상서로운 산, 신령한 산, 만물이 소생하는 산으로 승화된 것"이라고 하였다.

40) 진위군, 「중국문화 속에서의 태산문화」, 『경남학』 31, 2010, 249쪽 참조.

41) 전인초, 「오악의 신화전설」, 『인문과학』 88, 2008, 1~28쪽에 의하면, 북악도 명

號)를 하사했는데, 당 현종은 오악을 왕에 봉했고, 송 진종은 제에 봉했으며, 명 태조는 신으로까지 봉하기도 하였다. 특히 도교가 흥성하면서 오악은 신선이 사는 곳으로서 도교의 신화 전설과 결합되기도 하였다.[42]

중국의 오악 관념은 한국에 영향을 주었고 수도를 중심으로 지리적 특성에 맞추어 수용·배치되었다. 신라에서는 왕도인 경주를 중심으로 오악-동 토함산·남 지리산·서 계룡산·북 태백산·중 부악(팔공산)을 지정하여 중사(中祀)의 제의를 갖추었고, 조선에서는 한양을 중심으로 북백두산·동 금강산·서 묘향산·남 지리산·중 삼각산(북한산)을 오악으로 지정하여 제사를 지내기도 하였다. 이러한 도읍을 중심으로 하는 산악의 지리적 편제와 공간적 상징화는 명산에 대한 국가의 제사와 의례를 통해서 정치권력이 의도하는 상징적 의미가 강화되었다.

오악에 대한 지식인들과 민간계층의 관심은 오악도라는 그림으로도 표현되었다. 중국에서 오악도의 기원은 한대에 도교의 부적으로 그려진 오악진형도(五岳眞形圖)로 거슬러 올라간다. 이것은 산악숭배사상과 결부되어 재앙을 피하고 복을 받는데 효험이 있다고 믿어졌다. 조선시대 지식인 사회에도 오악도와 같은 중국 산수지도와 판화그림이 보급되기도 하였다.[43] 조선후기에 편찬된 지도집에는 중국도가 포함되어 있는 것이 많고, 그 중에서 오악도가 강조되어 표현되곤 하였다(그림 3).

대 이전에는 하북성 곡양현 북서쪽 70km에 있는 大茂山이었지만, 명대에 와서 산서성 혼원현 남동 10km 지점의 玄岳(2,052m)으로 바뀌었다고 한다.

[42] 전인초, 「오악의 신화전설」, 『인문과학』 88, 2008, 3~6쪽.

[43] 정은주, 「조선후기 중국산수판화의 성행과 오악도」, 『고문화』 71, 2008, 49~80쪽 참조.

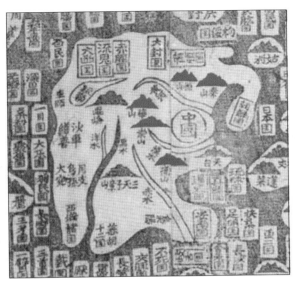

〈그림 3〉 조선후기 『동국여지도』의 「천하도」와 오악

2. 태산의 장백산 조종설

1709년 11월 24일, 청나라 강희황제와 신하들은 행궁인 창춘원(暢春園)에서 국정을 의논하고 있었다. 강희황제는 신하들에게 태산 산줄기의 맥은 어디에서부터 오는지를 물었다. 신하들은 "섬서성과 하남성에서 오는 것으로 알고 있습니다."라고 알고 있었던 상식대로 답하였다. 그러자 강희황제는 의의의 대답을 하는 것이었다. "그렇지 않다. 산동성의 여러 산들은 長白山에서 맥이 온다. 태산의 맥도 장백산에서 온다." 이윽고 강희황제는 '태산 산줄기의 맥은 장백산에서부터 온다(泰山山脈自長白山來)'는 글을 지어서 나라에 간행·배포하였다.[44]

강희황제가 선언한 '태산 맥의 장백산 조종설'은 신문화지리학에서 말

---

44) 周郢, 『泰山與中華文化』, 山東友誼出版社, 濟南, 2010, 76~85쪽 참조.

하는 일종의 상징물 전쟁이며, 문화정치적 담론으로서 중요한 해석의 시사점을 던져 준다. 역사적으로 태산은 한족의 정신적 중심이자 정치적 상징이었다. 그런데 이민족인 만주족이 청나라를 세우고 중원을 정치적으로 장악하면서, 태산이 가진 이데올로기적인 상징성은 마땅히 그들의 정통성에 연결되어 계승·수용될 필요가 있었던 것이다.

청의 순치황제가 명나라가 망한 이후에 중단되었던 태산의 사전(祀典)을 다시 재개할 것을 선포한 것이나, 강희황제가 세 번이나 태산으로 행차하여 태산신에게 직접 제사를 한 것은, 중원을 통치하는 천제로서의 상징적 이미지를 확보하려한 것이었다. 이것은 태산이 갖는 역사적 정통성과 문화적 상징성을 정치적으로 장악하겠다는 청나라 조정의 의도를 분명히 보여준다. 그런데 그들에게는 태산보다 중요했던 장백산과 장백산신앙이 있었다.

장백산은 만주족들에게 있어 민족의 발상지로서 신성한 지위를 지니고 있었다. 『만주실록(滿洲實錄)』에 의하면, "만주족은 원래 장백산의 동북쪽 포고리산(布庫哩山) 아래에서 기원하였다."고 한다. 청나라가 중국 전역에서 정치적 헤게모니를 쟁취하여 중원을 무대로 정치력을 확장하면서 장백산에 대한 숭배와 제의의 격은 더욱 높아졌다. 강희제가 "장백산의 계통은 본조(本朝) 조종(祖宗)의 발상지"라고 한 데에서도 그 인식의 단면을 볼 수 있다.[45]

그렇지만 이제 중원으로 정치력을 확장한 청나라 왕조에게 태산의 존재와 상징성은 그들의 장백산만큼이나 중요한 것으로서 대두되었다. 그 관계는 자칫하면 장백산과 태산의 상징물 경합이라는 문화전쟁을 야기할 수도 있는 민감한 사안이었다. 장백산신앙과 태산신앙은 문화적 이질성과 역사적 단절성이라는 이념적 문제도 갖고 있었다.

---

45) 周郢, 『泰山與中華文化』, 山東友誼出版社, 濟南, 2010, 79~80쪽 참조.

이 문제를 매끄럽게 해결하는 정치적 해법은 무엇이었을까? 그것이 바로 강희제가 선포한, "태산의 맥이 장백산에서 온다."는 절묘한 담론이었다. 두 산을 宗主 관계로 계통적으로 연결시킴으로써 청나라 조정은 왕권의 상징적 정통성과 정당성을 동시에 확보할 수 있었던 것이다. 산이 갖는 상징성이 정치 이데올로기적으로 활용된 흥미로운 사례라고 하겠다.

비슷한 시기인 조선후기에도, 태산의 장백산 조종설과 비교될 수 있는 한반도 용맥(산줄기)의 백두산 조종설이 실학자들을 중심으로 대두된 적이 있다. 주 내용은 한반도 용맥을 기존의 중국 중심인 곤륜산이 아니라 한반도 중심의 백두산으로 설정하는 것이 골자이다. 이 논의가 태산의 장백산 조종설에 영향을 받았는지는 사실 여부를 확인하기 어렵다.

조선 중기까지 중국적인 지리인식 및 풍수지리설의 영향으로 한반도 지세의 근원을 멀리 곤륜산에서 찾았지만, 조선 후기의 실학자들 사이에서는 백두산 조종론이 대두되었다. 이규경(1788~?)은 "천하의 3대 산줄기(幹龍)이 모두 곤륜산에서 비롯하는데, …백두산이 일어나 조종이 되어 조선과 일본과 유구가 된다."고 하였다. 정약용(1762~1836)은 『대동수경』(1814)에서 백두산을 두고 "팔도의 모든 산이 다 이 산에서 일어났으니 이 산은 곧 우리나라 산악의 조종이다."라고 하였고, '백산대간(白山大幹)'이라는 용어를 사용하였다.

조선시대에 백두산이 명실상부한 국토의 머리로 역할하게 된 것은 15세기에 영토로 확보되면서부터였고, 1712년에 청나라가 백두산 남쪽에 정계비를 건립함으로써 백두산의 정치적·영토적 의의가 주목되었기 때문이었다.[46] 조선후기에 와서, 국토산하에 대한 자긍심이 커졌고, 실학자들의 자주적 국토인식으로 말미암아 영토의 종주로서 백두산의 의미가 더욱 강화되었던 것이다.

---

46) 양보경, 「조선시대의 '백두대간' 개념의 형성」, 『진단학보』 83, 1997, 105쪽.

3. 태산의 민속화·민간화

〈그림 4〉 태산 벽하사의 벽하원군 상

태산에 대한 국가의 제사가 날로 융성하면서 민간인들의 태산에 대한 숭배와 제사도 끊임없이 열의를 더하였다. 각 지방에 동악묘가 만들어지고 동악묘회(東岳廟會)의 형성이 전국적으로 퍼졌다. 아울러 태산의 여신인 벽하원군(碧霞元君)에 대한 신앙도 전국 각지로 확산되어 사람들의 마음속에 깊숙이 신앙대상으로 자리 잡았다(그림 4). 그 과정에서 태산신앙은 사회기층의 민간에 깊이 파고들었고 민간인들에게도 태산은 천하제일산, 명산의 으뜸이라는 관념이 확고하게 되었다.

이러한 태산신앙의 민속화와 민간화는 태산과 도교·불교가 결합하거나, 태산신앙과 석감당신앙이 결합하게 된 주요한 배경이 되었다. 태산의 이미지와 상징성은 민속화, 민간화의 과정을 거치면서 종교문화적인 신격의 '태산부군(泰山府君)'으로 도교화되기도 하였고, 이어서 불교의 영향을 입으면서 '태산대왕'으로 불교화되어 중국 및 한국의 민속신앙에도 영향을 미쳤다. 그리고 태산신앙은 영석 신앙과도 결합하여 태산석감당의 형태로 동(남)아시아 전역에 광범위하게 확산되었다. 중국에서 태산의 민속화·민간화 현상을 태산대왕(민간불교와 태산의 결합)과 태산석감당(靈石 신앙과 태산의 결합)에서 살펴보자.

태산대왕은 불교적 세계의 冥府에 있는 십왕 중 일곱 번째 왕이다. 명부십왕(冥府十王)은 죽은 자를 심판하는 10명의 왕으로,[47] 그 중 태산대왕은 죽은 자가 일곱 번째 맞이하는 7일간의 일을 관장하는 명부의 관리

〈그림 5〉 한국의 옥천사 시왕도
제7태산왕(18세기)

이며, 인간의 선악을 기록하여 죄인의 태어날 곳을 정하는 임무를 맡고 있다. 태산대왕은 본래 인간의 수명을 관장하는 도교의 신이었던 태산부군에서 유래하였는데, 불교가 세력을 확장하면서 신중의 하나로 흡수되어 시왕 중 일곱 번째 왕이 되었던 것이다. 한국의 전통사찰 명부전에서 보이는 '시왕도 제7태산대왕'을 보면, 태산대왕은 거해지옥(鋸解地獄)을 관장하는 모습으로 그려져 있다(그림 5).

〈그림 6〉 태산의 노점에 진열된 태산석감당

태산과 관련된 대표적인 민간의 민속신앙물로 태산석감당(泰山石敢當)이라는 돌이 있다(그림 6). 태산석감당은 중국의 민간인들에게 널리 퍼져

---

47) 진광대왕, 초강대왕, 송제대왕, 오관대왕, 염라대왕, 변성대왕, 태산대왕, 평등대왕, 도시대왕, 전륜대왕이다.

대중화되었을 뿐만 아니라 지역적으로도 중국 전역뿐만 아니라 유구(현 오키나와), 일본, 베트남 등의 동남아시아까지 확산된 흥미로운 태산문화의 한 민속적 요소이다. 이것은 영석 신앙과 명산 신앙의 결합 양상을 보여주는 문화적 사례이기도 하다.

중국에는 오래 전부터 자연신앙에서 비롯된 돌 숭배 신앙과 그 문화적 진화 형태인 석감당 풍속이 있었다. 석감당의 신앙적 효용은 신령한 돌의 힘으로 모든 귀신과 흉사를 진압하려는 것이다. 그런데 태산의 정치적, 문화적 상징성이 커지고 태산신앙이 민간인들에게 영향을 확대하면서, 태산과 석감당의 개별 신앙은 민간 차원에서 자연스럽게 결합하였다. 더 강력한 힘을 가진 태산석감당이라는 조합된 민간신앙물 형태가 만들어진 것이다. 민간인들은 돌 표면에 '태산석감당'이라고 글씨를 새겨 집의 필요한 지점에 두는데, 태산석의 높고 큰 위력을 빌어서 닥쳐오는 어려움을 막고 다스려 평안한 마음을 얻고자 함이었다.

중국학자들이 석감당의 역사를 고찰한 연구서에 의하면, 서한(西漢) 사유(史游)의 『급취편(急就篇)』이라는 옛 문헌에 '석감당'의 표현이 등장하는 것으로 보아 석감당의 시원은 한대까지 거슬러 올라감을 알 수 있다. 당대(唐代)에서는 '석감당'이라는 글자가 돌에 새겨지고 집터의 지킴이인 진택(鎭宅)의 기물로 사용되었다. 복건성 포전현(蒲田縣)의 관아에서 출토된 당 대력 5년(770)의 진석(鎭石)의 제(題)에 "석감당은 뭇 귀신들을 진압하고 재앙을 누른다(石敢當, 鎭百鬼, 厭殃災)"는 말이 나타난다. 명·청대에는 주택이나 촌락 주변에 '석감당' 혹은 '태산석감당'을 설치하는 민속이 이미 여기저기서 널리 나타났고, 유구 등지의 나라 밖에도 파급되었다. '태산석감당'이라는 다섯 글자의 석각이 출현한 가장 이른 시기는, 대만에서 소장하고 있는 1146년의 비석 탁편으로 알려지며, 이에 근거할 때 금대(金代)와 송대(宋代)에 걸쳐있음을 알 수 있다.[48]

서한 이후의 영석 숭배에서 기원한 석감당 풍속이, 태산숭배신앙과 결

합한 형태인 태산석감당 신앙으로 발전된 배경은, 송대에 전개되었던 태
산신앙의 흥성 및 전파와도 밀접하게 관련되어 있다. 특히 태산석감당이
공간적으로 널리 확산된 데에는 풍수설의 사회적 유행과도 밀접한 관련
이 있다. 태산석감당은 풍수와 결부됨으로써 널리 대중적으로 활용되는
계기를 맞이했던 것이다. 태산석감당은 이제 풍수적으로 집터를 진압하
는 기물로 활용되었다. 풍수에서 석감당을 써서 벽사(辟邪)하는 예는 흔
하게 나타난다.

　태산석감당의 민속은 복건과 산동을 중심지로 주변지역으로 확산되어
전국 각지와 해외로까지 파급되었다. 지리적 파급 양상을 보면, 복건을
중심으로 하여 남방의 광동·절강 등지로 확산되었고, 산동을 중심으로
하여 북방으로 북경·산서·하북·강소와 동북 3성의 지역으로 퍼져나갔
다. 중국 전역에서 서장(西藏)을 제외하고는 기타 모든 지역에 석감당이
파급되었다. 태산석감당 민속신앙은 처음에는 주로 한족이 거주하는 지
역에 전파되었지만, 차츰 소수민속의 취락지구에 파급된 이후에 그들의
고유한 민속과 결합하여 복합적인 형태의 신앙이 형성되었다.[49] 국외에
서도 태산석감당은 대만, 일본, 말레이시아, 베트남 등지의 화교 거주 지
역 곳곳에서 쉽게 볼 수 있는 민간신앙이다.[50]

　일본에는 태산석감당이 645개가 있다고 조사된 바 있는데, 최초의 태
산석감당은 1689년에 미야자키(宮岐)현에 세워졌으며, 가고시마(鹿兒島)
현에 대다수가 분포한다.[51] 이러한 분포 특징은 현 오키나와이자 가고시
마 및 미야자키와 인접한 유구국을 통해서 석감당이 전래되고 파급되었
기 때문으로 보인다.

48) 周郢, 『泰山與中華文化』, 山東友誼出版社, 濟南, 2010, 259쪽.
49) 叶濤, 『泰山石敢當』, 浙江人民出版社, 杭州, 2007, 36~118쪽.
50) 김지영, 「중국 산석신앙-태산석감당(泰山石敢當)」, 『남도문화연구』 22, 2012, 71
　　쪽.
51) 蔣鐵生·聶立申, 『泰山文化十八講』, 吉林大學出版社, 2009, 285쪽.

한국에서는 태산석감당 신앙이 수용된 흔적을 찾기는 어렵다. 태산석감당이 한국에 전파되지 못했던 한 이유는 마을마다 기존에 장승류나 돌탑, 선돌 등과 같은 태산석감당과 유사한 기능의 민속신앙물이 널리 존재하였기 때문으로 보인다.

IV. 한국의 태산문화 수용 양상과 방식

1. 태산의 장소 이미지와 기호

중국의 산악문화가 한국과 일본에 준 영향은 지리적 세계관, 종교적 산악신앙에서 산 이름의 호칭, 지식체계의 형성에까지 광범위하고 다양하게 걸쳐있다. 중국의 태산이 한국에 미친 문화적 영향도 그 대표적인 사례의 하나가 된다.

사람은 이미지와 기호를 통해서 세상을 이해하고 소통하며 의미를 재생산한다. 우리나라 사람들이 지녔던 의식 속에 태산은 어떤 이미지와 기호로 존재하고 있을까? 우리말에서 태산은 실상 그리 높지 않은 산임에도 불구하고 태산이라는 이름의 상징성으로 인해 절대적으로 크고 높은 산으로서 집단이미지가 형성되었다.

우리가 지금도 흔히 쓰는 말에 '갈수록 태산'이라거나 '걱정이 태산', '할 일이 태산', '티끌모아 태산'이라는 말이 있다. 또한 "태산이 높다하되 하늘 아래 뫼이로다."라는 양사언(1517-1584)의 시를 곧잘 읊조린다. 이렇듯 태산은 우리에게 '크다, 많다, 높다'는 뜻의 대명사로 일상생활에서 비유되곤 한다. 태산은 지형적인 산의 뜻을 넘어 크고 많다는 관용어로 기호화된 것이다. 기호론적으로 설명하자면, 태산이라는 기표(signifiant)는 생활용어에서 크다는 비유적 의미를 지닌 기의(signifie)가 된 것이다.

중국말에서도 태산이 지닌 문화적 지위와 가치에 상응하여 태산은 높고 큰 것의 대명사로서 쓰이곤 한다. 중국에서 태산이 관용어로 쓰이는 대표적인 말은 '태산처럼 책임이 무겁다(責任重如泰山)', '태산처럼 평온하다(穩如泰山)' 등이 있다. 그밖에도 『갈관자』에 유래된 고사성어로서 '잎사귀 하나로 눈을 가려 태산을 보지 못한다(一葉障目 不見泰山)'는 말은, 사물의 진면목을 보지 못하는 우매함을 경계한 말로 쓰인다. 그리고 사마천이 『사기』에서 인생사의 소중함을 경책한 말로 '사람은 한번 죽지만 어떤 죽음은 태산처럼 무겁고 어떤 죽음은 새털처럼 가볍다(人固有一死 或重于泰山 或輕于鴻毛)' 등이 있다.

한국인의 실제적인 언어 사용과 관습을 잘 보여주는 1차적인 자료로서, 민요와 설화에 표현된 태산의 용례를 살펴보고 기호적 의미를 해석해보기로 하자. 한국학중앙연구원의 장서각 디지털 아카이브에 태산의 용례는 민요에서 60여 건, 설화에서 290여 건이 채록되어 있다. 이를 집계·분석하여 의미를 유형화해보면 대체로 아래와 같이 몇 가지 정도로 분류될 수 있다.

첫째, 태산은 비유와 형용의 뜻으로 '크다, 영원하다, 많다, 굳건하다, 믿음직스럽다' 등의 복합적인 의미의 기호로 쓰였으며, 이들 형용은 일반화하여 비유적으로 뜻을 형성한 문장의 成語로서 굳어지기도 하였다. 그 사례를 살펴보자.

① 형용하거나 비유하는 표현(괄호 안은 출처명칭)
"태산같이 모아보세"(가래소리)
"태산같이 바라더니"(가창유희요)
"태산같이 믿었더니"(달구소리, 백발가, 제문 읽는 소리)
"세월이 영원한 줄 태산같이 알았더니"(창부타령)
"태산 같은 짐을 지고"(가창유희요, 아라리, 육자배기)
"태산 같은 임을 지고 이 고개를 어이 넘을거나"(어소리)

"태산같이 병이 들어"(병을 실어)(논매기, 상여소리)

"태산노적"(단허리소리)

"태산같이 (보다) 높은"(덜이덜룽소리, 맹인덕담, 부모님소리, 사친가,

"부모은공 생각하니 태산이 부족하다"(오륜가)

"금은보화 쌓인 것이 태산같이 낭자해도"(상여소리)

"돈이 태산같이 집태미 같애"(거짓말하고 대감댁 사위 된 촌놈-설화)

"우역사역사 태산일세"(우역사역사소리)

"죽은 놈이 태산이라"(한양가)

"성주신령님만 태산같이 믿고 사는 일문권속들 아니든가요"(성주축원-
설화)

"거 참 신세가 참 태산겉으다"(가짜 박문수의 삼촌 노릇을 한 백정-설화)

"풍파는 태산중하니 바람 불어 못오던양"(그네뛰기 노래)

"태산처럼 매어야 할 김이 쌓였구나"(김매는 노래)

"밤이면 서로 참 정을 태산겉이 속삭이고, 인정을 두고 지냈는데"(김장
수와 일본 기생 청산유수-설화)

"들어 보소 대궐같이 좋은 집에 태산 같은 부모 두고"(우미인가)

② 비유적으로 뜻을 형성한 성어(成語)

"태산을 넘으면 평지를 본다."-고진감래의 뜻

"태산이 평지된다."-자연이나 사회의 변화가 심함. 세상의 모든 것이 덧
없이 변함을 이르는 말.

"태산(泰山) 명동(鳴動)에 서일필(鼠一匹)"-결과가 보잘 것 없음을 의미.

"가자니 태산이요, 돌아서자니 숭산이라."-앞으로 나가지도 뒤로 물러
설 수도 없는 난처한 지경에 빠짐을 의미

"은혜가 태산만큼 무겁다."-크다는 뜻

"군령이 태산같이 무겁고 엄하다."-크고 엄중하다는 뜻

"태산북두(泰山北斗)"-세상 사람들로부터 존경받는 사람을 이르는 말
"안여태산(安如泰山)"-태산같이 안정되어 있음

둘째, 구체적이고 실제적인 장소로서의 태산이나, 일반명사로서 큰 산이라는 뜻의 공간적, 장소적 의미의 기호로 활용되었다. 실제 장소로서의 태산은 경우에 따라 풍수론의 우백호("태산이 백호되고"-지신밟는 소리 등)로도 쓰였고, 명산 중 오악의 하나인 동악("동에는 태산이오")으로도 지칭되었다. 아래의 사례를 보자.

"태산에 올라 태목을 내어서"(성주풀이)
"어어 넘차 태산이요"(어이가리넘차소리), "태산 넘을 턱 가이"(거짓말 이야기-설화)
"준령 태산을 올라를 간다"(어허이소리)
"여섯 육자를 들고나봐 육간태산 큰 태산"(일자나한자들고보니)
"태산이 백호되고 사수가 청룡수라"(지신밟는 소리)
"태산을 보고 맹세하던 그 낭군은"(창부타령)
"평길이 온단디 내 태산 언제 넘고 좋다"(청춘가)
"태산이 무너져서"(칭칭이소리)
"어헤야 태산 백호 만날꺼네"(행상소리)
"내중에 태산글이 무져노이께네"(가난한 며느리의 축원-설화)
"높은 태산 평지 되고"(갑풀이)
"그 태산을 인자 뛰 올라간다"(거짓말 잘 하는 사위-설화)
"저 준령(峻嶺) 태산 마루에, 중간에, 한 중간에 떡-올라 가디마는"(과부 며느리의 처세술-설화)
"그 인자 참 태산을 밟는디 한 간디 가보닌게 참 좋아서"(국지사 박상의-설화)

"태산에 올라가서 워허 덜구야 중항을 바래보니 워허 덜구야 낙양은 천하 중에 명승지지 되아있네"(덜구소리)

"아이고 그러마 이 태산 중에 집도 없고 이러니"(도선이 이야기-설화)

"건곤이 개벽 후에 명기 산천이 생격구나 주미산이 제일이라 동악태산 남악태산 서악태산 북악형산"(명당 고사경)

"이 동생이 말이야 축지를 해가 싹 오는데, 아이고 이거 올라도 태산, 올라도 태산, 만날 태산이라"(명풍수 신기와 도선)

"막내사위 글좀 보겠다 하군 두 사위 여기 앉혀놓구선 쟁인이 운자(韻字)를 내는 기야. "태산지고하야(泰山之高何也)오." 태산이 높은 것은 무슨 이치오 이렇게 뜩 말한 거야, 쟁인이. 태산지고하야오. 그래니까 큰 사위가 있다가, "석다지고(石多之故) 올시다.""(문장사위)

"걸음 걸어 지옥태산 넘어간다"(베틀가)

"팔도명산 태산영임은 이 터전"(산령경)

"서산에도 걸린 것 태산에도 걸린 것 요산에도 걸린 것 예산에도 걸린 것"(성주경)

"어느 산이 명산인가 동에는 태산이오"(성주풀이)

"에헤로 지신아 태산에 올라 태몽내고"(지신밟기)

"진시황의 만리성은 별객을 삼아두고 천하는 적다마는 공부자에 대관이요 태산에 올라서서 산중을 생각하니 삼조선 치국시에 임금님이 뉘시던고"(회다지노래)

셋째, 주로 무속에서 보이는 경향으로서, 태산대왕으로 태산을 신격화한 용례도 보인다. 무가(巫歌)에서 태산은 염불의 대상으로도 전이되었음도 알 수 있다. 그리고 태산은 지리와 부합하는 동격의 용어로 쓰이기도 하였다. 또한 태산은 명산 지신(地神)의 신령함을 입어 잉태를 기원하는 대상으로도 표현되었다. 아래의 사례들을 보자.

"태산대왕제팔전에"(회심곡)

"짐추염나태선대왕(金緻閻羅泰山大王)"(귀양풀이-설화)

"제칠은 태산대왕 태산대왕 츠집네다"(귀양풀이-설화)

"태산염불을 맺으라 해였는데"(제면굿 노래-삼척시 원덕읍 무가)

"황천삼경 도덕천존 태산지리 음양천존"(신명 축원거리-경북 예천읍 부
군성황당)

"에헤로 지신아, 태산에 올라 태몽내고(지신밟기)"

이상의 사례를 살펴보았지만 전통적으로 한국인들의 의식상에 태산은,
큰 산의 상징이미지로서 크고 많고 영원함의 복합적인 대명사로 인식되
고 기호화되어 있음을 알 수 있다. 중국의 태산은 실제 우리나라의 지리
산보다도 훨씬 낮은 산임에도 불구하고, 한국 사람들의 의식에는 크기로
비교할 수 없는 절대적인 산의 이미지로 굳어져 자리 잡았던 것이다.

2. 태산의 상징 이미지와 공간적 재현

중국에서 태산은 공자로 인해 정치적이고 종교적인 산에서 인간과 교
감하는 산으로 인간화되었다. 공자는 천자가 권력을 정당화하는 권위적
태산에서 군자가 덕성을 도야하는 인지(仁智)의 산으로 가는 길을 열었던
것이다. '천자의 산'에서 '군자의 산'으로 의미가 전환된 태산은 이제 우러
러보며 닮고자 하는 덕성의 상징이 되었다.[52] 조선시대의 유학자들에게
중국의 태산은 크다는 상징을 넘어 공자처럼 본받고 싶은 군자의 상징으
로 전화된 것이다.

조선시대의 유학자들에게 중국 태산의 문화적 수용 방식은 공자 및 유
교와 동반·매개되어 이루어졌다. 조선시대에 유교적 이데올로기가 사회

---

[52] 김덕현, 「천자의 태산에서 군자의 태산으로」, 『태산, 그 문화를 만나다』, 민속
원, 2011, 81~89쪽.

문화 전반을 지배하면서 공자의 고향인 곡부(퀄리)와 태산, 공자의 탄생담이 깃든 니구산(尼丘山)과 태산은 연관되어, 태산과 공자의 이미지는 모방경관으로 재현되기도 하였다. 태산의 상징성은 공자의 권위와 연관되고 상호 결합함으로써 유교문화적 이데올로기는 더욱 강화될 수 있었던 것이다.

민간에서도 태산은 공자와 관련지어 기억되어서 거주지 경관의 구성이나 이야기로 재현되곤 하였다. 민간에 전승되는 민요인 '성주풀이'에서 태산과 공자는 다음과 같이 연관되어 노래된다.

어느 산이 명산인가
동에는 태산이오
남에는 화산이오
서에는 금산이오
북에는 형산이오
중앙에 곤륜산은
산악지 조종이요 사해지 근원이라~
통(동)태산에 청학성은 공자님에 도량이오
천하지중 낙양 땅은 중원에도 명승진데
천문을 열어놓고 지리를 살펴보니~(하략)

장소의 상징물로 기호화된 기억은 과거의 역사를 현재화한다. 한국에서의 태산에 대한 공간적 재현 방식은 조선시대에 시문과 그림, 지도의 형식으로 드러났을 뿐만 아니라 실제로 주거공간의 산에 태산이라는 지명을 부여하고, 공자와 관련시켜 유교적 장소이미지를 구축하는 모습으로도 나타났다. 태산은 조선시대 유학자들에게 지명, 그림, 경관 등을 통해 공자와 연관된 장소의 기억과 장소이미지로 재현되었던 것이다. 이제 구체적으로 어떤 양상으로 드러나는지 순서대로 살피고 그 의미를 해석해보기로 하자.

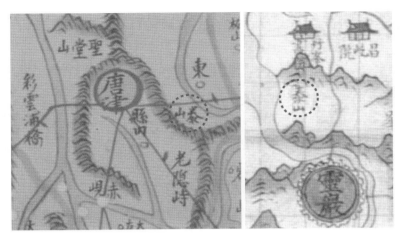

〈그림 7〉『동여도』의 당진(좌)과 『비변사인방안지도』 영암(우)에 표기된 태산

한국에서 태산(泰山)이라는 지명을 가진 곳은 10여 곳이 나타난다. 노태산(魯泰山, 노나라의 태산이라는 뜻)이나 태산(太山) 등의 명칭을 포함하면 이보다 숫자는 훨씬 더 많다. 태산(泰山)에 한정하여 보면 평안도 2곳 외에는 주로 전라도와 충청도에 나타나고 있다. '조선시대 전자문화지도 시스템'의 지명검색을 해보면, 평북 피현군 당후리, 평남 신양군, 전남 영암군 도포면 봉호리·시종면 봉소리·시종면 태간리, 전북 정읍군 태인면 태창리, 남원시 송동면 양평리 태산마을, 김제군 백산면 조종리, 충남 서천군 서천면 태월리, 음성군 원남면 보룡리 큰산밑 등지에서 나타난다. 그밖에도 고지도에는 「비변사인방안지도」의 영암 도엽과 「동여도」의 당진 도엽(그림 7), 그리고 「해동지도」 태인 도엽에도 태산이라는 지명이 표기되고 있다.

소재지	문헌 출처
평안북도 피현군 당후리	조선향토대백과
평안남도 신양군	조선향토대백과
전라남도 영암군 봉호리, 봉소리, 태간리	지명총람
전라북도 정읍군 태창리	지명총람
전라북도 남원군 태산마을	지명총람
전라북도 김제군 조종리	지명총람
충청남도 서천군 태월리	지명총람
충청북도 음성군 보룡리	지명총람
전라도 태인	해동지도
충청도 당진	동여도
전라도 영암	비변사인방안지도
전라북도 남원군	일제시대 지도

* 자료: 조선시대 전자문화지도 시스템 지명검색 및 규장각 고지도

일반적으로 지명의 기능은 단순히 대상을 지칭하려는 목적을 넘어 특정한 사회적 주체의 아이덴티티와 이데올로기, 그리고 권력관계를 재현하려는 목적을 위한 것이기도 하다. 조선후기에 성리학적 유교 이데올로기를 지닌 사족 집단과 같은 특정한 사회적 주체들이 만드는 장소정체성의 구성에 있어 지명이 매개가 되는 사례는 한국에서 상당수가 발견이 된다.[53]

이렇듯 지명은 장소이미지 및 장소정체성의 형성에 큰 영향을 미치며, 사회집단의 정체성과 이데올로기를 재현하여 공동체적 영역성을 구성하는 상징적 수단이자 요소가 된다. 지명이 갖는 사회적 속성은 이데올로기적 기호화인 셈이다. 조선시대에 유가들은 태산, 궐리, 니구산 등의 지명

---

[53] 김순배, 「한국 지명의 문화정치적 변천에 관한 연구」, 한국교원대학교 대학원 박사학위논문, 2009, 2쪽.

을 통해 그들의 사회적 정체성을 장소이미지와 결부시켜 굳게 하고, 그들이 거주하는 마을은 유교의 본향으로 거듭나게 되었다.

조선시대 태산 그림의 공식적인 재현 양상을 드러내는 자료로서, 조선후기의 「중국도」(『광여도』·『팔도지도』·『해동지도』 등)과 『천하도』 등 다수가 있다. 이들 지도에는 중국의 태산이 곤륜산, 여타 오악 등과 함께 주요 경관으로 그려지고 있어 조선시대의 태산에 대한 지리적 인식의 중요성이 반영되었음을 알 수 있다. 조선시대 사람들이 지녔던 태산의 장소이미지는 태산의 장소정체성을 사회집단이 동의하여 공유한 것이다.

조선시대 문인들의 태산을 비롯한 중국 산수에 대한 관심은 회화와 지도에서도 잘 표현되었다. 조선후기에 중국 산수 판화가 성행하였는데 그 중에서 태산(동악)을 포함한 오악도가 있었다. 오악도는 17세기의 문인들이 선경을 찬탄한 시에도 언급된 것으로 보아, 오악진형도가 이미 조선의 지식인 사회에 보급되었음을 짐작할 수 있다. 오악도의 제작 배경에는, 17-18세기 문인들 사이에서 산수 유람과 와유(臥遊) 문화가 유행하였고, 중국의 산수판화집이 유입되면서, 중국의 명산 승경에 대한 관심이 고조되었던 문화현상과 관련되어 있다.[54]

문화경관을 창출하는 지리적 사회집단 혹은 문화집단이 문화경관을 통해 문화적 정체성(cultural identities)을 어떻게 강화하였는지는 문화지리학의 주요한 연구주제로서, 조선시대에 공자와 연계하여 태산의 문화경관을 형성한 사례도 같은 맥락에서 이해될 수 있다.

예컨대 산동성 곡부현의 궐리는 공자의 마을로 조선시대 유가들에게는 중요한 상징적 의미를 가지고 있었다. 그 결과 우리나라에도 궐리라는 명칭의 지명과 사당들이 만들어졌다.[55] 공자의 탄생지인 니구산 혹은 (소)니

---

54) 정은주, 「조선후기 중국산수판화의 성행과 오악도」, 『고문화』 71, 2008, 49~80쪽 참조.

55) 闕里祠라는 이름으로 한국에 있는 공자의 사당도 논산, 오산, 진주에 현존한

〈그림 8〉『해동지도』(18세기)에 나타난 단성의 니구산(左)과
『광여도』(조선후기) 중국도 태산현의 니구산과 태산(右)

산의 지명도 모방되어 우리나라의 논산, 단성 등지에 나타난다(그림 8).56)
조선 중・후기에 유학의 이념을 가진 사대부들이 취락을 형성하면서 공
자의 터전을 기리고 자신들의 이념과 동일시(identification)하려는 의도에
서 붙였던 산 이름인 것이다.

조선시대에 유학을 이념으로 삼는 사회집단의 동일시 양상은 태산이라
는 지명을 거주하는 마을의 산 이름에 부여하고, 그 산의 정상에 공자 사
당을 짓는 형식으로도 나타났다. 경북 고령군 쌍림면 산주리와 경남 합천
군 율곡면 노양리・합가리에 걸쳐 노태산(498m)이라고 있다(그림 9). 공
자의 노나라와 태산을 조합하여 붙인 이름이다. 그 노태산이라는 지명이

다. 그 중 노성 궐리사(충청남도 논산시 노성면 교촌리 294)는 1716년에 권상
하가 충청도의 尼山에 건립한 것이다. 오산 궐리사(경기도 오산시 궐 1동
147)는 孔瑞麟이 서재를 세우고 후학들을 가르쳤던 장소로 알려져 있는데, 정
조 16년(1792)에 건립하여 이듬해에 정조가 현판 글씨를 직접 내린 적이 있
다. 오산 궐리사는 공자의 후손인 孔氏가 우리나라에 건너와 처음으로 정착
한 곳이 수원이므로, 정조 16년(1792) 10월 정조가 궐리사를 짓도록 명한 곳
이다. 그리고 진주시 봉곡리에도 궐리사가 있다.
56) 해동지도, 1872년 지방지도, 대동여지도, 청구도 등의 지도에 표기되어 나타
난다. 관련 지명계열을 구체적으로 보면 尼丘山(경남 사천군 정동면 수청리,
단성, 충청도 논산시 노성면 교촌리), 尼丘山封山(경남 사천), 小尼山(평안도
문덕군, 안주) 등이 있다.

〈그림 9〉 경북 고령의 노태산 사진
자료: 디지털고령문화대전

〈그림 10〉『지승』(합천)에 표현된
합천군의 노태산

언제, 누구에 의해 생겼는지가 확실치 않으나 분명한 것은 유학자 집단에
의해 발생되었다는 사실이다. 고령과 합천 경계의 노태산은 조선후기의
지도인『지승』에도 표기되어 있는 것으로 보아(그림 10) 늦어도 당시에는
이미 노태산이라는 지명이 존재하였음을 알 수 있다. 노태산이라는 이름
을 붙인 사회집단을 추정할 때, 노태산의 동남사면 기슭인 고령군의 쌍림
면 합가리의 개실마을이 1651년에 김종직(1431-1492)의 5세손이 은거하면
서 세거지를 이룬 곳이라는 점이 참고될 수 있다.[57]

　태산의 경관 재현에 대한 또 다른 흥미로운 사례로서, 충남 천안시 성
성동 성인동 마을 앞에도 노태산(141m) 및 소노태산이 있다.[58] 소노태산
이라는 명칭은 중국의 태산에 대한 한국의 태산이란 의미로 '소'라는 접

57) 디지털고령문화대전
　　(http://goryeong.grandculture.net/Contents/Index?contents_id=GC02900068)
58)『한국지명유래집』충청편, 2010, 356쪽에 의하면, "노태산은 충청남도 천안시
　　서북구의 성성동과 두정동 경계에 위치한 산이다(고도: 141m). 천안산업단지
　　동쪽 산이 되며, 곡교천과 안성천의 분수령이 된다. 그전에는 노태산 서쪽에
　　작은 노태산도 있었다고 한다."고 서술되어 있다.

두어를 덧붙인 것으로 보인다. 천안시 노태산 서북쪽의 산 아래에는 성인동(聖人洞)이라는 유가(儒家) 집단의 마을이 있었다고 한다. 그들은 노태산의 정상부에 사당을 짓고 공자를 모시고, 마을이름도 공자를 흠모하는 뜻으로 성인동이라고 일컬으며 모여 살았다는 것이다. 성인동 마을은 현재 개발 사업으로 인해 다른 곳으로 이주되었다. 노태산의 정상부에 있던 공자 사당도 지금은 자취가 없어졌다.[59]

개인적인 주거공간에서의 태산 재현 사례도 있다. 조선중기 영남지역의 대유 여헌 장현광(1554-1637)이 자기의 거주지에 소노(태산)이라는 명칭을 붙이기도 하였다. 유학자로서의 정체성을 견지한 장현광은, 은거지인 입암촌(경북 포항시 죽장면 입암리)의 자연경관물 하나하나를 28수 별자리와 동일시하여 장소만들기를 하였는데, 그 중에서 가장 높은 봉우리를 '소노(小魯)(峰)'이라고 공자가 오른 태산을 빗대어 이름 하였던 것이다.[60] 장현광은 이렇게 호칭한 이유를 다음과 같이 말하고 있다.

> 대의 서북쪽에는 가장 높은 한 뫼가 있는데…공자께서 동산에 오르고 태산에 오른 유람을 본받는다면…이 뫼를 어찌 '소노'라고 이름 하지 않을 수 있겠는가.[61]

이상에서 살펴보았듯이 조선시대의 유교 지식인들은 삶의 터전에 태산이라는 지명을 붙이고, 태산과 공자의 이미지를 연계하여 장소경관으로 재현하면서 그들이 소망하는 유교적 삶을 실현하고자 노력하였던 것이

59) 천안문화원(http://cheonan.cult21.or.kr, 2012.3.19.)
60) 최원석, 「여헌 장현광의 지리인식과 문인들의 지지편찬 의의」, 『동아시아 유학 전통과 여헌학의 새로운 풍모-제1회 여헌사상 국제학술대회 발표문 자료집』, 2012, 182~183쪽.
61) 『旅軒先生文集』 卷9, 記, 立巖記. "臺之西北 有最高一岑…效宣尼登東登泰之遊則 一片青丘曾不滿於一眄 盍以小魯而名其岑乎."

다. 이러한 역사적 사례는, 중국의 태산이 한국의 조선시대에서 장소동일성을 갖춘 지명 및 상징적 경관으로 재현·구축되면서 구체적으로 전개된 동아시아 태산문화의 또 다른 모습이라고 하겠다.

V. 요약 및 맺음말

동아시아의 산악문화는 21세기의 미래지향적인 새로운 공간적 패러다임이자 연구영역이 될 것으로 보인다. 기존의 평지(들판)문명을 가능케했던 농업혁명과, 도시문명을 담보하였던 산업혁명은, 바야흐로 지속가능한 인류문명의 오래된 대안으로서 산지문명의 정체성을 지향하는 생태혁명으로 나아가고 있다. 산지문명의 동아시아적 가능성과 비전은 사람과 산의 관계를 문화적인 측면에서 재검토하는 담론으로 사회화되는 것에서부터 비롯된다.

이 글은 동아시아의 산악문화를 구성하는 한 요소인 태산문화를 중국의 역사적 담론 전개와 한국의 문화적 수용 양상이라는 면으로 살폈다. 본문의 내용을 요약하고 차후의 연구과제를 제시하면 다음과 같다.

중국의 태산과 태산담론은 한국의 태산문화를 형성시킨 공간적이고 문화적인 전파 요인이 되었다. 중국 태산문화의 한국적 수용 양상은 생활용어로 기호화된 공간이미지, 지식인의 명산 문화, 그림·지도 등의 지리지식과 지리정보, 유교 이데올로기와 공자, 민간불교 및 토착신앙과 연계·매개된 방식으로 이루어졌다.

중국에서 태산담론과 태산신앙은 제왕과 민간 계층에서 다 같이 이루어졌다. 황제의 권력은 태산의 상징성을 이용하여 정치적 정당성을 확보하고 중원을 지배할 헤게모니를 장악하고자 하였으니, 하늘에 대한 제사인 봉선제가 그 대표적인 의례였다. 청나라 왕조에서 제기한 태산의 장백산 조종설은, 태산과 장백산을 연계시켜 통치의 상징적 정통성을 확보하는 정치적 담론으로 활용한 사례가 된다. 민간에서도 태산은 동악묘 등의 형태로 신앙의 대상이 되었으며, '태산석감당'이라는 민속신앙물은 국내외에 널리 파급되었다. 현대의 국제화시대에서 태산은 중국 정부에 의해 세계유산이라는 관광자원 및 관광지의 가치로 부각되고 있다.

한국에서 태산문화는 조선시대 이후 민간 계층에서 가장 뚜렷하게 드러났다. 태산은 크고 높은 것을 상징하는 대명사로서 일상생활의 용어에 깊숙이 자리 잡았고, 유교 이데올로기적인 사회의 영향 아래에서 태산은 공자와 관련되어 장소경관으로 재현되기도 하였다. 태산의 상징성은 공자의 권위와 연관되고 결합함으로써 유교문화적 정치 이데올로기는 더욱 강화될 수 있었다.

중국의 태산문화가 한국에 미친 영향을 개관하여 볼 때, 지배층의 정치적 담론의 측면보다는 민간의 생활언어적이고 문화종교적인 면이 강하게 투영되었다. 한국의 태산문화 수용양상을 두 가지로 요약하면 다음과 같다.

첫째, 태산의 장소이미지 고착화와 관용적 생활언어로의 기호화이다. 태산은 실제 그리 높고 크지 않은 산임에도 이름이 갖는 상징성으로 인해 한국에서 절대적으로 크고 높은 산으로서 집단적 장소이미지가 형성되었다. 그리하여 일상용어로서 크고 높은 것을 상징하는 대명사로서 우리말 속에 깊숙이 자리 잡았다. 태산이라는 기표는 생활용어에서 크다는 비유적 의미를 지닌 기의가 되어, 지형적인 산의 뜻을 넘어 크고 많다는 관용어로 기호화된 것이다.

둘째, 오악 명산 중의 하나인 태산에 대한 지리지식은 문인들의 산수유람과 臥遊 문화의 유행과 함께 그림, 지도 등의 형태로 조선의 지식인 사회에 보급되었다. 태산은 공자와 연관된 장소기억과 상징경관으로 재현되었으며, 유학자들은 주거공간에 태산이라는 지명을 부여하고, 공자와 관련시켜 유교적 장소이미지를 구축·강화하는 모습도 나타났다. 태산은 불교문화와 결합하여 태산대왕의 모습으로 변용되었고 신격화된 태산은 무속과 민간신앙에서 기원의 대상이 되기도 하였다.

　동아시아의 산악문화는 문명사적 보편성을 지니고 있지만 산지의 고립으로 인한 지역적인 특수성도 매우 강하다. 차후의 연구과제로서 산악문화 요소들은 동아시아적 보편성과 특수성의 차원에서 고찰될 필요가 있다. 태산문화를 예로 들자면, 각국의 생활언어, 공간이미지, 지식인의 명산문화, 지리지식과 지리정보, 이데올로기와의 결합, 민속 및 토착신앙과 어떻게 결합되고 있는지 그 특성과 양태를 살필 필요가 있다. 일상용어에서 태산의 크고 높은 이미지는 중국과 한국에서 보편적으로 쓰이고 있지만 일본에서는 관용화된 용어로 쓰이고 있지 않는 점, 태산석감당 신앙이 한국에는 없는 점 등도 흥미로운 현상적 단면이라고 하겠다.

이 글은 『문화역사지리』 제24집 3권(2012)에 수록된 「중국의 태산문화 전개와 한국의 수용 양상」을 수정해 실은 것이다.

저자 약력

최원석(崔元碩)

경상대학교 경남문화연구원 인문한국(HK) 교수. 지리학 전공. 고려대학교 대학원 지리학과 문학박사. 저역서로는 『사람의 산 우리 산의 인문학』, 『한국의 풍수와 비보』 등이 있으며, 연구논문으로는 「지리산유람록에 나타난 주민생활사의 역사지리적 재구성」, 「한국의 산 연구전통에 대한 유형별 고찰」 등이 있다.

문동규(文銅椿)

현 국립순천대학교 인문한국(HK) 연구교수. 철학전공. 건국대학교 대학원 철학과 철학박사. 저역서로는 『지리산의 종교와 문화』(공저), 『사유의 사태로』(공역) 등이 있으며, 연구논문으로는 「깨달음과 초연함. 지리산 화엄사의 사사자삼층석탑: 진리의 현현」 등이 있다.

김진욱(金晋郁)

현 조선대학교 자유전공학부 교수. 한시 전공. 조선대학교 국어국문학과 문학박사. 저역서로는 『智異山圈 寺刹 題詠詩』, 『향가문학론』, 『송강 정철 문학의 재인식』 등이 있으며, 연구논문으로는 「梅泉 自然詩에 投映된 近代性 研究」, 「智異山圈 寺刹 題詠詩에 投影된 佛敎 空間 認識 研究 —朝鮮時代 儒者들의 作品을 中心으로」, 「松江 漢詩의 理想鄕 모티프 酒夢鶴 研究」 등이 있다.

서정호(徐正浩)

현 농촌진흥청 강소농지원단 전문위원. 전 순천대학교 지리산권문화연구원 인문한국(HK) 연구교수. 자원환경 경제 전공. 고려대학교 대학원 경제학박사. 저역서로는 『지리산권의 큰 나무』, 『머무르고 싶은 지리산권의 명소 100선』 등이 있으며, 연구논문으로는 「일제강점기 지리산 탐방목적에 관한 연구」, 「지리산권의 생태마을 실천과정에 관한 연구」 등이 있다.

우정미(禹正美)

현 국립경상대학교 사범대학 일본어교육학과 시간강사. 일본 역사 및 사회문화 전공. 경상대학교 대학원 일본학과 문학박사. 역서로 『식민지 조선의 이주 일본인과 지역사회』가 있으며, 연구논문으로는 「슈겐도에 있어서 여성성의 수용과 배제」, 「다테야마의 여인구제」 등이 있다.

김지영(金智暎)

경상대학교 경남문화연구원 인문한국(HK) 연구교수. 중국현대문학 전공. 북경사범대학교 문학박사. 저역서로 『선인들의 지리산 유람록 5, 6』(공저), 『지리산의 종교와 문화』(공저), 『태산, 그 문화를 만나다』(공저), 『수험도 자료선집』(공저) 등이 있으며, 논문은 「중국의 여산신 신앙 연구」, 「중국산석신앙–태산석감당」, 「중국 현대소설에 나타난 임지왜란의 한 단면」, 「중국 태산과 여산의 유교문화」 등이 있다.

지리산인문학대전20 토대연구10
지리산의 세계유산적 가치와 한중일 명산문화

초판 1쇄 발행   2015년 6월 25일

엮은이 ｜ 국립순천대·국립경상대 인문한국(HK) 지리산권문화연구단
펴낸이 ｜ 윤관백
펴낸곳 ｜ ☒ 도서출판 선인

등록 ｜ 제5-77호(1998.11.4)
주소 ｜ 서울시 마포구 마포대로 4다길 4(마포동 324-1) 곳마루빌딩 1층
전화 ｜ 02)718-6252 / 6257
팩스 ｜ 02)718-6253
E-mail ｜ sunin72@chol.com
Homepage ｜ www.suninbook.com

정가   23,000원
ISBN   978-89-5933-898-6   94910
       978-89-5933-920-4   (세트)

·이 책은 2007년 정부(교육과학기술부)의 재원으로 한국연구재단의 지원을 받
 아 수행된 연구임(KRF-2007-361-AM0015)

·잘못된 책은 바꾸어 드립니다.